涉獵世界村

朱偉明 著

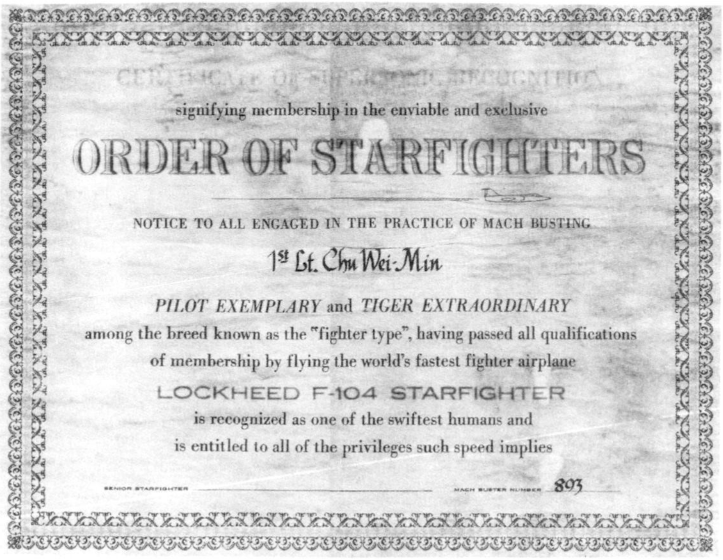

CERTIFICATE OF SUPERSONIC RECOGNITION

signifying membership in the enviable and exclusive

ORDER OF STARFIGHTERS

NOTICE TO ALL ENGAGED IN THE PRACTICE OF MACH BUSTING

1st Lt. Chu Wei-Min

PILOT EXEMPLARY and *TIGER EXTRAORDINARY*
among the breed known as the "fighter type", having passed all qualifications
of membership by flying the world's fastest fighter airplane

LOCKHEED F-104 STARFIGHTER

is recognized as one of the swiftest humans and
is entitled to all of the privileges such speed implies

SENIOR STARFIGHTER ____________ MACH BUSTER NUMBER 893

美國倍音速俱樂部會員證

「銀翼越台灣」影片

叉腰浩嘆與賈西亞總統

不亦快哉南美與詩人吳望堯出獵

吃人的魚

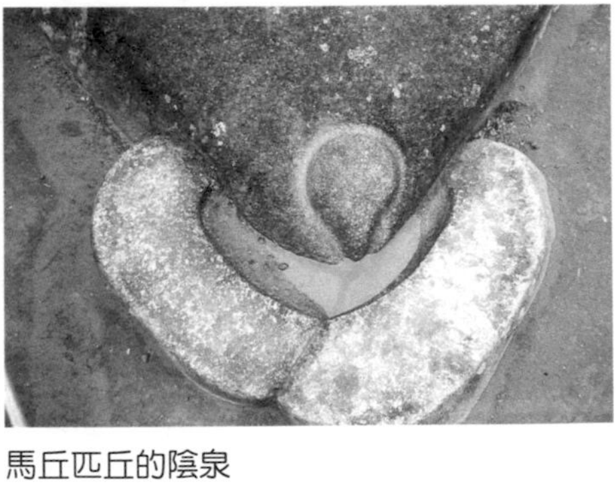

馬丘匹丘的陰泉

吉屋向北

汪汪的淚——淨光的骨架

鱷魚拉警報

獵鴨記獵伴瘦子

無名機到毒都

寮國不易快哉！自升DC-6機長

火海煙塵——月也常圓

涉獵飛行者

父序

小兒偉明，把他歷年來所作的「新詩和散文」，已發表的和未發表的，選擇了成一小冊。要我寫序。父親為兒子的詩文作序，在中國的文壇中，似乎未曾有過。也許我孤陋寡聞。或已有這種事例，而我還不知道。所以我寫這篇序。是一種大膽的嘗試！

我先祖父，和先父都是清朝末年的秀才。他們也都喜歡詩詞書畫，並且收藏了不少。我雖然三歲多就是一個沒有父親的孤兒，賴先母艱難養育；但我幾位伯父，從兄，還是讀書人，總算是書香之家。我從小就在濃郁的文學美術氣氛中長大，所以，我的傳統，是喜歡所謂「舊詩」的。我數十年從政的生涯中，公餘之暇，偶然也做作作詩文，可是不敢自信，所以很少發表。至於「五四運動」以來興起的新詩呢？老實說：「我對它的興趣，遠不如對舊詩詞的濃厚」。我從來沒有作過新詩，對於偉明的詩文，也就不敢有所批評了。

偉明在南京出生。三歲時，隨我到湖南長沙。九歲時因抗日戰爭爆發，我們才回到廣東省，平遠縣東石鄉原籍。十歲時，他生母逝。我遭遇家、國難，對於子女教育，自愧難免疏忽，更沒有教他們作詩文。可是，偉明從小就愛好文藝，民國三十八（1949）年，由廣東來臺灣，傾家蕩產，就讀空軍軍官學校，當飛行員；雖在緊張忙碌中，卻從未停止從事新詩和小品文的寫作。他的秉賦和興趣，在我的眾多兒女中，是別具一格的。

我以為：「一個青年，不論公教人員也好，軍人也好，他能忠於職守；又有把多餘的時間精力，從事於讀書、寫作，總是難能可貴的。」所以偉明平日作新詩，以及這次印行詩文集，我都不斷的給他鼓勵，也是我樂於為他作序的理由。

孟子說得好：「誦其詩，讀其書，不知其人可乎？」所以略述我們的家世，以供讀者參考。希望當代的賢豪長者，文藝界先進不吝的予以批評指教！如因這本詩文集，使偉明獲得了進益的機會，那算是莫大的收穫了。

朱浩懷　序

中華民國五十二（1963）年二月十九日

臺灣南投中興新村光華三路二號。

註：父親于86歲1985年元旦在加拿大溫哥華去世，兒朱偉明今也古稀白頭，於2006-12-30定稿於祖國深圳福田區，海濱廣場偉豪閣6-C，距父親賜序之日已經四十四年。詩文付印於臺北秀威出版社。

兒序

我認得一位先生
白頭髮　灰眼睛
白得像冬雪
灰得像灰燼。

他的白髮說明
直落的年齡
灰眼睛說明
我不理解的學問。

我認識一位先生
方輪廓　直性子
又方又直像是
一根四方的柱子。

這人教我一切
這人是我師父
這人是條硬漢
因為是我的爸爸。

1983年長子雲開十六歲，參加玻利維亞冰泥省城千里達市，天主教拉沙耶高中部舉辦之父親節徵文，獲西班牙詩歌首獎。作者譯。

自序

半瓶朱Chu（醋）1929年南京生。幼居長沙，逢軍閥變亂，九歲便捱日本轟炸，到倭吃原子彈炸降。見過法幣、關金、金銀元券、大頭、台幣；保衛金門、1963年飛美製倍音速F-104星式機（棺材）跳出腦震盪！1964年出飛東南亞越戰民航，到1975年西貢滅亡。攜妻兒赴亞馬遜駕空中計程車，開釣獵野味店十年；再遇阿根廷等國與英美福克蘭戰後經濟崩潰。挨遍機槍、飛彈、高射炮、火炮、核彈，倖免，均被瞄而不中活著。過七十國，鬼話混話，佳餚胡烹，賞酒必乾；背水跑天下，十年一改行！得台、越、老撾、巴西、玻利維亞、葡萄牙、義大利居留權。

今七老八十將瞎近聾，兒孫輩多向前看；誰愛爬舞墨天梯，剩我或有知音？敢來試飲。

自序之一

朱偉明，飛軍刀，F-104腦傷，癒飛越戰，駕亞馬遜空中計程車，竄七十國。以〈空中助產記〉得文復會首屆散文金筆獎。

自序之二

朱偉明1929年南京生，百日。被滿族仰庵外公，抱登北京萬壽山說能活百歲！命如頑石。挨日機追炸，內亂保臺，空戰傷腦，癒飛越戰民航，捱高射炮、飛彈任瞄十年不中，飛亞馬遜空中計程車、開飯店、釣獵、買賣石材。

目次

1986-2008 南歐

1950-1965 台灣

空中報童

我是飛行員，已經飛了十八個寒暑，有近萬小時的飛行記錄。額上的電車軌道，眼角上的魚尾紋；還有斑白的兩鬢，在在都顯示著我的道行，已頗有深度。因此，通過了千考百試之後，得具資格。每天，天不亮就從松山機場，滿載著臺北所有報社「剛出籠」的報紙，起飛去高雄、台南一帶降落。一年三百六十五天，除了颱風壓境，經常是風雨無阻，照飛不誤，是名符其實的報童。可是「報童」二字，聽來好嫩！而我已年近半百，鬍子兜腮，不免自慚為老天真。

妻聽我自稱：「報童」把嘴一撇：你啊，倒真是人老心不老。

可是現在，每當我一早工作完了，睡足了午覺，去到文藝活動中心，碰到那些爬格子的老大哥們，大家都親熱的打著招呼：「報童來了！這邊坐，今天的工作完了嗎？」

「唔！小弟又來報到了。」

「報童：報導一下你的近況吧！」

報童！多麼過癮的字眼、多麼新鮮的職業：有朝氣，有意思，我樂意幹下去。雖然風險不小，可是待遇不惡，足以養活妻兒，而其中甘苦，且聽我慢慢道來：晚上九點鐘，在臺北正是華燈初上，開始夜生活的時候；可是本報童，被明晨的工作逼迫上床，熄燈而睡，保持老僧入定的心境，盤算著明天早上要用的東西，是不是都預備齊全了？手電筒充了電沒有？不要明早摸黑。制服、襯衣、飛行手套都準備好了？航行資料齊全？手錶對了時，兩個鬧鐘同時定在四點半響鈴，千萬不能擺烏龍，要是睡過頭，遲到耽誤了南部百萬同胞的精神食糧，罪過不小。其實，像我這種年紀，能睡足六個小時，就夠了。當我一覺醒來，瞇著眼睛看看鬧鐘螢光的指標，大約總是三點半到四點，然後開始半睡半醒，耍一陣子迷糊，反正非挨到鈴響不起床。

一聲骨碌！按停鬧鐘，開燈，開無線電、點眼藥水、刷牙、刮鬍子、梳頭髮等等，到四點五十九分；聽電臺廣播中國空軍的氣象預報。此刻臺北的天氣：「下雨，風向北北東，十二浬，氣溫攝氏十度」，該多穿一件風衣；起飛方向，向東、十號跑道，下雨的跑道滑溜溜，起飛時風擋玻璃容易被雨水糊死，看不清前方，得留神。

五點整，穿著停當，提起航行資料包。門外漆黑，風呼呼，雨瀟瀟。打著手電筒上路，來接人的車子，可能已經到了巷口？也許還早，得站在巷子口等它來。雨下小了一些，便順著馬路迎過去，反正街上只有我一個人，老沙認得我，何況我還戴了一頂白帽子，袖口上繡的幾條金色槓槓閃閃反光。而這年頭想要維持「報童」體型，還是有機會就走動走動。何況這時的街道寧靜、空氣清新，是臺北市最可愛的時刻。不管是老戴或是老沙，他們退役以前都是官，現在開車來接「報童」上機場，大材小用。

老沙：「早，今天又風又雨！」

「好在車子裏暖和。」

「可是等一會兒，上了天就受罪了。」

事實是，飛機每上升一千呎，氣溫就下降攝氏兩度，今天如果高度飛八千呎，而臺北市當時的地面氣溫是攝氏十度，則當飛機到達八千呎，氣溫將是零下六度，風擋玻璃可能凝霜，發動機、飛機翅膀、螺旋槳、汽化器等等都需要防冰。假如沒有暖氣，我們的小腿也可能凍成冰棒，但這跟其他的許多困難一樣，不用愁！報童們的道行，經考試合格，足夠應付。坐在車子裏盤算著，車子亮著車前的大眼，在黎明前全速飛馳，穿過高樓大廈的狹谷，衝過排列整齊的銀色路燈，向機場的大道上疾馳。那些在白天奔走的行人和車輛，此刻都正在各自休息，在各行各業裏，我們老沙的專車，一馬當先。

五點一刻，天氣室裏的自動電報機，已打出全島，甚至全自由世界各地的氣象情況。我們從松山起飛，目的地台南，副目的地高雄。有關的能見度、風向、風速、雲量、雲高和雲幕、溫度和露點差別、大氣壓力等等，通通合乎標準，獲得放行。繳驗證件，檢查飛機情況、油量、裝載，清艙後登機；遼闊的停機坪上，有無數淺淺的積水。反映著來自四方八面的燈光，來自滑行道燈，機場塔臺的旋轉標示燈。燈光有綠色、藍色、黃色、白色和紅色，美麗極了。擡頭北望圓山飯店，輪廓依稀，過境的觀光客仍在夢中吧！還有新完成的一座寬大的橋，跨基隆河而去大直，有好亮的燈光。

雨後天青。停機坪上的積水，不僅反映了燈光，每當我匆忙的腳步走過，也踏碎了滿天星斗。目前，每天使用兩架飛機，載運十多家報社的報紙，總重有十幾噸。如果以每磅平均是七份報紙計算，則每天有二十萬份左右，讀者在一百萬以上。飛機不比大卡車，卻要嚴格講究載重量和重心平衡。例如前幾天是六十（公元1971）年元旦，各報社最少加印特刊一大張以上，就是從原來的兩張半，加到三張半或四張。這也等於是增加了百分之五十的重量，那麼總重量就增加了好幾噸。假如照舊裝上飛機，就加油門起飛，結果是飛機在跑道上拉不起來。

好！即使是勉強拉起來了，越過了跑道頭磚廠的煙囪，卻不一定飛得過東南方矗立的許多山峯。因為性命攸關，必要時下令清艙，儘管是元旦日，拜年歸拜年，過磅照樣過磅。科學的昌明，對飛行要求的條件合理地增加，但飛行安全仍列入第一考慮。目前正是冬季，黎明前後的臺灣海島氣候，普遍靜風多霧。能見度不夠，最容易延誤起飛和降落，因此報紙常常遲到。其實，最希望飛行順利的，莫過於報童自己。因為工作待遇是按留空時間計算，早上五點三刻起飛，早去早回，可在八點半回到了臺北。若是延誤到晚上八點，摸黑回來是一樣的工錢，而到了時間該回來而人沒有到；好太太在家中等門，天不怕，地不怕，就怕老爺按時不到家。

那麼現在一切都按部就班，已完成了開車、滑行到了跑道頭，試大車以後，一切手續ＯＫ！對正跑道，塔臺已經准許起飛。天，還沒有亮；雨在前面下著，頂頭風十二浬，在刮著。人，正副駕駛員，坐在引擎和引擎之間的座艙裡，手推油門，低下頭來檢查儀錶，全部顯示正常，決心起飛。油門推上去，引擎加速運轉而一齊怒吼！抖擻出萬馬奔騰的拉力，震撼駕駛艙的地板，使蹬在方向舵上的一雙腳也微微顫動；駕駛盤、油門和儀表板，也在暗紅色夜航燈光下，醒目地微微波動。

飛機鬆了煞車，開始了向黑夜滾行衝刺、加速度。機翼是左右兩把長長的劍，砍劈著風雨，螺旋槳以全力和全速向前鑽探，強烈的兩道機頭燈光，是鷹的眼神，透視著前方黑暗的茫然，撕破夜的牢籠，帶著來自臺北的最新消息！起飛，以全馬力，追求又一次的順利。

遺棄跑道上的燈光，龐然的身影掠過基隆河上，直線射出、高飛，掠過萬家燈火，削過迷濛的夜雲，告別都城和各個衛星村鎮。離地二百呎、五百呎、一千呎。過了龜山，過了桃園和新竹，到達雲上八千呎，一切手續完畢，飛機在穩定地巡航。地上的燈光已疏落，一如天上的寒星，上弦月已無影蹤。灰色雲層的羊毛毯，漫蓋著寶島，像一個睡姿的巨人，靜靜地躺著，從北而南，卻不見那鑽石腰帶，掛在獅子座的天版上，南方銀十字架星也隱沒。在雲海的盡頭，天空一片蒼白，是天頂的圓穹，寶玉色琉璃瓦的反光，是光明希望之前奏，那冷酷的嚴肅、寧靜地顯示於東方地平線上。夜，已失去它的魔力。巍巍的群山隱隱出現，天邊雲彩在變幻，大自然是那麼的和諧。

那即將湧現的陽光，遠從太平洋水線以下，用光芒射亮隔山的半邊天。山嶽聳立，似乎就是昨夜變了天，才戴上這晶瑩冰雪的冠冕。朝瞰下一片皚皚，於是整條山脈，有了玉砌銀雕的輪廓。

劈過寒風的翅膀在前進，引擎在穩定地運轉著。左前方翼下，在山谷霧靄的薄紗裏，依稀見到苗栗瓦斯井，熒熒的焰火在搖曳，隨著天光而淡去。從新竹向台中而嘉義、高雄，延伸向南洋群島。二十年來，我的輪胎印，和日曆撕掉的年月，曾留下幾許回味。偉大的樂趣之一，乃是享受早上空中的日出景色。每朝有不同的感受。就好像每天裝載在機艙裡的報紙，在逐日更換著不同的消息。領先雲下的許多讀者，在曉色之前，艙裏的燈光黯淡，展讀標題，瀏覽某些方塊文章。當「爬格子」的老大哥們仍在夢中的時刻，我已在空中拜讀大作。

日耀金黃，隔東山的朝陽已升起，天空像霓虹般的五光十色，漸漸澄藍變成暗黑，雲下的蒼冥夜色已退潮，地面的燈光，天上的星月，忽然都不見了。

朝陽讓座艙裡的氣溫提升，左臉開始灼熱，戴上遮光眼鏡，儀錶燈光熄滅。雲朵、銀翼都鍍上了金色。羅盤航向正南，過台中上空，高度八千呎，預計通過嘉義，到台南還不過七點。台中，文化城、大學城。我們每天早上的通過CCK上空，轟隆聲可曾打擾清夢？六點半左右，學校起床的時刻？然則我們每天早上順路來免費司晨，像老公鷄。可惜我這架飛機，又胖又大，裝滿了報紙，被稱為「老母鷄」！

熟悉的大度山，十五年來，曾是我飛舞F-86軍刀機，改駕梭標式倍音速星座機的殿堂。昔日比翼同生死，全天候待命的夥伴們，別來無恙？此刻你們誰在跑道頭嗎？

一站又一站，接近目的地，開始向下俯衝。降低高度。飛機，這二十世紀的文明產兒，最複雜的機器之一，裝載著同時代最複雜的文字產品「報紙」。都是千百萬人的經驗、技術和智慧的結晶。肩負重擔「報童」的指掌，已從合金、橡膠裡延伸！從機頭到機尾。機輪到翼尖，去品嘗風的滋味，體會跑道面的軟硬！

台南機場，能見度一浬。輕霧，北風四浬。向北落地，使用卅二號跑道。收小油門，穿雲下降，冒雨前巡，再降低高度接近機場，穿過最後一陣霧，終於見到湧現的跑道；塔臺准許降落。收小油門，開始進場，輪子放下已鎖好。轉彎，對正跑道，接近跑道頭，愈降愈低。操縱飛機，機頭漸漸昂起，機輪接近地面。油門關死。飛機泄了氣，一分一寸地吻上跑道面。刷！刷！主輪著陸，減速度，慢下來，脫離跑道，滑回停機線，一個又一個電門關掉。滑進停機位置。關車，煞車，輪擋擋好。我脫下手套，拉開三角小窗戶，探頭出去，吸一口清晨的空氣。

早！窗外一片寧靜，台南到了。各種型別的拖車對正了前後機艙門，強壯的大漢們，立刻卸出，大包小卷的貨色，上面用尼龍繩捆綁著，寫明了不同的報紙、不同的受報地點，再分發到機場門口，等待著的形形色色的車輛。有卡車、有計程車，甚至也有單車。點交完畢，立刻出駛趕運各城市、村鎮的大街小巷，各行各業的二十萬訂戶。

我們已盡可能用了最短的時間，把報紙呈現到百萬讀者的眼前。

此文刊於1971年中央日報副刊

神長們，多謝為我們祈禱

這首詩承天主教耶穌會遠東區會長，梵諦岡耶穌會總院院長，也是我的黑袍教宗，朱勵德神父介紹：

作者文武全才，是空中英雄，同時也是詩人，他的詩文已多次在《中央日報》發表。當他知道我們幾位神父和修女們在去年（八二三）金門空戰最緊張的時候，曾為空中戰士的安全和勝利祈禱時，他以此詩相贈。

多少個寂寂的清曉
我駕著飛機
穿過雲層
飛掠過許多城市和鄉鎮
那時刻
大地上的燈火猶在睡醒之間
零落有如稀疏的露珠
我揮手向它們告別
道一聲珍重
再見
我懷著興奮又負咎的心情

飛得比遙峰更高了
飛得比流雲更遠了
任機翼發出無可避免的震響
在這恬靜的銀色朝晨
打斷了流水的清音
和教堂悠悠的鐘聲
擾亂了祭壇前莊嚴的禱語
也驚醒了多少人的一枕鄉夢
原諒我吧
可敬的神長們
親愛的兄弟姐妹們
趁一陣微涼的晚風
我迎著落日的燭火又回來了
機身在夕暮天公的銀河邊
劃出一道白色的長虹
而鐵鳥軋軋的振翮聲
又擾亂了在夕陽下覓句的詩人
逍遙踱步的老者
下班歸來的工作者們
古樹上鴉棲不穩
黃昏失去了寧靜的美
原諒我吧

朱勵德神父覲見教宗若望保祿二世

請你們
我想你們會原諒我的
更會為我的安全祈禱
為我和我的夥伴們
你們的禱語
將在我們的頭頂
綴上了
一顆希望的曉明星

註：我不信教，卻信神！詩刊於中國天主教在臺灣的1959-01-15慈音雜誌，得朱神父獎賞梵諦岡頒定的（空軍主保小德肋撒）金質聖像於台中光啟社，懸（安全牌）於我頸脖多年。

後來於1972年越戰最高峰時期，在越南飛民航時期，我冒高射機槍，俄羅斯SAM飛彈，前後十年被瞄而不中之險，我能安然刀槍不入，要拜謝神父以遠東區耶穌會會長訪問越南教務，受我的邀請來西貢，在一個滿天曳光彈，槍林彈雨的晚上，在唐人城堤岸八達酒店的晚餐前，再為我祈禱，並飲「紅酒」的桌上，寬容我襲他的聖名為（麥克朱）。在十五年後的1987年帶我的兒子們，再到梵諦岡總會總院去一同拜謝。

門房問我：「你找誰？」我說：「麥克朱。」

門房又問：「你是誰？」我說：「麥克朱。」

他說：「對了，請進，院長通知過了。」但門房老兄仍是微笑的看著我們呢。

神父的祈禱誠然是有靈驗的，讓我能百戰不死。

1997年3月21日，他竟然慨允我親到臺北的邀請，微笑著以癌變之身！言明是最後一次坐飛機從他服務的臨終病危院飛香港三天，著紅袍為吾兒雲開主持証婚彌撒，並宣稱：我與他是從臺北羅斯福路臺灣大學的伯達書院認識，經歷四十多年的「酒肉朋友」。

嗚呼！吾宗老友！半年後去了天堂，不能再照顧我們了，他慈愛的面孔油然出現在眼前。

回瞄藍天

「如我因飛行而死，願埋父母身旁。」是我起飛前的遺囑。

我自小任性，不是乖寶寶，才四歲家住長沙湘江邊，娘在午睡，我敢獨奔江邊去觀魚，呼吸魚腥味，冒穿姐姐繡有「周南幼稚園」紅字的白背心，被巡警發現是省黨部書記長的兒子，坐他的鐵驢子載到幼稚園再玩鞦韆，直到聾子老易拉黃包車來接姐姐回家，見到了我，無言的大吼一聲！立刻拉起我和姐飛奔回家。雙親高興的聽我敘說冒險記，晚飯後八點上床，剛上床便見母親持雞毛撣子來，掀開我剛蓋好的被窩，就我的屁股一頓暴抽，抽完轉身熄燈出去。

但我仍不是好孩子，且是學校的劣等生。討厭背死書；每逢考試把答案寫剛到六十分，便搶先交卷，繼續室外的遊戲。因此老師建議送我進「放牛班」。

這種不求滿分的行為，母親把我叫到跟前說：「你的成績太壞，這樣下去，將來怎麼辦？」

看她的臉色的不妙，不敢作聲，可是不作聲也下不了臺，只好硬著頭皮說：「我要做飛行員，去年冬天，爸就給我戴了有風鏡的飛行皮帽子了。」

「多新鮮，誰教你的？說！」她怒了，看著掛雞毛撣子的方向。

「蔣委員長說的。要我們立志做飛行員打鬼子。」

我說完就想逃，但她已從房門後拿出了雞毛撣子那麼搖了幾搖，嗡嗡的響聲，我的腿就像灌了鉛，腳底上了膠，黏在地上跑不了。

「蔣委員長要你做飛行員？可是沒要你現在不好好讀書吧！你是不是要讓人譏笑我的大孩子辱沒了書香門第！才覺得好看是嗎？」

她氣急敗壞地說：「你該聽說過將來建國也要工程師、救助病苦需要醫生吧！但你偏要做飛行員！你是要把我的心割到天上去當汽球玩啊！」母親越說越氣，用雞毛撣子指著我。

「媽！可是讓日本飛機丟炸彈，醫生和工程師再多也沒有用處。」我冒死頂撞。

「好！那麼你現在就去飛給我看，你這個昏君！」發威的雞毛撣子不容爭辯，我只剩一句：「下次不敢了。」

「到孫總理像前罰跪！到這一柱香燒完才可站起身來。」媽媽說。

儘管我還有更多的歪理，可惜當時年紀小，說不清楚。而我不爭氣的肉體又受不了那撣子；最後只能以沈默來表示內心的不服。真的！我為什麼一定要像父親，去寫字桌前上班，跟些沒有趣味的客人交談？

晏隊長單飛紀念，左起：Capt. Shaff、Capt. Peacock、晏仲華中校隊長、Lt. Esoratson， Lt. Peason 四人小組。訓練台灣第一批 24 名正選星座機飛行員。

我愛凝視窗外，看秋天從蘆花岸邊飛起來橫空的雁陣，正飛向陌生而溫暖的南方；而晚上的流螢，也引我神往於傳說的新戰機夜航的飛翔，啊！這些光梭小生物多麼的自在逍遙。

有一天，我在院子裏玩蟋蟀，根本沒有聽見警報聲，日本飛機把八個炸彈扔進了長沙城，聽說，被炸死的人腿飛上樹梢。又過幾天，正好是去醫院看我的詐病的一個上午，警報響了，我被母親揪著衣領拉進後花園的防空洞，三十多個炸彈，炸碎了不少人的膽和肉身。於是我們開始南遷，舉家搬到廣州，可是到了廣州才發現整天都在拉警報，緊急警報發佈，敵機臨空時仍有滿不在乎的廣州人繼續飲茶和做生意。我則幾乎每天都要偷上三樓頂上去看大編隊的日本飛機，飛在我們的高射炮火網之上從容投彈。

1936年春節前從長沙乘粵漢鐵路到廣州，再乘廣九鐵路到香港，上英國船到汕頭返平遠東石度歲。與雙親、大姐偉平、三弟偉陵同船。

就距我們住的惠吉三坊才兩百公尺，太陽膏藥機低空飛來同時投下兩個炸彈，穿進惠愛路騎樓下的臨時防空壕，悶轟一聲四百人死於非命。我親眼見到人的殘肢飛到對街的電線上，聞到青天白日驕陽下什麼叫做血腥。

從北京敬謹親王府出生的母親，不能忍受這種挨炸等死的滋味，只有再搬回粵北東江上游鄉間的故

居，但從汕頭海面起飛的日本水上機，跨掠過河源、豐順，不久又到了我們祖屋頂上盤巡，翼下掛著炸彈準備投擲，紅色的太陽旗漆在機身和翼尖，竟在我們的祠堂上空，耀武揚威；那魔鬼般的引擎和螺旋槳的嘶吼聲，震撼著已沉睡千百年的農村。

母親在窮鄉僻壤，蛇鼠出沒的古書院分娩，生下我七妹後就病倒了。貧窮戰區找不到醫生，她便開始寫遺囑，從此不起——她的死，1939這年我十歲，開始了悲傷歲月：勉強在私塾型的小學裏讀書，全班僅五個同學，功課似是而非地保持了前所未有的前三名，但逢山逐獵，遇水摸魚考第一。

但沒有了母親，今晚，有誰撮階前的流螢，替我做閃光的紗囊，續我夏夜蚊帳裡的故事；又倚在我枕旁，唱我愛聽的漁光曲？再也不見溫暖的唇，吻我的臉蛋，在噩夢來了的晚上。我開始冒險、流浪！穿著缺了鈕扣的衣裳，在回家的路上，失去了母親的盼望，更不見那眼淚為我憂傷！母親踏上了她的歸程，在歲月的陰影下，作一去不返的遠航。

但點點流螢依舊飛翔，白天敵機不斷地來，我跑出去在油桐大樹下開罵！我也埋怨那漆有青天白日旗的戰機，和殺敵的空戰英雄們，為什麼不來廣東？而放縱敵人在我的故鄉橫行，要炸就炸，要掃射就掃射如瘋狗般的暴行。

好在倒楣見鬼，不會永遠都這樣。有一天我在河中游水，突然看見高空出現了嶄新銀翼掠空而過，青天白日軍徽在藍天裏閃耀著光輝。小學莫明其妙地畢業了，我決心去四川投考空軍幼年航校。但父親說要我念大學是他和母親一致的決定。他那裏瞭解我是多麼不願意進普通的中學去鬼混；但結果仍是我輸，遵命浪費了六年，外加一年糊塗留級才高中畢業。但這其間見証了強中更有強中手，不久，愛炸人、殺人的日本人，惡有惡報，時間一到，就吃了新鮮的美國原子彈，屈膝敗降。但緊接著的是內戰蹂躪我們的家園，世代的書香門第燒成灰燼，在紅禍滔天的烽火中，我們倖以身存來到臺灣。

與我的毛病150條的F-104合攝。

愚蠢的我終於在臺北遇到一位偉大朋友，經他的指點而採取了非常手段：偷蓋父親的印章在投考空軍官校的家長同意書上，我終於狠抓了一把這十年之癢。

我少年時在鄉下釣獵，練就了鷹的視力和逐獸的身心：成為高中時代最傷人的足球員，當航空體檢時那些使上萬個青年朋友傷腦筋的光學儀錶，血壓計等勞什子器具時，我像一頭無敵的野牛，通過所有航空醫官檢驗；自己廿年來的劣等生涯，為的是等待這優等的轉捩點，兩眼注視著空軍官校門頂上的金鷹，牠的兩翼向我展開。

但要從陸軍光頭二等兵幹起，我入伍前在臺北士林電工廠任幫工，半年後成為技工，升任萬華全臺灣第一間民營燈泡廠，擔任抽真空鎢絲品管工程主管，領到值二兩黃金的650元工資；如今，突降到末卒的12.5元，這只夠每月五元剪四次光頭，用兩塊肥皂來洗衣刷牙，再買兩張郵局的明信片，週末列隊走路去看五年陳的免費電影。才想起父親當年做縣長時，家中懸掛由他的同學吳三立教授所寫的對聯；

從古精誠能破石
薰天事業不貪錢

並請書法家鍾䄷三先生寫了一幅中堂來懸掛在牆上，是孟子說的；「天將降大任於斯人也，必先苦其心志，勞其筋骨，餓其體膚，空乏其身，而行弗亂其所為，所以動心忍性，增益其所不能。」

我終於窺見「忍性」二字的父教，不再放任自我，承擔了一年又十一個月的艱難入伍訓練；達到了當時陸軍總司令孫立人將軍，派來東港大鵬灣的空軍預備學校，臺灣籍部隊訓練班，楊班長所說的：「你們是鐵，我們要把你鍾成鋼，磨成劍。」

是的！在東港大鵬海濱的沙灘上，佈滿著我們的汗珠；沙灘地上起伏的浮礁上，留下了我們打滾匍伏前進時，手肘和膝蓋的皮肉和血痕。那黑夜裏的一排機槍聲中集合，向墨黑的墓地疾行軍，接上八月炎陽下的武裝賽跑！到了七百天才聽班長說：「這裏的鍛煉已完成，現在你們有資格去飛行了，祝你們打勝仗。」

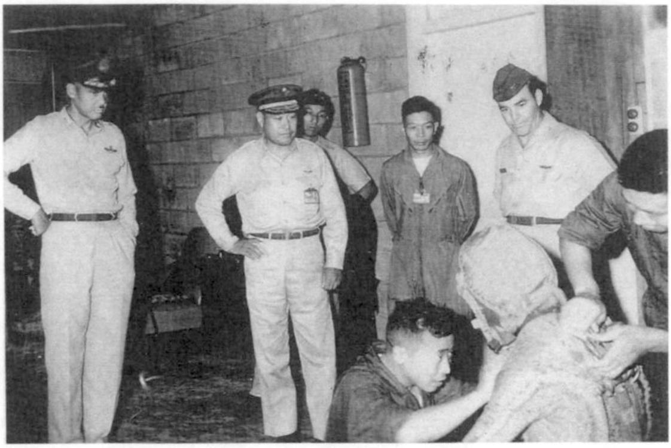

F-104星式機，能爬升十萬呎，需著太空壓力衣。左為美國十三航空司令，第一位黑人，狄恩將軍。左二時忠琳將軍，為C.C.K連隊長，左四殷恒源副中隊長，在著裝的是朱半瓶。

飛行教官的要求嚴格更超過了情理，乍聽之下令人灰心，他不斷罵我麻木、懶惰，只比死人多一口氣。我承認的確不如他的靈活，細心和周到，不如他長的酷，飛的帥！但是在一段時間以後，才瞭解他的苦心是為了要使我們能擔負起更艱鉅的任務；必須在未來具有超過他的能力，比他年輕時飛得更快、更高。

一百年才算得上世紀，可是飛行員的一個世紀卻只有十年，因為在十年內發明上的日新月異，我們便經歷了古人要一百年才能完成的夢想。剛學會了初級飛行，一夜之間，黃蒙布的雙翼機便換成了金屬的低單翼機了。剛搞清楚，背熟了一切的手續和性能時，來了噴射戰機。五年前一萬人投考，如今1956年了才畢業五十人。當年的蔣委員長已成了現任總統，和蔣夫人與我們聚餐，親自頒給我們飛行胸章，這金色翅膀是請父親和繼母潘媽媽為我掛上衣襟。這是一枚奮鬥了廿年才得來的胸章。「如我因飛行而死，願埋近父母身旁。」是我起飛前的遺囑。

但空軍是向前飛行，我還沒有把噴射教練機飛得過癮！緊接著飛流星式RF-80偵察機，F-86軍刀式戰機，再換成倍音速全性能的F-104型星式機了；終於，一個鄉下出身的老土，汽車沒坐過幾回，如今忽然進一流戰機駕駛艙，它昂貴的價值換成我們鄉下的米穀，恐怕我家的老牛要三年也拖不完！現在只要左手向前推油門，便能把它高射向卅公里的天際，能快到時速二千五百公里，音速的兩倍半；零下幾百度的液氧已換成一股乾爽撲鼻的冷氣，進我的胸膛，當年獵獸摸魚的右手正掣動著當今最具威力的飛彈，掌握著渦輪噴射動力的操縱桿。

來自八方四海的好漢，在藍天裏用各式的方言聯絡而比翼飛行；本來，人就是天地間的一口氣，但我已把一口氣吐作高空的凝結尾，那白色的長雲是我們藍天裏新的長城和禦敵的劍，祈求領空安寧，祝我翼下的家園，雙親們能安穩地工作，孩子們在翼下背誦各式的橫直文字，不再拉警報，害千萬人驚恐再有炸彈在他們的頭頂開花。

警戒待命的飛機，在和暖的春夜或冬晨試車，起飛、降落；轟吼聲定會擾醒甜睡的孩子和睏倦的母親們及無數人的一枕鄉夢。還有更多人受驚於加速後的音爆，以為金門砲戰響到本島來了嗎？啊！請原諒這些噪音是為了要保全一種更重要的安寧。請看；爽朗的晴空，出現白色的噴射雲，雲前端，有粒芝麻小點，喂！是我在飛行。鋁鋼合金、銀灰色的F-104 F星座機，小巧玲瓏，重有十噸。腰部曲線玲瓏！號稱夢露，是60年代性感得要命的人物。翼面上是空軍軍徽，另一面是編號4217，T型直翅上，畫一條紅龍形狀的「8」字，龍嘴裏噴著火的威風。

針尖鼻的空速管，在寒空裡穿刺，短薄的兩翼，劈向同溫層的稀薄空氣，以倍音速度2000公里時速前進，是一支飛行中的大箭，左右各有七英尺長的雙翼下掛四條呱呱叫的響尾蛇飛彈，射速四千公里，任何被瞄準了的，轟！每彈爆出一千四百片，在百米半徑內外，能射穿兩英寸厚鋁板，能洞穿上千鐵鳥的穿甲鋼片。

一個赤手空拳的人，坐上星式機，升到四萬五千英尺，攝氏零下五十度的冷，立刻變成冰棒，又突然缺氧、失壓、血液沸騰，全身器官會立刻爆裂，像沒人見過的肉彈分屍。

要生存，人必須穿著充滿純氧的高空壓力衣測試。先進入測試低氧壓的筒型鋼艙，身體被勉強塞進了一套經過多次試樣，周身結實卡緊的特製套裝，戴上加壓手套，長靴，用肩帶和腰帶，綁緊在椅子上，後悔已遲，不容怯陣逃亡。

頭頂上蓋下白頭盔的假面具，咔嚓一聲！按下供氧遮幅射線玻璃面板，向返光鏡裏看看自己：嘿！一個陌生的怪人頭，是科幻電影裏的角色，搖頭，大力捏一把壓力褲裏面還有知覺的大腿，覺得是自己的肉在痛。

喂！有一種空白的茫然。十萬英尺的高空，究竟是什麼滋味？太空軌道下的倍音速運動？靜的極端是動，動的極端是靜，是真的？作為一個凡人，承擔得起嗎？老實說：「平凡的我，進空軍前只騎過單車。」

雙手，雙腳都已扣上了心電圖感應線，頭頂上扣滿了腦波測驗線，只有嘴唇可以吻到通話的艙外的麥克風，四面的圓艙厚玻璃窗口都坐了人，而我已不能動彈，想跑也跑不了。檢查裝備和氧氣的人員問我感覺如何？

好，開始吧！反正我的遺囑，在虎尾初級飛行前就已寫好了的。

他們拍拍我肩膀，滿意出去，鋼門關緊。

咔嚓！一聲，抓緊椅子扶手，開始孤獨的低來高去；使我暫忘肉體的酸苦。嘴裏卻說：「ＯＫ！來吧！」

出發，上下左右前後的風口，開始抽空氣出去，鋼艙左上角掛著一支綁緊口子的橡皮手套，突然腫胖，氣壓降低，耳機裏傳來：

「現在高度一萬四千英尺。」

「感覺很好。好吧！兒豁出去了，媽媽！」

「血壓、心電，腦波全部正常。」

「ＯＫ！上！」

坐在這太空模擬艙裏，艙內的高度，靜止向上、無聲而疾急地爬升，以驚人速率。什麼？艙內右角的高度表指示到了二萬五千呎。

「很好。」我說完搖頭，動一動雙手，覺得除了掛在艙角的那只手套更加膨脹外，艙內並無變化，冰冷而乾燥的純氧撲臉，氧氣調節器的白眼瓣在一翻一眨，正常，我活著。

「現在去三萬五千呎！」

超越一切的山高水深，向寒空躍進。

高度愈高，空氣愈稀薄，那支橡皮手套已漲成了一個蹄膀大小。

下面地板上的玻璃水盆裡開始沸騰冒泡泡，四肢上的壓力衣氣囊開始充氣，頭盔裏脖子周圍已被氣壓箍緊。完全是要勒而不死的滋味。

真空是人類的墓園。且先向鏡子一看自己！假如因此一去不返，將變成什麼樣子？

啊！太空臨界點的窒息感開始了。

在靜極的真空裏，聽到自己心房仍在跳動，腦子裡也有一種金屬的絲竹鳴音，是身心的一種純淨專一，跟艙外的醫生、科技人員合作一致。這是超高空飛行員等待過關的一天，從此不再純粹是地上的動物，此刻已比一切的低空的飛機和鳥兒飛得更高，離地更遠。十萬呎，是三十公里高度！我行嗎？

手可以舉起來，呼吸變成了相反的「吸」和「呼」的摩登吐納術，壓力純氧根本是直接灌進肺，然後要運動胸部把廢氣壓呼出去，但不久也成了一種反習慣，開始學習太空吐納功而得道。

ＯＫ！看看鏡子裏，充血的眼球，透視在遍佈黑色髮網狀電熱絲的面板玻璃下，交織著前額上反光的皺紋，體會我的外表、內心、精神和肉體，所感受的考驗！是絕對的挑戰！

醫生說：「一切顯示，你情況良好。現在，要升高到七萬五千呎時聯絡。」
請吧。我舉起右手。
壓力衣的緊迫愈來愈深刻，呼吸顛倒，高壓的氧氣圍困著，也拱衛著，急疾向高空升去。
「四萬呎！」
「五萬呎！」
「OK！」
「六萬！」
「七萬，七萬五千呎。」
「已經到了本低壓艙的極限高度了。請回答！」
「OK。」我擺手。不是投降，是表示還能動作。
看手套和水盆。「哇！」
原來扁手套已經變了一條火腿大小了，水在攝氏22度的盆裏翻滾、沸騰。我體會到自己和艙外工作人員合作的成就；天地問果真有此等境界，能在七萬五千呎自下而上的一瞬！否定了人類在缺氧地帶必將死亡的說法。雖然周身非常疼痛，卻見到，死神猙獰的嘴臉在艙牆上隱去。
一次40分鐘的考驗失去體重五磅，周身皮肉受壓力衣擠迫，造成皮下出血有二十多處。但這才夠格舉起短短的生命之杯，為臺灣的安寧，跨上星座小姐的腰背夢想成真。
「喂！要命的星座美人，你好嗎？」
在停機線上，並列著的星式機，第一架就是我的4217號，在陽光下，閃閃發光。

機工長趙士官長向我比出ＯＫ的手勢，我點頭，爬進座艙，把氧氣接好，塑膠通風背心的通風管打開，扣好傘帶，踏接鞋後跟的鋼馬刺。

座艙檢查完畢，儀錶，紅線燈光正常。開動引擎。左手打出訊號。舉起大姆指，冲壓！

壓縮空氣打進渦輪，排氣管裏轟燃的第一聲，開始吼嘯！向寒空的蒼涼以餓狼般的吼嘯！渦輪運轉。用食指按下紅色鈕。

引擎點火！

左手推開第一節油門。

排氣溫度錶指「升」轉速表指；增加。發電、綠燈亮。

針尖鼻的星座機已開動。情況良好，ＯＫ，可以滑行出機堡，無線電暢通。

「塔台，早！星座十七號試飛。」

「十七號您早，本場使用三十六號跑道，北風七浬，高度表校正二九點九二。」

「明白，二九點九二。」

星座機滑出機坪，進滑行道。場外有好奇的小孩站在遠處向我招手，也有戴斗笠種地瓜的農人停鋤搖頭；我揮手抱歉！我們萬匹馬力巨大引擎的嘶吼聲驚擾了你們。可是這音浪騷擾，是為了天空的另一種安寧而來，請您們一定要原諒！

飛機滑進跑道，塔台說話：

「十七號，可以進入跑道試車。」

「明白了！十七號。」

油門手柄向前推滿，引擎運轉良好，一切燈光和儀錶的指示都在綠線內。

「塔台，十七號起飛。」

「現在風向三百五十度，八浬，可以起飛。」

把油門向外側推出，四具後燃器一一轟燃，引擎咆哮發威，一支巨型火箭向藍天推進，從返光鏡裏可以見到自已的臉。已向兩側後方拉緊變形，來一張快照寄給她，她認清肯定吃驚不嫁了！飛機，向跑道中央直線上射出，美國奇異J-79引擎發出粗獷的萬匹馬力，把我舉起離地。及時收輪子、襟翼，機頭拉高向天地線上大仰角，向晴空筆直上升。離地140秒鐘就到了三萬五千英尺，放下機頭，立刻機身一震，超過了音速。繼續增加速度，到一點五馬赫，一點七，一點九，二點一，二點二，二點三，到了極限的音速二點四馬赫，時速兩千六百公里。此刻，我已快如初速的流星；約快過世界一級方程式的八倍賽車。

再把機頭拉起，垂直向頭頂上蒼穹的正中央飛升，以倍音速；高度表的指示從三萬五飛快地升到：四萬、五萬、六萬、七萬以後已進入真空地帶，飛機的引擎已缺氧熄火，座艙瀉壓，艙內一片死寂。把油門拉回關掉，但飛機的速度仍然很大，到了動者恒動的邊界，而低壓艙裏的現象發生了：壓力衣開始充氧緊迫。受純氧拱衛的我，覺得應付自如，保持向上飛升，高度表繼續指到八萬、九萬、十萬三千英尺。飛機的操縱面，已在幾乎完全的真空的狀態中失去反應，上升的速度，已不足於脫離地心吸力的軌道而回頭，落向地球；事實也好在是沒有脫離地球的引力，永遠地一去不回。

從地球的邊界回來，獲得資格，成為倍音速俱樂部註冊893號會員。進駐到跑道頭的待命室裏，等待那紅色的警鈴一響，表示有不明機接近本島，在三分鐘內，第一線兩架，再兩架，雙雙比翼的F-104滾動的機輪，會在雷鳴裂帛聲中離開跑道，攔擊不明機，響尾蛇就要出籠，為寶島的安寧起飛。

在那靜寂的午夜和黎明，引擎狼嚎的吼聲常常驚擾您，一年四季，春夏秋冬，無論晨昏，只要您抬頭看，一條條雪白的噴射雲，在長雲的前端，有閃閃的光點，是我們在說：「您好！」

獵兔經

臺灣台中市的西郊鄰海，有一塊高出海平面660呎的黃土高崗地，面積足夠成為保全臺灣最大的F-104星座機機場，名叫C.C.K清泉崗；但遍尋不見泉，只是缺水的黃土山崗，野草叢生，秋冬風吹草低，在一些番薯地裏，不見牛羊，卻患野兔多，鷹鳶盤旋，直叫人頭疼。

按外來高標準修跑道，農人收錢讓地，洋機器登陸就開工，開車去看三十平方公里的大度山頂分成東西兩半，像切月餅從中央一刀，是南北全長五公里15,000呎長的跑道，兩側剷平的黃土地，新剪平了的嫩草坪上。兔子屁股後面有鷹鳶噓啾！俯衝。沒有地下道供奔竄的野兔好躲，牠只有橫過光亮的跑道面，從東向西或西向東逃，鷹鳶斂翼俯衝，也正是星座機全天候巡邏隨時起飛滾行加速的時刻。險哉！是絕對不能讓大老鳥，被吸進我們三分鐘緊急起飛，進到三百浬速度飛機的進氣道渦輪引擎，會要毀了幾億萬台幣一架的F-104星座飛機和寶貝駕駛員，也就糟了寶島安寧巡邏的大道。

揪心的禽飛獸走是說白天，天一黑景象變了。飛將軍的宿舍在山頂中央，周圍全是腰高的野草，結了婚的人們早在天黑下班就回家，抱少妻疼娃兒去了；光棍們多半去了俱樂部，看報紙、玩牌、打史諾克或進城泡妞跳舞去了。他們都叫我小變態！是過了廿八歲准許結婚歲數的老男生。但我是三十而立的長子，不追妞抱娃兒是不孝。但老爸在中興新村任公職低薪而繼母病苦，弟妹多在小中大學缺錢，我豈敢獨自好色敗家？如今卻要去飛天下十大冒險之一，享有

「飛行棺材」和「寡婦製造機」惡名的老美二手貨「F-104」。而膽小的我就怕飛機還沒離地先吃鷹，真是逢禽而驚心。但心驚又不能罷飛。

我晚飯吃了，乃思今生苦旅，閒極無聊，但願閻王爺瞭解我，不是如希特勒等的殺生取樂之徒才好，別急取我性命。也便刷牙戒煙，不噴毒氣，是怕兔崽聞到某變態來了，會拉警報！躲起來。我狠點眼藥，好憑視力二點零，細瞄百步穿楊，標上你們兔崽了。且在原始的DNA裡，書上說你我肯定曾有狩獵，釣魚的血緣。要不你我尊口之中，至今怎會仍有一左一右的犬齒。

嘻！在C.C.K大度山風吹草低的夜晚，朝五晚六交班，走出跑道頭，從這三分鐘內要緊急起飛離地出海的警戒室，輕鬆回光棍窩；小吉普的車燈，照在泥塵路上，路旁一閃、一閃的亮出紅寶石野兔瞳仁的亮光；引我神往童稚時拉著橡皮彈弓，想像著自己是我前清鑲紅旗才廿歲，便是步騎射一等的三品將軍外公，馬上拔箭張弓開瞄！

好在我此刻山頂宿舍的房門背後有槍，卻難有空每天大清早去跑道頭治標，打走拂曉就來盤旋俯衝獵兔的鷹鳶；今宵此刻，就責無旁貸，容我獨沽一味，提槍上陣出獵的夜戰。要証明A=B，B=C，C=A，便坐上剛忙完了載人去起飛降落的老吉普，加滿油，把擋風玻璃放倒在引擎蓋上扣牢。按步兵操典，先求發揚火力，今夜月黑星稀，無須掩蔽賤體；兩個塑膠桶放在後座搬野味夠了。點22小口徑雷明頓獵槍，裝19發從台中市中山路上釣獵行，買得獨眼老王說沒見過的小兒科短彈。是的，這又不是打野豬，彈頭只一粒黃豆大小就夠，加壓一彈進膛共廿發，足須一梭就夠取野兔崽的命到晚上九點。

老吉普的兩個頭燈晶亮，那怕是我的搭擋「獨眼龍」宿舍主管老王士官長也看得分明，他打開引擎蓋，接上手燈給右座，用他的左眼索敵，獨掌探兔燈，一見紅寶瞳仁他就招手，我就關車也熄了前車燈，老王的手燈照亮一動也不動的呆兔，牠錯以為是小太陽出來了？我從腿上舉槍起來左肘支駕駛盤上，按白天校靶距離的七、八十公尺外，一秒便瞄準瞳仁，半秒便卟響！放槍躺回雙腿，發動引擎，開車過去，龍兄提了塑膠桶過去，從後腿提高好肥的一隻大公兔給車燈照亮，足夠老鷹族餵幾窩鶵仔。願這個秋天能滅千兔，便能減少起飛的跑道上不停的鷹鳶盤旋，麗日晴空，祝飛行大隊平安。阿門！

我不信教，但我信神，我吃葷像魯智深。兩個小時不到就裝滿兩大桶，回到宿舍，剝皮按家鄉宰田鼠的老法子，先剪耳朵，頭頂直劃一刀，像剝耗子的頭皮，雙手一開弓；遵照航醫說的一不吃頭腦，二不吃內臟，立見全精肉的兔胴胴，鹽酒醃一夜，明早串曬到半乾，重量剩過一斤。比抗日時期的田鼠大十幾倍，也比新疆伊犁當年飛來的大波斑鳩肉多；入冰箱前要用煙燻，荒涼山上不好找到木屑，可以用茶葉加紅糖放鍋底大鋁箔上，也就清潔溜溜「不沾鍋」像馬英九。已經過了六百呎山頂一天大太陽曬透，還有著名的大度山風吹到半乾，兔崽一公一母一剁八塊，進大鍋不銹鋼線架上，再加兩三大條鋁箔紙蓋緊，大鍋蓋上最好加紅磚頭一塊，開大火，不給煙漏出噴人，害自己雖不傷心，卻會讓最佳掌燈搭擋，宿舍主管士官長獨眼王兄與我，二人雙落淚！

改小火再半小時後秘製速成燻熟出油勝過湘西、貴州苗族的野臘味，妥了，剁了！來！老王，開金門小高粱一瓶，碰杯！下肚便是：公私兩爽！從此夜夜不失眠，祝飛行安全萬歲！

一人只能最多吃兩塊才八分之一，吃不了的兜著！送回家和結婚了的朋友促進感情，都大呼：夫之健康乃妻之幸福。尤其能治好那從大陸來臺灣已二、三十年，逢年必想家鄉臘肉者流口水的思鄉病。但絕不拿去拍湘西老總的馬屁！否則以我正科班畢業，曾幾何時！是同時參加臺北連雲街空軍招生處，前後半年，近萬不悔死的小夥子排隊參加體檢，剩下才四百人及格入伍，又經歷足足快五年，左淘右汰，剩下五十個鳥人畢業，左胸上才能也掛著像蔣夫人旗袍上一樣的飛鷹。以我四肢發達，頭腦簡單，實也易學像個馬屁精：多鞠躬，玩史諾克亂進袋，陪打高爾夫專挖草皮，勤跑臺北內線，噓寒問暖！抽煙快幫點火；我早就當上將了！

沒錯！要釜底抽薪，咬牙滅兔崽；老王！請你開燈！按圈靶最高分紅心為兔眼、鴨眼或鱷魚眼，別自己緊張把右眼閉上，左眼來瞄，看不見貨色就放生！對，一律瞄定白晶瞳是鱷，這又不是亞馬遜！今夜是滅兔！閃閃紅瞳亮在照門正中，穩扣扳機。就學亞馬遜人臘鴨專瞄成雙作對的一箭雙雕，回頭好安心下鍋。行嗎？

當年征戰的砲彈屑，傷了王士官長的右眼，感謝臺北蘭州街空總醫院的女醫官，給他裝了像真的能動，外觀完美的假眼珠，但是他穿楊的武功廢了。因為咱空軍找不到，且全世界也少有用左眼瞄兔子的槍。委屈他了，他從來也不再說：俺曾經是單瞄敵將的狙擊手，當年在緬北是用比利時的375口徑來福槍，校靶精準到五百公尺命中。但敵人也打中了孫軍長，可他媽的跳彈碎石頭飛到我了。

和他的經歷一比，我要忍受，此刻他在吉普右座上擔任副駕駛，半齋佛教徒獨眼龍兄卻嘮叨監督。他說：「最好一箭雙兔，放生那單公寡婆。像俺！妻兒留在大陸，一個人來臺灣，單飛的日子不如掛了好過。」

半瓶下肚。我說老王：「咱不就是成雙成對，兩公兩母的在滅嗎？以你是飛行員宿舍老主管名義，應頒我錦旗一面，上面繡出『C.C.K滅兔法師』幾個大字行嗎？就掛我房門上，拜託你囉！」

這恐怕不中，隊長見到會剋俺！您就自己題名，給自己掛上吧。

1965-1976 東南亞

空中助產記

越戰像一把野火，在中南半島上燒！從山區燒到村鎮，村鎮燒到海邊，海邊燒到堤岸，又從堤岸燒進西貢市中心。

滿街鐵絲網，每一個十字路口都佈滿了戒嚴用的拒馬，路口上的警察和特別行動隊員，都手提衝鋒槍，有M-16型的自動步槍，有短打的左輪，45口徑的可爾特，在前胸掛勳章的部位，掛著最少兩個到四個鐵鳳梨形的手榴彈，任何一支槍管都不難聞到昨夜發射過子彈，殘餘的硝煙。

從西貢河隔岸射進城裡來的俄羅斯火箭，在市區的任何區域爆炸，像中了國家建設彩票但代價卻是死亡，屋倒牆坍，斷垣裡露出婦孺的白色衣角、血印子和黃色的塵土調和著，見慣了竟不顯得刺眼，倒是處處白色的粉牆，都被火箭的破片，打成了一個個大麻臉。就在隔一條公理道，一幢漂亮的歐式三層樓洋房主教府邸，今天黎明前中了彈，天主教的一位年高望重的主教蒙主恩召，血肉模糊。侍候他老人家的修女，倒是倖免於難；老主教既然是血肉支離，已救治無門；即使尚堪一救，但拂曉前全城戒嚴，五步一警，十步一崗，車輛行人一律禁止通行，等待開刀輸血的垂危主教該往哪裡送？

更不幸的是主教的司機，已直挺在主教府邸前廊的屋檐下，身上蓋的白被單有大片血漬，修女們手洗的白被單，原是用來求安適的睡眠，卻始非所料，被用來作為對生命的投降之旗。

在晨間慘白的曙光下，修女們手持念珠喃喃作聲，比劃著十字；司機已無緣無故地被擺平，唯一跟主教不同的是他有太太，和三個孩子靠他吃飯。

主教也直接了當地維持了屬於他的尊嚴，紅色的帽子、黑色的大袍，一手放在胸前，臉也已由修女們抹拭乾淨，有岸然之貌。靜放在前廳的正中。左右鄰居多的是教友，開始走進平時不能踏入的庭院，前來念念有詞；天已放亮，潘丁逢教堂的鐘聲已敲響。

五點正，戒嚴終止，活著的人依舊開始生活，日本製的小本田50 CC、三葉機車、法國製的單車、席德隆計程車、手拉的人力黃包車、三輪摩托卡席羅買，一齊出發，奪路上道、與殯儀所的運屍車搶先，就像西貢昨夜不曾有戰事，麻木的眼神看著報紙上的新聞，只是這兒又中了火箭，某些人又完了蛋。

越南航空公司接送空勤人員的車輛，準時開到我們宿舍的門口，司機安然無恙！有兩位空中小姐已打扮整潔地坐在車廂裏的後排沙發上。

「早安！甲必丹。」

「小姐！早安，」我說。（按：「甲必丹」乃英語「機長」之意。）

大家都對兩三個小時前，五十公尺外，隔街主教府邸的火箭絕口不提，一心去上班飛行。

車子拐出巷子口，巷子口便是主教府，黑的殯車已抵達，我們每人都看了一眼，沒有說話。

從擁擠的公理道左轉，上革命大道，直走新山一機場，早晨的陽光已照亮了西貢城，陌生的臉孔仍舊是那麼多，各式的車聲仍舊這麼震響！微微的風，依然吹起越南女郎的飄飄長袍，屬於西貢的氣味，即使是閉著眼睛，一樣可以聞得到。

新山一機場大門口，各式人等一律排隊，搜身檢查，繳驗通行證，坦克車還停在崗哨口，炮口罩仍未戴上，當然隨時都能開炮。低空有貝爾式武裝直升機，飛進軍用機場的方向。我們坐在漆有綠色「越南航空」字樣的車子，車子裡的熟面孔，胖子守衛和瘦子警察一眼就認出我們，揮手放行。

新山一機場，也是越共的火箭目標之一，越共的火箭手就埋伏在機場外不遠的叢林和沼澤區，現在天大亮了，越南政府軍的武裝直升機和空軍的天兵式戰鬥轟炸機，已開始在機場周圍低空炸射，美國空軍的F-4C幽靈式也一波，又一波地前來助陣，就離開我們正常的起降航線範圍不遠，彈煙直上晨空。

機場大樓完好無恙，出入境大廈人潮洶湧，一個個焦急的腳步和張望的臉色，和平日晨昏時散步在黎明大道上的西貢人，那份悠閒的意態頗不相同。餐廳裡仍然供應豐富的法式早餐。中年的侍者，穿著雪白的上衣，頭髮梳得油亮，世界各地各國人等進出西貢的都薈聚一堂，其中又數美國軍人和越南平民最多。

我們的飛機停在第七號機坪上，油已加滿，地面檢查已妥善，升火待發。反正一定客滿，這是不用懷疑的。

當戰火在西貢升高到特級，較有辦法的西貢人，就匆匆搭機到北部的峴港或順化去避難。而一夜戰事的劇變，又能使順化、峴港的人南飛往西貢逃；這些年來越南的戰事通盤著火，用熱鍋上的螞蟻來形容機艙裡的乘客，是頗相似的。他們和她們，每人除了按規定的重量托運行李包裹之外，攜兒帶眷，手提著大小行囊，甚至伙食籃子，爭先恐後地登機，直到座位全滿。

空中少爺把後門關上、鎖緊，空中小姐用電話報來人數，總是大人九十幾位、小孩十位八位，外加機員七位，總人數一百以上。黑壓壓一片人頭在座艙內，我們這時才開始發動引擎。

每天清晨，總有上百架各型各式的民航機、軍用機，在不到一小時的時間內開動引擎，滑出停機坪，蜂擁向第25號，也就是方向250度向西海的跑道頭，待命起飛，一架又一架排成長龍，那些動作較慢，載客較多的飛機就很難搶先起飛，經常要輪位等候，最少二、三十分鐘，如果天氣有那麼一點輕霧，等上一兩個小時也是司空見慣。

起飛後機輪子一離地，「禁止吸煙」的燈光一熄，飛機向右一轉頭，高飛！便上路了，離開了烽火中的西貢城，開始逍遙、輕鬆。旅客們掏出了香煙，燃上了火，舒暢一口。女人們一早趕飛機，早餐總不太周全，這時空中小姐送來了熱咖啡和紙手巾，淡藍色盤子裏有麵包一個，香蕉一根。在寬敞的座位裏，窈窕的她可以翹起二郎腿來，在冷氣充足的機艙裏，吃一頓安祥的早餐。邊吃邊看一路上離她而去的是從西貢向峴港的空程。

從西貢飛邦美蜀是四十分鐘，再從邦美蜀飛百里居是半小時，高度一萬五千呎，座艙增加的空氣壓力是兩磅半，所以座艙的高度只相當於七千呎，大約等於臺灣阿里山的高度，但是對於高血壓或是受傷的人來說，便是外壓降低，體內血壓增高，容易造成血管破裂，同樣是更不適於下面的情況。現在來了，是空中少爺頭子的緊急電話：

「機長，四十三號座位的女客肚子痛，據她鄰座的人說，她好像是一位孕婦，現在說突然肚子一陣又一陣痛，好像要生小孩的樣子。該怎麼辦？」

嘿！我飛行了上萬小時，馭風江湖上十年，遇到客人要在空中生小孩，這倒是頭一回，多新鮮，可不禁也慌了手腳！從艙裏乘客滿滿的一百多人，那有位置可以當產房呢！真是頭都大了。

不忙，先定下神來，想幾秒鐘再說話。

「第一、立刻清除艙尾端的吸煙艙，把客人請開，讓出空間來，集中枕頭、毛毯、衛生紙到吸煙艙去。」

「第二、把四十三號女乘客擡到吸煙艙去。」

「第三、要空中小姐停止其他工作，把開水集中冷卻加冰塊，備用。」

可是空中少爺說，現在後艙有點紊亂，空中小姐已經被『生小孩』三個字嚇軟了手腳，怎麼辦？」

「你們不是受過替孕婦接生的訓練嗎？」我說。

「這，這，可是真的生小孩呀！機長！」

居然是面有難色！

我立刻把座艙壓力增加，降低座艙壓力高度，讓她即使要生，也許生得慢一些，說不定可以拖到峴港落地。

並請少爺立刻廣播，用越南話問全部乘客：「有沒有產科醫生在飛機上？不，只要是醫生，那怕是牙科；不，是護士小姐也行。立刻來幫忙。」

咿咿啞啞，咿咿啞啞了一陣子，沒有反應。

這怎麼辦！我問我自己。

不管了，先無線電報告管制中心再說。

「西貢中心，這是B-2003叫，緊急情況。」

「B-2003 這是中心，請講。老美的聲音。」

「B-2003位置在百里居上空，高度一萬五千呎，預計到峴港還有一小時。現在有一婦人要生小孩，請協助。

「啊！恭喜，請問是男孩，還是女孩？」

「不知道呀！問題是正要生產，可能隨時會生產，你明白嗎？」

「明白了，她還沒有生，是將要生產？」老美說。

「我們請求降低一點高度，可以嗎？」

「不行！現在從百里居到峴港一帶的地面炮火，高度打到一萬四千呎！」

我通知空中機械員加大油門，全速快飛，早點到峴港，阿彌陀佛。

這時空中少爺電話來了說：「有一位乘客，女的，生過七個小孩，她說可以替孕婦接生。」

「他有助產士的執照嗎？」我問。

這時空中機械員拉了我一把說：「格老子，能接生就行，這時候執照有個屁用！」他一眼瞅著我！

空中少爺根本沒答腔，掛上了電話。

可怕的沈默淹沒了我，翅膀下有火炮在瞄著幹，而這老奶奶飛機飛得這麼慢，既不能更快，又不能立刻落地，真把我急死了。手中扶著駕駛盤，照顧著航行安全，心裡想的，耳朵裏聽的、嘴說的全是生小孩的事。這越南真要了我的命啦！

看看錶，這秒針大概是停了，平時我心跳一次，秒針跳動一格，現在我的心跳卜通、卜通、卜通三四下，它都懶得一動。

我突然想起後客艙騷動的情形，立刻把「安全帶扣緊，請回座位」的燈光開亮，以免飛機失卻了平衡，掉下去。

「拿根香煙來！」我伸手向機械員。

「開戒啦？」他瞪著我。

唔！我苦笑，手心裡有點滲汗。

照規定，飛機的航線必須從百里居直飛廣義出海，繞過海岸線的美國軍艦，脫離海岸線上北越的火炮射擊區域以後，然後向峴港左轉，才好收小油門，滑翔降落。

我抽了兩口煙，靈感立刻上來了，於是抓起無線電話筒，叫峴港的管制中心。

興奮之中又換錯了一次波道頻率，但也隨即叫通了，我說：

「峴港：B-2003叫。」

「B-2003，峴港中心回答，已收到你轉來的電話，我們已經準備了醫生和救護車，清除了機場其他飛機，請問您還要多久才降落？」又是老美的聲音。

「峴港！我們還有四十分鐘才能到達，現在我請求通知美國海軍，請立刻停止向岸上射擊半小時，好讓我們這架飛機，從現在這位置，直飛峴港加入航線落地。」我說。

「ＯＫ」，他說。

他說完，空氣又凝固了，我簡直不敢打電話到後艙去問，現在的情況？只有保持航向和高度，向前飛吧！

看看旁邊的機械員，格老子，兩隻手掌按在膝蓋上坐在那裏，背心離開椅子背有半尺遠，兩眼看住儀錶板，顯然也是坐立不安的樣貌。

我拍了他一下，他竟嚇了一跳說：「幹啥！幹啥？」

「你閣下有三個小娃兒，對接生有沒有經驗？

他呆坐著搖搖頭，想了想把兩手舉起向我說：「我們男人不管生多少小孩，也不用自己去接生，對不對。」

說時遲，那時快！峴港管制中心叫我。

「B-2003，這是峴港，現在准許你從現在位置直航峴港，雷達看見你的識別點，你可以保持航向三四零，下降高度到七千呎。美國海軍同情你的處境，同意停火半小時，清除了航路，可以立即下降。

「謝謝、謝謝！」我說完喘了一大口氣，推下機頭俯衝，一萬五千、一萬四千、一萬一千，快！用極速。

天氣晴朗，海岸線上的彈著點在冒煙，見到一些平時不能見到的低空景象！公路上連一輛汽車的影子都沒有，每一座橋梁都是斷塌的。許多村莊已夷為平地。港灣裏不見漁舟，巨大的美國軍艦在離岸不遠一字排開，暫停了炮火。

睡衣證婚記

仲傑是飛機修理師。我是飛飛機的，這些年來，只要我們在臺北機場的棚廠裏，或是在停機坪上碰面，除了談飛機，多半也要問問他：

「仲傑！你跟你太太都好嗎？她現在臺北可住得慣？」

「謝謝您！我跟她都很好，現在住在機場外面松基一村。」

仲傑太太名字叫做阿妹，是越南西貢市堤岸區的華僑，祖先落籍越南已經有好幾代，但阿妹會說廣東話，一切仍是依照中國人的風俗習慣過日子，替我們宿舍裏燒一手好菜。

自從1966年五月，我們這從臺灣來的包機，降落在西貢新山一機場，受雇於越南航空公司擔任客貨運輸快要十年了。我是飛行員，整天、整月、整年飛遍全越南，越戰戰事逐年升高，處處炮火連天，炸彈、火箭爆發的硝煙和破片每天見到，不走運的大有人在；走運的至今健在，像我還活著的便是。

今天是1973年五月五號，我從北部大城峴港飛回西貢，覺得情況出奇地順利，無線電通話不像往日的頻繁，雷達管制中心毫不嚕嗦，早早就把我們的飛機標識點發現了說：

「B-2005，雷達看見你，許可你直飛邊河，目視新山一機場再下降，和西貢塔臺聯絡。」

「西貢，B-2005，謝謝。」可是心裏想一想，剛剛老美說的這句話不合理！什麼要等到目視新山一機場再降高度。邊河市到新山一才二十公里，而我飛機的飛行高度一萬六千英尺，到時候看見了新山一機場也會因為距離太近、高度太高落不下去。這簡直是考驗人嘛！我抓起話筒叫：「西貢雷達，B-2005距離機場五十浬，請求下降高度。」

「不行。從五十浬到西貢通盤炮火射擊，高度不明。保持你的高度。聽候指示。」

從雲縫裏低頭看，黃色的大地，橡膠園附近是西寧，煙勢很大，升上了高空，變成一朵，又一朵灰黃色的烏雲，沖上雲霄，和天上雪白的塔狀積雲在比高，這朵朵烏雲是越南百姓的房屋財產燒出來的，有黃色的血汗、灰色的淚，直達天庭。拖兒帶女的越南婦女，正在鐵絲網裏找路逃出家園，沒有健壯的男丁幫忙，活著的男丁都在火線上拼命。

把飛機的自動駕駛儀的轉彎鈕向右旋動，讓飛機改航，繞過烏黑的雲朵，對正邊河機場上空通過。清晰地可以看見地面上，成群的武裝直升機在低空飛行，射出火箭向許多不同的地點，火光閃閃，新的煙苗抽燃、拉高、衝天而起。

在這B-2005號的DC-6型機客艙裏，滿滿的坐了百多位乘客。一個半小時前剛從炮火遍地的峴港市起飛，許多越南老先生和老太太，跟著媳婦、女兒們攜著孫兒女，每人都手提大量的包裹行囊，搶先登機，好像是只要坐上了飛機，就離開了峴港，愈快愈好。儘管人人大包小件，塞滿了機艙及通道，但仍有多少捨不得的家當不能登機，成了喪家之人。

有四位西德的女護士是在峴港她們的醫院船上服務，救助越南的傷患，算是道義上的援助，現在她們也來搭飛機去西貢，轉上國際班機，離開戰場返德國去渡假，她們的臉上顯得是含蓄的興奮。

空中小姐和少爺侍候給旅客們的晚餐，份量仍是豐盛的，原來食量就很節儉的越南老小，面對著餐盤中的法國麵包、大根香蕉、歐洲乳酪和三式醃腸是太豐盛了。找出一個塑膠袋，或機椅背上有嘔吐袋，或是就用印有綠色（航空越南）字樣的餐巾包起來，可以帶到西貢去宵夜，或明天再享受。因為有一隻滷雞腿、一小碗沙拉生菜和一客布丁，已經滿足了。

「B-2005離場十七浬，目視情況：請求落地指示。」我說。

「B-2005」，這是西貢塔臺，「在西貢城正上空降低高度，注意城郊及機場周圍地面火炮，飛小航線、西風270度，十浬，高度表校定29.92，25號跑道左。」

「西貢塔臺，B-2005明白了，輪子已放下鎖妥，可以落地，高度表29.92，25號跑道左。」

向下看見一萬六千英尺下的越南的心臟。西貢城顯得靜靜地在翼下湧起。重20萬磅的B-2005號機，突然像一隻撲向目標的鷹，低頭盤旋向25號左跑道的那一點，愈快愈安全，減少留空作靶的機會，越共就在機場外面，一點也不會放鬆，火箭、機槍都在瞄準我發射。

無線電已靜默，四十平方公里的機場區域內，只有我們一架飛機降落。會有多少槍口、炮口向我瞄準。這些年來已有多少飛機被打下去。降落是冒險，卻必須嘗試。輪子是我的腳，伸下去，降低高度，俯衝！繞著西貢河濱的城區上空，降低、減速，放下襟翼，再度孤注一擲。屏息著。提握的鐵鳥是百噸重，關死油門，飄翔進場，對正跑道、輕盈如逐浪的燕子歸來。當主輪滾動在跑道面上的剎那，便是雙肩開始酸軟的時刻。再度啜飲著額汗入眼，平安降落的況味，暢呼出又一口決鬥飛行的爽氣。脫離跑道，滑向停機線，空曠的機場上，不見平日的許多飛機。不見等候我們飛機的機械人員，仲傑他們呢，發生什麼事啦？

啊！戒嚴了。憲兵、警察的武器已亮了出來。八點鐘天黑，機場在六點便已關閉，我們是七時降落的最後班機。難怪！會這麼安靜！

飛機在停機坪上熄了引擎，旅客也全部下來，上越航的大巴士進城去。

飛機像一輛抵達了終站的火車，艙頂的天花板上，燈光幽暗。走道上的地毯已經髒了，在平時，清潔人員該已登機來打掃，洗手間應該立即消毒清理，飛行了整天的飛機，多次穿越戰區的炮火，機翼、機身全部都要檢查有沒有彈孔。四具引擎需要四組人來檢查。仲傑是負責飛機的電器領班，有二十多年的經驗，別看他貌不驚人，可是飛機今晚沒有他們來修理和維護，在飛機情況記錄本上認可簽字，明天早上就不能飛。

現在最少需要有兩吉普車的人馬，全部不見。我踏出機門站在梯子上，立即聽見機場附近的槍炮聲，是從北越河內指揮的越共，已圍攻到了新山一基地，上百部的南越坦克，漆著黃底紅條的旗徽在鐵絲網內列陣擺開，槍口炮口向外。南越空軍的T-28型戰鬥轟炸機在掃射俯衝，機關炮成串響徹雲霄，燃燒的曳光彈頭，指示著彈著點，裂帛般的殺傷彈頭和尖銳嘶叫的穿甲彈頭，渴血嗜骨，交織著一個死亡的黃昏，在一條多災多難的地平線上。

越南警察今天接機，現在站在梯子下望著我，等我下去，來了一輛美軍的拖車，正在倒車接鈎，把飛機拖到疏散區去過夜。暮色已四合，我跟警察握手說：「拜拜！」

我們坐上越南憲兵的吉普車出機場，車上警報器不必嗚嗚響，路上已見不到行人，基地的大營門口、兩部重型坦克在把關，炮口上的封罩已退下，想必那炮彈早已上膛。在早上熱鬧非凡的機場門口，此刻可以羅雀！也確有幾隻麻雀在坦克車的周圍飛來飛去，這些麻雀在昨晚，可能還住在機場的北面，現在那些地方正在巷戰，麻雀也得不到安寧，現在也避難到機場的南方來，黃昏時坦克的炮口有幾分像麻雀宿夜的巢，可惜是炮管中有太強烈的硝煙味。在路邊有些準備埋進路底下的巨型水泥排水管，一家難民佔用一截水泥筒子，蜷坐在裏面生活，成了過夜的窩。

從機場直下革命大道，再到公理道右轉，便是我西貢的窩，吉普車轉進巷口，路便被鐵絲網封住了，籬笆後面走出兩個舉槍的公安人員，好在吉普車的憲兵立刻伸出頭去。

咿咿呀呀！呀呀咿咿！好一陣子。對方明白了一邊點頭，走來解開鐵絲網，讓我們下車走進去，才進巷子就看見國安學堂後面的墳場裏火煙沖天、啊！這是準備巷戰的記號，為了肅清視線，先放火將墳地裏的野草雜木燒成焦黑一片，就躲不了越共的狙擊手，即使有躲在裏面，這一把火定能把他們給燒出來。

長巷裏一片寂靜，平時正是華燈初上，巷口的酒吧裏，鶯鶯燕燕打扮得花枝招展，日本電器播放美國音樂，強大的旋律震蕩著杯中的酒，也搖晃著幽暗的燈，有美國大兵，也有韓國和菲律賓的尋芳客。我的頭髮剪得短，初經此巷的黃昏，還記得吧娘從珠簾裏探出頭來叫：「哈囉！大韓。」但今天的情景是另一個黃昏，熄了燈的酒吧招牌，暗淡無光，隔壁的剪髮店也掩緊了淡藍色的大門。

平時停在巷角的汽車長蛇陣，一輛也不見！波波的摩托車全部失了影蹤，一片肅殺氣氛。走近我住的院門，心急著先按電鈴，大叫：「阿蘭，我們回來啦！」

院子門是鐵做的，院子的周圍鐵絲網高過一丈，看來不刺眼是因為園丁阿白在周圍種滿了九重葛和野生牽牛，嫣紅、姹紫，有庭院的味道。

阿蘭從鐵門上的小窗口看清了我，打開鐵門栓，放我和張兄兩個人進去。

四十幾個單身男人住的大宅院，今天顯得熱鬧。戒嚴不能上街，明天又鐵定不能飛行，大家守在一起像大年夜，先開兩桌麻將：「免談！」停電。點上蠟燭吃完晚飯，洗好冷水澡到樓下的院子裏納涼。不，應該是走廊，院子裏可能吃天上掉下的彈頭。

這房子像一把算盤，一宅分為兩院，中間有門相通，十五個飛行員住在左幢，仲傑他們做機械的住在右幢。在停電的晚上，只窗口有燭光和搖動的人影，零落的槍聲，是因為巷戰的雙方也需要吃晚飯，甚至也能洗個澡，下一盤作戰雙方都有癮的象棋。

我穿著睡衣坐在走廊裏，仲傑忽然從他們屋裏走過來，說要借我照相機用的閃光燈，並邀我去教他使用的方法。我連忙問他：「有精彩鏡頭嗎？這晚上。」

「你過來就知道了。」他說。

「幹什麼？」我問，他不說話，我進房取出閃光燈跟他摸黑過去。

才進大廳便覺眼前一亮，看見公佈飛行動態的黑板前，一對紅燭高燒，黑板上有用紅色粉筆寫的中文雙喜，我才腳踏進門，就聽到司儀——機務長小汪的聲音大喊：「請證婚人就位。」

定神一瞧，看到黑板前已擺了三排椅子，椅子上坐好了二十多位維護飛機的朋友們，都一致回頭，笑臉看著我這方向，我愣住了！

拉住仲傑才看清他，在這氣溫華氏九十度以上的晚上，竟穿了白襯衫，還打了條領帶；天藍色毛料的西裝褲，是臺北秋冬間的裝備，可惜是腳底下踏著一雙越南皮拖鞋。但是在西貢來說，這一身打扮已足夠資格進國會做議員。我拉住仲傑說：「喂！你給他們誰證婚？」

我低下頭細細盯住他不作聲的臉，他好像有話說不出來的樣子。西貢的大太陽，早已把他曬得像蒸透了的甜年糕，紅得發亮，就以這個臉孔，四十來歲的年紀，在航空界二十多年的工作經驗，在同行中受到應有的尊敬，可說是德高望重，足以擔任證婚人。

小汪走過來，一把抓住我的膀子說：「您不要東張西望，顧左右而言他，證婚人就是您呀！」

丈二金剛摸不著頭腦，我用手指指著自己的鼻子，問小汪：「我證婚？」

「對！我們公推您證婚。叫新郎專程過去請您過來證婚。」

「啊！我醒悟了。仲傑、小汪，你們每人都看來極為老實，就用閃光燈把我閃過來證婚了。」

「是！」小汪說完大笑！

「可是你現在說，新郎是仲傑，對不對？」

小汪說：「對。」

那我問仲傑：「你跟誰結婚？」

仲傑臉紅得發紫，四十多歲的老單身，苦笑著看住我。

小汪替他說話：「跟阿妹結婚！」

「那麼阿妹呢？」我問。

「在洞房裏化粧！」小汪說完，手指往客廳當頭第一間寢室。

我半信半疑？想過去看個明白。小汪把我拉住說：

「不會錯啦，阿妹是下午來的，剛到就戒嚴了，決定不回堤岸去了，明天停飛，我們大家都在這裏；阿妹今年也二十五歲了，仲傑心裏早就有意思，就是雙方都怕羞，不好意思開口。」

「真的嗎？仲傑我問你，可是真的？」

「仲傑紅著臉，開口在笑，很興奮。」

這麼說，倒是早該結婚，只是我，嘴上無毛，腳踏拖鞋，身穿睡衣，且出生以來，做伴郎和新郎都不過是幾年前的事情，要我現在來證婚，實嫌過份，不像話。

我向坐在椅子上的二十多位機械朋友看，他們都以認真的眼光在盯住我。我說：

「好！好！你們放開我，等我回房去換衣服，穿好鞋襪立即回來。」

「不行！」小汪一把抓緊我說，剛才梁經理就被他這樣溜掉，現在躲在經理室，請不出來。您可別想跑掉。

「豈有此理，哪有此事。你亂扯。」

「真的、真的。」仲傑一邊說，一面在點頭。

「好吧！你們都不介意我穿睡衣，小汪就請先借些越幣替我包個紅包，送給仲傑，好不好？」

「好！」

這時，仲傑從洞房門後面，取出了西裝上衣穿上，上衣左小口袋裏，還插了一朵院籬上折下來的紅扶桑花。我心想仲傑你不會腦充血？熱昏倒吧！

證婚人就位！我站好了。心中在猜：「這時刻，你們是打哪裏找到一對紅蠟燭在高燒著？」

新郎、新娘就位。

仲傑把阿妹從洞房裏迎出來。

阿妹低著頭，輕移著步子，她穿著鞋子，插滿了一頭的紅花，又是鐵絲網上摘下的九重葛，一對紅燭照亮她害羞的臉，燭光照出他倆的影子，顯得巨大而晃動在銀幕般的粉牆上。

新郎，新娘相對一鞠躬。

我就說：「本證婚人祝福你們倆，一定會相敬如賓，一定要白頭偕老。同時歡迎你們倆回臺北去做我們的鄰居。你們聽，巷戰的雙方，現在都已吃飽喝足，都舉起了他們的槍口和炮口，為你們倆鳴炮！」

「你們看，在我們面前只有一對紅蠟燭，可是在窗外的天空裏，美越空軍投下的照明彈一個接一個，照亮了你們幸福的前程。」

「來，33牌的巴米巴啤酒乾一杯吧！」

空中送殯記

這一天，好不容易飛完了七個架次，把飛機飛回西貢；加入避免越共狙擊炮火的小航線，降落在新山一機場向西的第二十五號跑道上，滾行煞車減速，向左脫離跑道，滑行到停機線，鬆了一口氣！把飛機早起停在第二號卸客位置上。心裏想到的是；天色還早，可以趕快回招待所去，沖一個冷水澡，洗掉從清晨到現在一身汗水，然後嘛，吃一頓合口味的晚飯，好好地休息吧！明日還要早起。

西貢陽光偏西照曬著我的臉，灼熱的陽光下，沒看見來接我們的灰色吉普，心裏有一點失望！莫非我到得太早，還是車子又拋了錨？此非佳兆。在烈日下搜索了一整天的眼神，不妙，看到一百公尺外，越南航空公司航務中心專門派遣加班通知單的黃色小汽車，卻駛到了機艙下的樓梯前。黃色的加班單對著窗子搖！意思是：「你們都不要跑了。」

「糟糕！」我說：「要加班飛行。」我拍拍副駕駛阿藍的手。

「趕快問一問來的人，要去哪裏？阿藍。」

低頭看看手錶，四點半，好吧！心裏想著再飛一趟湄公河三角洲；去芹苴最好，來回兩小時，耽擱不了晚飯，反正現在肚子也還不餓。要不然，去一趟度假勝地大叻或是富國島，來回也不過兩個半小時，回到家有大司務替我們留的飯菜，也還可以喲！

回頭盯住飛機後艙口，已由機械人員傳上話來說，而且舉手向北一指：「去順化。」

「你說什麼呀？」我簡直不能相信自己的耳朵。

他抬頭向我跑近幾步，用一雙手掌圈成一個喇叭狀，向著我的三角窗大叫：「去順化！」

哎呀呀！我的天哪！心想完啦！一切的計劃都泡湯了。

順化是越南最北方的古城，距西貢最遠的一站，用這種飛機，單程也要飛足三個多小時。再看看手錶，就算從現在拼命地趕，五點鐘起飛，高空不怕地面砲火，儘量拉直線趕，到達順化的富牌機場落地，也要八點多，天早就黑了，然後再加油上客、上貨，再趕回西貢，鐵定是半夜三更戒嚴了。

他奶奶的，今天可要趕死人啦！心裏真想賴掉這一趟不去；或是看看能不能派給其他人去幹。剛才載到西貢來的旅客們，現在都已經下去了，卻立刻有機械人員登上樓梯，手上提著工具箱，臉無表情的走進客艙來。

我說：「飛機沒有毛病，你們要修理什麼？」

「我們要來拆掉中段以後的四排十六個座椅。」那京片子仲昭說。

「怎麼啦？仲昭！」

只要聽到拆四排座椅，我的心裏便涼了大半截。

「您哪！又要得紅包了。」他說。

「什麼？又是棺材。」

我不禁歎了一口氣，認命吧！照說任何班次都可以商量，找別人來頂替飛這一趟；唯獨運棺材！是硬碰硬，那怕今天再累，甚至是真的有病也沒得咒念！事實上，我是今天第一架DC-3

型，準時回到西貢的班機，飛機又沒毛病，兩個發動機就像名牌的風扇，運轉得怪美的，自己這副骨頭架子也是好生生的，又不能裝病，唉呀！我不飛誰飛喲！眼看著座椅被一個又一個拆下來，擡下去。準備固定棺木的繩索在穿環安裝，打結扣牢；只能希望趕快，早去早回。當一天和尚，撞一天鐘，是活該。

快到月底了，星夜裏趕一趟長途，來回七、八個小時的飛行鐘點費，可以使下個月的薪水袋子變厚一點，也好。「棺材到了嗎？」我說。

「還要等一會！」仲昭蹲在地板上忙，把頭向停機線的另一方向說：「還在停機線那一頭行告別儀式呢！」

「哦！他是ＶＩＰ？」

「不知道嗎？他就是昨夜裏在前面第七號跑道頭，被越共打死的司令，現在要送回順化去下土。」

哦！越南人也講究這個呀！這我可要過去看看。

前面停機坪站滿了憲兵，執行管制！紫色的花環，佈滿了軍用貴賓室前的長廊，兩排儀隊舉槍致敬，黃底三紅條的越南國旗，覆蓋在他的靈柩上，簡單的行禮臺上有人在演講。紫色花環白紙條上寫著越南文，是這位軍人的姓名，只曉得等一會要抬上飛機，由我們送他回故鄉。

他的年齡不大，在靈柩正前方的花環中央鑲嵌著一張英俊的戎裝照片，夠帥。新寡的夫人身材很窈窕，三個小孩都還年幼，孩子們沒有哭，小臉張望著空曠機坪上的一片斜陽。

來了一輛越航的拖車，把飛機倒拖到禮台前，慢慢地把後機艙門對正禮台。軍樂隊奏響了驪歌！卻被一架又一架掠空而過的飛機引擎聲所淹沒。

越共的先鋒部隊已打到了幾哩外的機場邊緣，越南空軍的所有飛機，只要是能夠起飛的都已去前線支援了，所以才輪到使用民航機來運送一位軍人的遺體。接著，送機上伙食的車子來了，卻不見空中小姐；來的是一位空中少爺，站近我身邊，一同看儀隊舉槍向天鳴響！另一隊軍人過來抬棺起靈。悲泣的寡婦被人攙扶著，跟在靈柩後面登上樓梯，伸手拉著較大的一個兒子的肩膀，孩子的雙手握住一支燃點著的大香，裊裊的香煙飄進機艙裏。

西貢到順化的航程好幾百哩，黃昏時的雷雨高積雲朵朵竄升，我要求越航的細工把棺木仔細綁緊，把延伸的繩索扣牢地環。

按照規定，跪在地板上的寡婦和孩子們，應該起身落坐，扣緊安全帶，才可以起飛；請空中少爺向她建議，寡婦點頭起身，坐進鄰近棺木的位子，打開手提包，取小手絹擦眼淚，這時露出幾個紅包來。她取出三個紅包交給空中少爺，顯然是一封給少爺，一封給副駕駛，另一個給我。

我照例接過來，不覺手心一沉！覺得不對，她的先生為這個機場犧牲，竟然還要給我們紅包，這怎麼能收？我向副駕駛阿藍說：

「我想應該退給她！」

他說：「很簡單，回頭就把裏面的錢還給她，我們留下紅包袋便是了。」

「不行！，」我說。

「為什麼？」他說。

即使是象徵的紅袋子也不能收下，這位死了的軍人就像我們一樣為機場工作，什麼紅包！我們甚至應該負擔一些他孩子們的教育費才對。

「說得對，有道理！回頭請少爺去還給她，他們都是越南人講得通。」阿藍說。

這時我才看見由空中少爺照顧的三個小孩，現在母子四人端坐在兩個座位裏，老大捧著那炷大香，天真活潑的年紀，大約是被一具橫來的棺木楞住了而不解！就這樣，爸爸沒有了。他們小小的心中在想些什麼？認得殘酷的滋味太早了。

我心裏也發楞！楞著眼前的一場惡夢！兩腿酸酸地轉進駕駛艙。發動引擎，引擎發出巨響，飛機開始滑行，出停機線。負責指揮的塔臺管制員舉著望遠鏡，照顧指揮官出殯的飛行，早已居高臨下，把我們看得一清二楚。他們剛聽到副駕駛阿藍無線電呼叫；

「西貢塔臺：B-241西貢飛順化，請求滑出！」

就說：「塔臺命令！停機線上全部飛機原地暫停。讓路給B-241滑行第一架。起飛跑道廿五號左，可以起飛。」

阿藍說：「B-241號明白。感謝！」

幾十架各型不論大小的軍用機，民航機通通在缺口停下，讓路，等我們先進跑道，進入起飛位置。

「走！」我說；阿藍和我一同推滿油門卅六寸，鎖定。飛機情況ＯＫ，螺旋槳的葉尖，因高轉速而嘶吼如裂帛，面向西方250度離地拉升，斜陽正曬在臉上，滾燙的汗又開始像蠟燭油從我們的額頭流下。

全飛機只有八個人：七個活的，一位死的。這一次起飛載重輕，等於是空艙；急疾加速的全馬力，飛機用不到五分之一跑道就離地了。拉高，機場附近就是連天的炮火，我請求塔臺：「西貢，B-241請求繞著新山一機場爬升到安全高度。」

「B-241，西貢准許你繞場爬升到五千呎，然後上路。」

日已偏西，就在離地的正前方兩哩處，佈滿了好幾十輛坦克，炮口朝向西南和西北，不遠處有硝煙升高。昨夜的司令官，現在已躺在我們的客艙裏，不知道此刻是誰接棒指揮？

再見新山一，晚安！

遵照塔臺的指示，立刻向左拉高，飛越堤岸近郊的富林區，轉到比較安全的西貢城市上空，有許多武裝直升機在我的翼下旋過去。飽經戰火的西貢城在夕照中，從空中看來仍是一幅美景，沉碧的河流寧靜無波，大街上人車如織，別墅區的朶朶綠樹，樹蔭下便是人家。

載重輕的飛機是勁風中的鐵蜻蜓，高飛直上寒空，繞飛一圈便在地面管制雷達引導下，直對衛星城邊和通過向北直航。收小油門，使用巡航馬力，檢查儀錶。向前飛過西寧，近福隆市的「黑寡婦山」現在是地面砲火最旺的鐵三角中心，是真正的製造了大批的寡婦；往昔和平時代，我就該舉起話筒，向後艙的旅客們介紹；「請看這一幅景色秀麗的山水畫！」可是，現在後艙裏卻是穿著黑衣的新寡。

左窗的西斜陽光，又灑上我的臉，碧空左方遠處的地平線上，鄰邦柬埔寨，此刻也正是紅塵高聳，一片混沌。翻滾在正前方的灰白大型塔狀雲，橫著去路；阿藍壓偏機頭躲開，繞路，盡力保持平穩，北北東的航向三十七度是航向邦美蜀市，往順化之捷徑要經過的第一個城鎮。

到達了安全的飛行高度，穩定運轉的引擎聲，翼下的雲層，掩蓋了後艙的情景。但那孝子手中的檀香煙霧繚繞到前艙來，夾雜著棺木的油漆味道。天漸漸地暗下來，氣溫驟降，溼透的上衣也乾了，空中少爺送晚餐到駕駛艙來，金屬的伙食盤碰上我的右臂，一個冰涼的觸感，嚇了我一跳，回頭一看，是他！

「那一位女士怎麼樣了」，我問少爺。

「還在哭！」

「你有請她吃點東西？Mr.洪。」

「她不要吃。」

「那些孩子們呢？」

「他們都吃過了。」

「現在開始夜航，客艙裏請不要開天花板燈光。只准開小照明燈。」

「我知道，有地面炮火，危險。」

「請她們每一位都扣緊安全帶，在座位上休息，我們預計八點半鐘在順化降落。」我說。

「來，阿藍，再檢查機腹下的旋轉燈要確實關掉，還有翼尖燈、機尾燈通通熄掉，免得被瞄準。」

「全在關的位置，他用手指再檢查了一遍。」

「Mr.洪，你知道司令官的名字嗎？」我說。

「剛上校，不，今天是剛將軍了。」

「他幾歲？」

「快四十歲的樣子。」

「那麼剛女士呢？」

「不知道，看來她不過三十多。」

原來她們的年紀比我和阿藍都年輕，想起她給我們的紅包還在阿藍口袋裏，真是汗顏。

「阿藍，紅包！」我說著拿去交給阿洪，他睜大了眼睛接在手裏。我說：「把這個拿去還給剛女士，說我們不能接受，因為送她的丈夫回家是我們越航的本份。」

阿洪說：「真的是。機長，」他說完轉身到後艙去。一會兒，少爺阿洪陪著剛女士走進駕駛艙來。

好！先請她回座，拜託阿藍暫時照顧航行。檢查了他的安全帶鎖緊。我起身來到後艙。幽暗的燈光下，大孩子仍捧著那炷香，兩個小的都已睡著，蓋了毛毯，蜷曲地擁抱在一起。

紅包在阿洪手裏，我取過來放在她的手上說：「越南和中國是兄弟之邦，妳的丈夫就是我們的兄弟，今天我們送剛將軍回順化，是最小的工作卻是最光榮的服務。所以要把這個還給妳，希望妳明白我們的心意。」

「我了解，我是西貢大學畢業的。」她說出哽咽的英語。

少爺和我一同合掌祝福！「請問女士是佛教嗎？」我說。

「天主教！」她說完把右手鬆開，在淡淡的燈光下，在她掌心有一座 耶穌被釘在十字架上的苦像。像一道電光在我的心頭上一震，便也用右手的食指點了一下聖像，回點唇邊，再點向她身旁的棺木說：「請接受我們永遠的祝福！」

「是，是的……」她哽咽！淚珠落到掌心的十字架上。

我回到駕駛艙。天已漸漸地黑了，明亮的北斗星已低垂在地平線上，那便是順化的方向。晚上無月，有流星雨！

剛將軍，你快要到家了。

西貢氏蘭

（ＬＡＮ）就是「蘭」字，是越南女孩通用的芳名之一，像氏娥、氏菊、氏梅、氏華、氏景、氏金等等，都說明這些名字源自唐山文化。就以他們的血統來說，也和華人有關聯。氏蘭的祖父原住柬埔寨的都城金邊市，祖母是廣東潮州人，去年才過世，因為在金邊做生意，便如同泰國曼谷和寮國永珍般地流行講潮州話。氏蘭的父親看來六十歲，其實只不過五十出頭，卻講一口道地潮州話。潮州話我是「識聽唔識講」，好在閩南話夠湊合。氏蘭帶著我從新山一機場出來，她提著提袋，足踏皮拖鞋，背影在飄飄袍的搖曳中走進泥濘的陋巷。午後的雷雨剛收，夕陽又出來了，晴明的空氣中混雜著垃圾的臭味。穿著簡單的小孩們在巷子裏玩遊戲，氏蘭扭動著她的腰身，從孩子群中穿過去，長袍背心部份已有一條汗溼的痕跡，不時地用手把垂到胸前的長頭髮理到背後，順便看看跟在後面的我是否仍跟著她。在拐角的巷子口，走進賣雜貨、糖果、餅乾的小店，和店老闆娘打了一個招呼，選了兩包小餅乾，告訴我說，這是「等路」。「等路！」是廣東話，表示帶給她兩個孩子們的甜食。我替她把錢付了，繼續在巷中左一拐，右一拐。這是一條容兩部腳踏車並行通過，汽車卻是一部也開不進去的陋巷。

走進院子的柴門，先看到氏蘭的越南母親，這是她爸爸從柬埔寨移到西貢之後才娶的。我替氏蘭的爸爸算了一算，他總共能說法語、潮州話、越南話和金邊話，氏蘭用越南話把我介紹給她爸爸媽媽認識，我則用閩南話和她爸爸寒暄！

今天早上，氏蘭在順化的富牌機場遇到了困難；順化在越南的北部，西貢在南方湄公河下游，兩地距離有八百公里的路程，坐越南航空公司的DC-3型螺旋槳式飛機直航也要三個多小時。我剛好輪飛今天這一班飛機，一大清早從西貢出發去順化，已近中午。就在滿天灰沙、黃塵彌漫的順化富牌機場候機室吃越南米粉，待我吃飽喝足了，準備通過旅客洶湧的大廳，走向出境的大門口，準備登機起飛回西貢。

穿著淡藍色長褲，白色襯衣，腰間掛著左輪槍的警察在把守住大門。我聽到女人哭的聲音，在平常，當我坐在駕駛艙裏，居高臨下觀看一位、又一位魚貫登機的乘客；客居異邦，對於眾口稱美的越南女孩，總是從不輕易放過欣賞的機會，可是現在自己擠在人群裏聽到女人哭，向哭聲的方向看去，沒有看見是誰在哭，為什麼在哭呢？我心生好奇，要問一個明白。

哭聲就來自手握槍把子的警察身邊，警察在伸出左手，決心的在向地下一個跪著的女子搖幌著；似乎是不能通融，絕對不行的樣子。我站下來看著周圍一圈，其他表情木然的旅客，找不出答案來，我問警察先生：「她幹啥！」

「她要去西貢，沒有飛機票！」他說。

空中小姐氏景跟著吃完飯也走過來了。我請氏景來翻譯，這究竟是怎麼一回事？

氏景彎下腰身把跪在地上的女人扶起來問她！越南話，咿哇咿哇。咿咿哇哇。

跪著的女孩子站起來，停止了哭聲，抽泣著擡起頭來；好一朵美麗的臉龐立即映入我的眼睛，根據我多年江湖航行的見識，這是一個純潔的少女，不是被玷污的壞蛋。

聽她細聲細氣的訴說著她的遭遇。雖是簡短和斷續的幾分鐘，氏景立即就告訴我了。原來這個女孩的丈夫從西貢來順化謀生，被越共的火箭炸死了，已經兩個禮拜，她三天前坐飛機來收屍，草草地先埋葬了事，用盡了僅有的錢，昨天等了一整天飛機，就在這裏搭不上去，今天這班次是最末的一班，那較快速的DC-4和DC-6已在十點鐘，和十一點半鐘，相繼起飛回西貢去了，現在她身無分文，又一定得回去。

氏景說完搖搖頭，接著告訴我，這種情形很多，沒有票要坐飛機，我們是沒有辦法的。從順化去西貢的機票要三千披亞士，站在門邊的這位警察的月薪不過一萬多披亞士，一位空中小姐的月薪不過兩萬 。這位女客一文不名，而四周圍的旅客，連看熱鬧的興趣都沒有，都在焦急地等待著排隊登機。

我這時看見這位寡婦絕望的眼神，是欲哭無淚的茫然！她沒有任何指望地用手撐著她雪白的前額，黑髮覆蓋著她的肩。在痛苦的盡頭，她大約是麻木了。播音器裏在告訴旅客們登機，要去西貢的旅客已排好了隊，氏景已先我登機準備招呼旅客。

我在越南飛行了已有不少日子，賺了不少的越南錢，現在我的褲子口袋裏就有上萬披亞士等著花掉。三千披亞士不算是一個了不起的大數目。

我伸手過去拉起這位女子的手，要她趕快跟我來，去越航的櫃檯買票。

櫃檯裏的站長不答應，原來已經沒有位子，所有位子已在昨天賣光了。

我說：「你儘管開票，今天，我願意冒吊銷執照的危險，來幫助這一位越南女人，讓她回西貢。因為後天就要過年，你讓她上飛機，回頭我可以請空中小姐讓位給她坐。」

「那麼空中小姐坐在那裏呢？」站長說。

我說：「可以請空中小姐坐到駕駛艙裏來起飛，起飛以後出去為旅客做餐飲服務，做完事情到降落前，再回到駕駛艙來落地，這樣每個人都可以有安全帶可以繫緊了。」

「這倒是一個好主意！」他說。

「這倒是可以方便這位可憐的夫人。」我只管數鈔票。

「那麼艙單要怎麼做法？」他問。

我說：「你照寫開票就是了，我來簽字負責。」

「是的，機長，請簽字吧！」

頭頂上有青天，我深信不會被越南民航局認為我們載重超限而趕我出境，相反地我心境坦然，覺得這些錢來自越南，用一小部份幫助這一位寡婦，在我們唐人的說法來看是積德的好事。說悲觀一些，為了做這件事，即使因而會砸了我在越南飛行的飯碗也不怕，多年江湖的謀生能力，憑手藝吃飯，我可以不在越南飛行，去寮國，去馬來西亞或金邊，一樣不會餓死。

我把這件事費力地向空姐氏景說明，因為在她的眼光裏，是認為這位氏蘭寡婦的美色，才使我連賣命都幹的，說不定要打我的小報告。

氏景坐在艙裏等候起飛時，向我說：

「那位女孩很美，對不對？」

「是的。」我說：「但是妳為什麼要這樣認為呢？她美不美並不是我替她買票的主要理由。」

「那麼是為了什麼？值得你花三千披亞士。」她瞪住我。

「妳有沒有聽說，前些日子有人也花了三千披亞士，買票給另外一位母親。」

她瞪著大眼不可置信地看著我。

「有一個士兵在前線打仗死了，他媽媽來收屍，把屍體放在鐵皮棺材裏，馬馬虎虎，下了土，自己回西貢去，沒有親友的幫助，跪在地上抱住警察的小腿在哭，飛機快要起飛了。是另外一位機長替她買的票，三千。」我說：「氏景，我相信現在這位寡婦昨天晚上、今天早上和中午都沒有吃飽飯，妳能否把妳的盤餐讓給她吃，因為妳剛才在順化已吃過了米粉。妳這樣做會使人覺得越南航空公司的氏景是第一等空中小姐。」

「是的，機長。」

「氏景，妳能不能去告訴她，回頭到了西貢，她身無分文，可以讓我們的司機Mr.韓送她回家，不要擔心。」

「是的，機長。」

「氏景，妳能不能不報告你們的越南民航局，有一位中國飛行員，今天在順化機場違規超載了一位美麗的寡婦？」

「當然，我不會做那種事。」氏景說。

「那麼，氏景，現在妳應該代表那位可憐的夫人，給我偉大的一吻！」

哈哈，氏景閉上了眼睛，等著我低下頭來吻她。

我把這件事一五一十地向氏蘭的爸爸說了，氏蘭和她媽在屋裏後面的廚房裏張羅晚飯，她們聽不懂英語和中國話，我聽不懂越南話和法語，但我看清了客廳的左角設了一個小小的靈堂，中間該是氏蘭的丈夫的黑白照片。轉瞬間，就看見氏蘭從後面端出一小碗白飯，一小碟魚，一小碟肉及一小碟豆類的食物供在案前，有一支長明燈在亮著，一掛盤旋的螺香懸在照片前，她雙手合十，口中喃喃，向著照片流淚，過了一陣子，突然轉身向我，合十行禮。氏蘭的爸爸姓石，我起身請石先生告訴氏蘭，她的先生就像我的兄弟，今天你有困難我能幫上忙是因緣，這另外的五千披亞士送給靈前行禮，不要客氣。

石先生收下錢交給氏蘭，沒有說話，她哽咽了。照越南人的規矩，這個靈堂要設立兩年以後才拆除，寡婦每天要敬三餐，香火不熄，我不知道這位寡婦該怎樣維持下去。

第二天，我飛行回來，氏蘭提了水果來，同事們都說我的女朋友好美喲！以後，我離開了西貢，回到臺北，氏蘭托人送來一張照片，問我的同事，我幾時再去越南，他們說不知道。

她便哭了！同事們告訴我，說她哭得滿傷心的樣子。

後來有人傳說氏蘭又生了小孩，不知是誰經手的，說完向我神秘地一笑，拍拍我的肩膀！我不信，她已經有了兩個孩子，她能再結婚嗎？你們知道她還住在那裏嗎？

拍肩膀的人又說：「該你再去西貢看看了。」

的確，我很想再去看看她，這是真的，但西貢淪亡。轉瞬過了三十年，如氏蘭健在，她一定不識塵滿面，鬢如霜的我了。

什麼味道

回到樓上的獨屋，推開向南的大窗，房間悶熱的很，身上脫得剩下背心和短褲，喝水、吹風扇也不覺涼爽，何況晚上還要停電。熱不登樓，沒錯！西貢位近赤道，無風帶。

天空仍舊一片墨黑，囚錮面的濃雲滯留著，籠罩住了湄公河三角洲。窗簾在動，飄來一陣有涼意的風，好像要變天的樣子。美軍電臺廣播著不知叫什麼名字的颱風，反正是洋女人名字，會在這就快要十二月，還要拖一條尾巴到此地，準備發大水！老天爺不長眼，這些地方已經夠可憐的，十年的戰火，還不夠嗎？天氣很不對勁，要涼不涼，反而添了幾分悶熱，全身發黏。

窗外的露臺上，四個花盆，栽種四棵棕櫚，籬笆上的九重葛，又開始吐出紅蕊，記得前年新正，紅色花蕊怒放的時節，越共遊擊隊狙擊手，就在附近，放火殺人，血射泥牆，隔夜的血，柏油般凝固了。

露臺的對面是個亂葬崗，面積大約可以蓋一座旅館，或是一個球場。可是現在枯黃的野草裏，住滿了古人。巷戰後，更是冒出不少新墳。有一隻花貓，抓累了老鼠吧！就伏在那一個斑駁的墓頭上睡覺。有幾隻灰尾巴的大鴿子，停在園中涼亭的簷邊上，啄翅毛。亂草之間，也長了一些小灌木，漸漸地高過了人頭，掩住了陣年的墓碑，碑與碑之間天天在安插著圍城裏的新墳，像刺蝟！刺眼的一條條木板，或木十字架上寫刻了姓名，但更多的是無名氏，枉死亂葬。

椰子樹、鳳凰樹、芭蕉、龍眼和楊桃樹，在屋與屋之間茁長，結出鮮甜的果子，正是旺產的十二月，但是從炊煙熏黑的暮色裏，什麼也看不見；空中只見不少直升飛機，飛來飛去，那漆著紅十字的是救傷兵：胖肚子的力士型運兵，老美的。左前方三公里，打巷口左轉公理大道，上革命大道直線就是新山一機場。

空運加緊，搞不清楚戰爭，到底是降級，還是又突然升級？法文報早就停刊，越文報因晚上戒嚴也休刊，剩下要任何消息，只有用電池聽收音機了。這些年來，夜夜都是要命，越共俄羅斯火箭盲目發射，就在這屋子周圍爆炸過無數次；炸碎的彈片、磚瓦片、骨頭，碎肉，像冰雹一般落在這鐵皮屋頂上，院子裏每晚聽到幾十聲巨響！震撼著人們早已痲木了的耳鼓。只要不中彈，睡覺的照樣睡覺，打呼的照樣打呼！到黎明前後，來了老美的B-52型重轟炸機，就在郊外投，不是投而是傾盆而下的重磅炸彈。立刻造成雙耳貫風的壓力，強顫、猛抖！頭頂上的氣窗玻璃，可能要碎！碎了砸下來，會打到我的腦袋。

換一頭睡！免得大塊玻璃下來，把我的頭砍掉。

不行！要是大塊玻璃掉下來，讓砍傷了腳，不能蹬飛機的方向舵，馬上會失業！而且天沒亮，還在戒嚴，受了傷！醫生也找不到，失血而死，一樣完蛋。

起床搬床，上床再睡，翻來覆去，想想後悔！既不能睡在床底下，多一層床板和泡膠墊抵擋，但用處也不大，也應該到樓下去多一層地板保全性命。可是躲到樓底下，俄國火箭144型比碗口更大，兩百磅重，打中的時候，戰爭時代造的單磚鐵皮屋頂的房子非塌不可。躲在樓下，埋得更深，到時挖也不好挖。還是睡樓上，人為財死，鳥為食亡，來了就不怕，怕也跑不了，睡不著也得硬睡，思前想後，不禁全身冒汗，舌根發黏。

又有直升機，飛過屋頂，電視機畫面震碎，變成一鍋刀切豆腐片、肉片，下油鍋，亂煮的大雜燴。有一隻瘦花狗，餓得走進了墓園獵屍，白中帶黑圓斑、混血、不！細看是獵野雞的純血統磐塔種。可能是老美帶來，自己卻不如狗的命硬！牠又在扒土。白底黑點的尾巴指天直搖！咬住了什麼在啃？肯定不是野雞。真糟糕。

吃下午茶，綠色罐頭裝的胡桃蛋糕，也是美國軍用品偷出來賣的，它們是坐輪船或是坐飛機來，不知道。反正公理道盡頭，黑市地攤上多的是，三十五披亞斯，折合八分美金，一罐裝一個，每個淨重四盎司，每次只吃半個。不是怕長肥，也不是為了節儉。這另外半個，要留給樓下的小女孩，曼閣是她的名字。她母親替我洗衣、跪著抹地，收拾房間、清冰箱、補充飲料。每天，我上班出門，把房間鑰匙給她，下班的時候，她把鑰匙還給我。她說越南話，我不懂；我說唐話，她不懂。每天只有一種慘淡的微笑，向著我。

曼閣的爸，前年五月某夜倒楣捱了火箭，就埋在對面的墓地。野花狗仍在其間巡嗅！白底黑點的尾巴又在指天直搖。所有的墳墓都已經用水泥、黃土糊牢了吧？無論如何，別的不知道，我去看過，曼閣的爹，在兩年後的今天，應該是徹底地安眠了。可憐的小木匠，不到三十歲就翹了辮子。一把他用過的鋸子，是殉難時手裏握著的工具，鋸片已鏽得不成樣子，鋸弓已鬆了。我總覺得該把它扔掉！卻一直放在廚房的門角彎裏，叫我看了也洩氣，提高了火箭中彈的灰心。

可是他除了這一把破鋸和一串歲月留給曼閣母女，還有便是窗外憂愁的天空。哭吧！來一場颱風雨，痛快淋漓地，把屬於肉體和回憶的創傷洗乾淨！可是雨，不像要下的樣子，那麼晴吧！像歷來著名的西貢陽光，帶給人們光亮和澄明。

咧！賣魚露沙河粉的女人叫過巷子去了，午睡後的西貢已醒透，摩托車開始熱鬧，曼閣在哭！胡桃蛋糕吃完了吧？她在咳嗽，受了涼，沒有理由哭別的，她才兩歲半，小蒙娜麗莎轉世投胎，長頭髮生來就沒有剪過，用梳子替她梳頭，頭髮裏有一種幽香。

弄一塊溼紗布替她抹臉：長睫毛、雙眼皮，配一對烏溜溜的雙瞳，黑白分明。摟她到臂彎裏，才不到三英尺高，沒有翅膀的小天使。將來長大，曼閣，我要送妳一對白翅膀、泡泡紗的白短裙、去跳芭蕾，願妳是天鵝湖上的明星。我沒有女兒，想到臺北家只有兩個兒子，四歲和三歲，而現在流行什麼：二男一女的家庭計劃，那麼，能不能收養曼閣做乾女兒，不是剛好嗎？人家老李還收養了一個兒子，只三天就領到了中國護照，回臺北了。

不成，家裏的紅顏知道了，不得了。記得她還在臺北的吼聲！「想死吧？老不修，是女的通通不行，乾女兒，小的，會長大呀！到時候十八狐狸精，她娘三十八，老不死的五十幾；好哇！你出了門，原來不簡單，你做夢。免談！絕對不行。」口裏的涎沫射到我臉上。

何況，機場同事們要是聽到了，我要收乾女兒，一定要說話：「哼，什麼小乾女兒，大概小乾女兒的媽媽長得不錯，聽說又是寡婦。這小子，據我看，只有狼的主意，沒有別的。」

唉！人言可畏。於是乎，每天從機場回來，只有保持現狀，親她的臉，把她抱起來放在膝頭上，咬著牙根，心裏疼！

這些日子，她又在咳嗽！臉皮子有一點蒼白。我曾七八上十次這麼想：「叫一部計程車，帶她去堤岸看病，徹底地治一治！何況同慶大道上的中華醫院裏，有熟人。」

可是熟人會問這是誰的孩子？

「乾女兒！」

「為什麼她母親不來？」

法官般的眼光對著我，我可以說：「她不能來。因為她不方便……。」

幼吾幼以及入之幼，只有這一次，我應該休假，馬上動身吧？

曼閣，心上的女兒，不是我太太生的，不敢帶她去，去了可能出紕漏，算了。人言可畏，作為新山一機場的機長，怕人說閒話，蜚短流長。

要去，她在咳！決心去。決心下了一夜。但怎麼也擠不出時間，飛行忙，破世界民航記錄的每月二百多飛行小時，天天早上拂曉出門，晚上摸黑歸來，越戰有太多的難民奪命在南北戰線上，天天成千上萬的生離死別在我跟前。

遲疑不決，沒有去。管她的！大丈夫拿得起放得下，大概是感冒，引起的咳嗽，有時不吃藥也會好。

她不算嚴重。早上出門還親了她雪白的小臉，滑溜溜、熱呼呼，嬌小的身體，乖乖地睡在我窗外的露臺前，尼龍躺椅上，向我搖手再見。

一出門才想起：應該多給兩千披亞斯給曼閣的娘，找人陪她們去看病，匆忙裏出門！既然忘了也就算了。

反正應該送一點東西，一些聖誕小禮物，給沒有人知道的曼閣，偷偷地，只要自己不透露風聲，將來回家，一切的蜚短流長，打死不認，行！就這麼辦。越戰正在打得天翻地覆，一百個美軍軍官眷屬卻包了飛機，去東南亞聖誕度假，要飛！

記得是月中出門，過境香港，彌敦道上，玩具行裏剛上市會走路的月球太空人，夠新鮮，在西貢沒有見過，來一個。

繞路泰國，泛舟湄南河上，鄭王祠前純銀的小手鐲，左挑右選，兩塊洋錢買一個；小駐永珍，漫步過三升泰街，五百寮元的椰殼小猿猴也來一個。這趟出差，公私兩便，何況是小玩具，沒有人曉得，天衣無縫。

高興又回到新山一，今天下午，走進門來，三步併作兩步，沒有聽見曼閣咳嗽，她已經好了，猜的沒有錯：房東阮夫人！曼閣呢？

「曼閣！」我高興的叫！

「怎麼？你說她睡了。廚房的地上沒有她，連那藍底白花的涼席也不見了，哈！哈！」

「捉迷藏？是不是在我房間裏？」

「怎麼？出去啦？外面對面！墓園，什麼？」

「小猴子、銀手鐲、太空人，你們都沒有用了。」

老太太的雙手比成環向上一揑！在哽咽！指著涼亭。空蕩蕩！

我明白，明白了，在那小小涼亭橫樑上，是曼閣她缺腿的娘上吊。也走啦！

又回到樓上的獨屋，雙腳發軟，推開向南的大窗，血紅的斜陽照進露臺，躺椅靠在灰白的牆上，這是西貢十二月的黃昏，新年前夕！要命的風從墓園裏吹來。

月也常圓

歷史記載：越南在中國秦漢至唐宋稱安南，從今日廣西壯族，水族及老撾的擺夷語言及習俗相近，古代均應屬百粵之地。宋以後為藩國，明朝改稱越南。1884年八月五日，法國海軍砲攻臺灣基隆，廿三日攻破清朝福州艦隊，廿六日清廷向法國宣戰，再敗，十月廿三日法軍封鎖臺灣，1885年六月九日中法天津條約承認法國保護越南，包括老撾，柬埔寨等三邦。以殖民地過了120年，現在2005年的西貢（1975年又改名為胡志明市）街頭，仍有濃濃的小巴黎韻味；西餐廳裏，道地的法國酒、法國麵包、巴黎大菜。甚至越南小姐也有一流的法國情調。

記得是在美國介入越戰高峰1964-1975年之間，我貪財亡命，擔任越南航空公司匆忙的飛行工作，照說按國際民航規定：飛行員在戰地每月飛行，最多也不得多過100留空小時，但我們老闆要比我們飛行員更貪財，要我們也無法無天，每月飛到兩百個鐘頭。算起來是每天要留空八，九個小時；黎明前兩小時起床，一直南飛北降十次，八次上下客；夜黑摸回宿舍，天天把命賣給了他。好不容易捱到每月兩天的休假。好吧！冒昧邀請一位經常同機飛行，長得像法國女孩的空姐去看一場電影。「好嗎？」我說！

她嫣然一笑！嗯了一聲！答應明日午後，可到她家去接！離開時遞來她家地址小紙條。

到了今天午後三點，走出住所外的公理道，從口袋裏掏出三張百元越南紅鈔票，向迎面來的藍色龜形小計程車招搖，臉如黑糖年糕的司機急煞車，露出他高興的煙槍黑門牙。我亮出小妞寫的紙條給他一瞧！立刻點頭開車門。言語不通！但認紅鈔票三張，便明白咱是行家中國佬，這回要包他的車一個下午。我上車只說學會了的幾個越南單字之一：「毛毛！」（快）他便：「呀！」（行）把老舊烏龜車開得像脫兔一般！才不到一千CC的引擎，要拉動冷氣？不可能！車窗外36度的午後三點正，四窗全開，蒸籠車不快就不涼！紅燈也僅供參考，不見公安就不停，因為此刻是槍聲稀疏，午睡時間天熱行人少，這是西貢1974年，一天裏上街最安全的時刻，政府軍警多半都像雨林中早醒的動物，下崗在午睡，睡飽起來再洗澡；是為了午夜要值班通宵戒嚴。越共狙擊手們則在郊外地洞口林蔭裏睡，醒來沖涼，下盤象棋消遣！晚上好再造反。午後三點，連汪汪叫的狗，也正在樹蔭下倒頭不醒；街頭赤日炎炎，晴空下沒有幾個人！熟路的司機不久就衝到了她家的門口，停車下來就點火抽煙提神，打瞌睡！顯然是昨夜的炮火害他沒得安寧。

我下車一看：門牌號碼？對！小洋房，四周有院子，伸手剛按完門鈴，便見一位窈窕的小姐，穿著高叉黃絲綢飄飄袍，裏面是黑胸罩，白光緞的薄綢長褲，翩然像隻蝴蝶飛出來給我開門，定神一看，幾乎不認得！這是誰？對了，就是你，阮氏景！這小姐平日穿空姐制服的時候，天藍色的公家制服鬆鬆垮垮，不見內容，姿色平平，只是那法國面孔引人注目，此刻緊身的錦衣一換，突出了曲線竟成了閣樓美女。害人色心不禁一動，腦子有點嗡嗡然！

「太漂亮了吧！妳？」我驚奇的開口。

「機長，請進來呀，為什麼站在那裏？」她說。

「被妳今天的美麗迷惑住啦！」我說。

她聽完大樂地說：「咳！你應該說大聲一點，讓我的丈夫聽到才對呀！」一聽有沒有搞錯什麼？丈夫！俺緊張的毛病，就是患崩崩的血衝大腦。

她說完，卻把我拉進客廳，向一位十分有福卻貌不驚人的男子介紹說：「這就是甲必丹劉。」

「劉！這是我老公阮中尉。」

我一聽發暈成了行屍走肉！心跳卜通，卜通，差一點跳停板！腦袋嗡嗡然走神！她的丈夫身著深綠色野戰軍服，腰掛二號左輪！臉上堆滿笑容，伸出右手來和我緊緊地一握，左手向沙發一攤，口裏說：「請坐！」

完蛋啦！我心中想！遇上笑面虎，死定啦！要先談判，他奶奶的手心飆出冷汗！這一回砸了鍋，上了安南妹的美人計啦！可能要傾家蕩產！只要他拔槍我就投降，自認倒楣吧。

他，說話啦！「我的祖母也是中國人，今年七十多歲，現在仍舊愛跟我們說中國話，他的中國話，像這個叫做：「飲茶！來吧！請。」

咋！什麼？泡了茶？原來如此！心跳，血壓，恢復正常；卻不禁訝然的說：「我也是老廣，希望能見到你的祖母，幾時來給她老人家請安。」說到這，旁邊站著的小姐開口，啊！不。應該是中尉夫人說話了。

「現在三點了。」她說。

她的丈夫先站起來，說：「好的，再見吧！」

他轉過臉對我說：「謝謝你請我的妻去看電影。」

我連忙說：「那裏、那裏？謝謝你才對。」

心中高興呀！原本寒毛懍懍！這麼快就恐怖解除。退了兩步，沒有慌亂踏空門檻，轉身出來，景已經和她的先生吻別，伸出右手，等我牽她出門，這時我才看清客廳裏有架鋼琴，鋼琴上面放了把小提琴。

出門來，鑽進烏龜車，我看她的手說：「妳玩鋼琴嗎？」

「你說對了，三歲開始，父親教我，他是教授，我喜歡蕭邦、貝多芬，也喜歡李斯特。」她說著向左歪一歪頭，「他！喜歡小提琴。」

她說完望著我說：「你喜歡什麼？」

我呀！我想想自已只會飛行，土得很！但不能說一點音樂細胞也沒有。只好說：

「我喜歡貝多芬的月光曲；記得中學課本裏念過這個故事。」

「哇！我也喜歡，有月光的晚上來給你彈『月光』做一個錄音帶，送給你，將來好想念我。」「這麼說，你也玩鋼琴嗎？」

「不！」我清了一清空空的腦袋說，「我會唱歌！」

「呵！偉大，什麼時候可以聽到呢！」

「當妳吃過了兩粒阿司匹靈的時候！」我說。

「什麼呀！你說明白一點！」

「說明白一點嘛！是我的歌喉能夠使妳在兩分鐘內生病、頭痛！」

她在烏龜車裏大笑，低頭鑽進我懷裏，一頭的長髮灑開在西貢午後的陽光下，聞到她剛洗過的頭髮淡淡的香味，不禁的就唱：

美景！美景我恨妳
妳像曇花叫人迷
妳像罌花害人死
見到了美景就要恨妳

也用洋涇濱破英語翻譯：「曇花是黑夜的美，罌花的奶是嗎啡的娘！」給她聽！還沒完，她已抱住我說：「不要阿司匹靈，什麼藥都不用，這樣就足夠了。」

像火燒著屁股的烏龜車飛快直馳黎利大道，左轉向國會前的麗池戲院；而她的先生在家裏待命，晚上去不必上前線的參謀本部值夜班。在街上根本見不到年輕男人的西貢，氏景有不上前線的中尉老公，又有鳳毛麟角的本機長陪她看電影，難怪她今天的心情夠爽！

話說這麗池戲院，規模是西貢最大，影片也一流，有空調，看門的是大鬍子印度佬，進門大廳內，各色人種都有，右角是賣票窗，左角是賣飲料和爆米花的，入內座位寬敞。電影開場以後，銀幕上演的是美國電影，卻是法語發音，想想看，洛赫遜、伊莉莎白說起法國話來了，克拉克蓋博的片子也會說越南語，這比起在港九他們一個個也說粵語，更糟糕。對於我身旁這位小姐，是大學主修英、法文的剛好過癮！可苦了我這洋人，看第一行越南字幕。第二行中文字幕，第三行是英文。我的媽呀！美國片，說法國話加三行字幕占去一半畫面，真是有點奇怪！怎麼看得下去。好吧！幹別的。

看旁人在影院裏自由自在，把飲料，玉米花帶進來吃，瓜子帶來嗑！另加口香糖、泡泡糖的劈拍！低聲的談話，所以銀幕上的法語對白和音樂也鬧得轟轟然。我倆坐樓上最後一排號稱「天堂」的寬敞雅座，後面是牆，且光線特暗，下午場人少，因為年輕男人十之八九上了前線，一看左右，多半是雙雙女的入座！

一個飛行員與空姐剛好一對，好吧！這一會兒就兼任地勤機械員，替她解開引擎外殼是飄飄上衣，檢查左右發動機，代表了航空業的寡男怨女們，旁若無人的款式，但都超過前面銀幕上洛赫遜過時了的表演，而且她耳際的巴黎香水，「我的罪」！花香味在蒸發煽情，引誘人上天敢飛，下地也敢修理飛機！沒有搞錯。人在小巴黎，就該照法國人的法子快活。

法國人野心在1885年統治了越南，便是要消滅中國自秦漢以來，兩千年來對越南文化的影響。現在越南文字也由原來的中文已滅亡，改成拉丁化。請看：

MUC DICH 目的，PHONG TUC 風俗，BUT MUC 筆墨，HUY HOANG 輝煌，QUYET DINH 決定，BANG HUU 朋友，NHA TRUONG 學堂，PHUONG PHAP 方法，CUOI KHOC 笑哭，年長的越南人依舊有人喜歡漢文、看中國書、作中國詩文。完蛋了時，蒙主恩召，墓碑要刻中文，因進了天堂，擔心千古了的祖宗不識拉丁，拒絕入列；儘管姓名仍是三、四個字一組。

姓阮、陳、黎、杜、巫等等男人名的第二個字，都愛取一個：「文」字，如阮文心、范文同，而女人則多用一個：氏字，例如此刻懷裏的阮氏景。陳氏珠、巫氏梅。但也有四個字的黃氏水仙、一看就是春節養水仙花時出生，那五月節出生名叫朱氏粽，或屈氏月餅的有嗎？

看完電影還不到六點，赤道的陽光，高高照在臉上發燙，吃晚飯照規矩是晚上八點以後，那麼去動物園看看青蔥的樹木、飲一杯什麼。不，該稱為動物園，連稱之為草禽園也荒唐，這又是法國人的主意嗎？「ZOO SAIGON」明明是西貢動物園，可是進得門來，看！紅漆的底色，孔聖廟三個字在上頭，進了動物園殿堂，塑製精美的孔子像，上書橫額〈越南國祖〉注有拉丁化越文〈VIET-NAM-QUOE-TO〉也算一種動物。

香案上有銅鉢，籤筒，右側有叉，矛，槍，戟。

國祖孔子廟在右手，另有中文對聯的國立博物館在左手，都在動物園內，有沒有搞錯？更有人說孔夫子是越南人，因周遊列國成了魯國人！真是造反，砸了孔鍋。

孔廟正堂的橫匾是，在臺灣幹過副總統的陳誠題字，我便問身邊的她，誰是陳誠？

她想了一想回答：「記得是越南的將軍，是孔子的後代」，A＝b＝C。動物之一？都在動物園內。我聽了點頭，確證她是安南妹。但管理這座廟的老伯伯，年已超過八十歲，知道陳誠是誰。且能寫流利的中文，讀中文詩。可惜！如今二十一世紀，他老人家已早登仙域。

孔廟對面是博物館，陳列了中國古代的衣飾、及越南土著器具。又福建古瓷、柬埔寨的岩雕頭像、文天祥的拓版字、清朝的字畫、西洋銅炮和土槍，都成了寶？

園裏樹木蔥綠，當越共遊擊隊和狙擊手就在大街上和郊區橫行，我膽小，住西貢多年，不敢出城下鄉，所能飛去的峴港、順化、芽莊、歸仁、百里居等城市，也都限於機場起降，從未踏上真正越南的鄉土。而動物園一望無際的大草坪，是唯一可以放心徜徉的所在，越南各地的動、植物都被收集於此，扁芭蕉、王蓮、白孔雀、野鹿牛、虎、豹和獅子都飼養，由西貢通的空姐氏景導遊在樹蔭下，原來她不僅會彈琴、還會唱歌，當我躺在草地看高樹上的啼鳥，也聽她唱了流放者歌、征婦歌，歌詞是憧憬著和平安寧，像湄公河嗚咽的流水、磁性的歌喉，夜鶯投胎般婉轉，奪人魂魄！我不禁惋惜！她有扣人心弦的天才，竟成為早出晚歸的空姐。我說：「假如不是戰爭，妳一定是了不起的音樂家，能彈會唱。」

她，結了婚的人，竟在我面前落下淚來。我沒話好說。

晚飯以後，送她回家，她先生值夜去了。她要我等她錄音！

「為什麼今夜就錄？」我說。

剛好窗外有月，我們明天還休假！下個月不知道會怎樣，請你不要走！我給你倒一杯酒去，好嗎？你今夜陪伴我。

她熟練得像我背乘法九九歌訣，連譜子都不看，穿著蟬翼紗袍在她家客廳盡興彈琴！盈盈秋月從西窗位移向後院的花園，夜空裏有一串串通宵搖曳的照明彈在炸響，巷外沉寂的街上開始了戒嚴；突然轟天動地的火箭在咫尺的鄰近爆炸！破片的雹雨落到屋頂，全城五百萬人都被郊外的越共瞄準，救護車的悲笛！叭叭駛遠、駛近；剛離不久又一火箭近在隔巷炸響，屋頂的雹雨更濃！遠處傳來女人的呼救聲！

午夜漸漸偏西的月滿西窗，關島飛來的美軍B-52機群，在郊區傾盆彈雨的製造地震！房屋顫抖！雙耳貫風，再直升機通宵的機關炮，通宵的照明彈與火箭的爆炸，合奏著我們的死亡進行曲！她停琴抱頭說：「如我們今宵要中火箭去死，我要為你難過！是因為你臺北家中的孩子才幾歲？你不應該在西貢！」

我無言呆坐一旁。

她是資深的座艙長，有資格調配航班人員的班次。因此她常選飛、調班與我同行，共冒地對空槍砲火箭的危險，特別是有時也可以排飛國際航班，能暫別槍林彈雨，有機會到香港去吃海鮮，挽我的手，也聽我的話吃蛇羹，因為相信吃蛇就補她的蛇腰！去曼谷跳扭扭舞狂歡，檳城或吉隆坡過夜，她負責分配八人航組的門匙，選隔壁有門與我相通的房間。因她的中尉老公是軍人，不准許出國旅行度假。

也愛去寮國永珍街上，買法國的一種名牌襯衣，每次要陪她選十件回來，在只有美國貨的西貢脫手賺幾個小錢，補貼戰時經濟崩潰空姐低微的工資。她存錢在我手提箱的夾層，是當我自己出國去永珍時，記得她的叮嚀！她有灑脫的微笑和熱情，大膽的把握瞬息將逝的現在。她說：「在今天的越南，我是一個享有身心幸福的女人，人生只能活一回，在越戰升級的同時有兩個男人，正規加浪漫！謝謝你。」

早上見面總有可愛的花香，握她有電的手，使我竟日愉快！忘了疲累。一同在國外或越南任何的機場或城市降落吃午飯，教我吃越南魚水菜；起飛照顧完旅客，在藍天白雲航路上的片刻悠閒，她能花半小時剝一個桔子，擺成一朵玫瑰；切香蕉成一串雞心，沖濃咖啡要人提神說：「你是今天這飛機上的皇帝！我們都希望平安回家」，「你一個人飛兩個人份的飛行時間，可不能累倒下喲！」她說。

好！但願像是你獨奏的第五號鋼琴裡的皇帝，因為慈悲的皇后閣下的雙手交響，不僅僅的能復活貝多芬的壯麗熱情！也鼓舞一個凡人勇敢的接受死亡挑戰；我向她舉起大姆指！

她不答睬！眼角有淚，低頭轉身去後艙的廚房。

從清早到黑夜，越戰正值最高峰，我們在空中，地面，經常共事十多個小時，為戰亂中的旅客，男女老少服務，來來回回，一遍又一遍起降再起降，五次，十次，兩年來，不厭其煩的往還，重複！難得她休假時在家，坐在鋼琴前，春花秋月，又勸我喝一杯；偶然一次，她在香港美麗華酒店的大堂，過境摸到鋼琴，匆匆的即興彈出最短的一曲蕭邦「雨滴」！曲終舉起雙手，接受驚喜的過境客和我一同鼓掌！但我在心裏為妳歎息！祈盼和平早日到來，妳可以平安的換上晚禮服，登台表演給更多人共享妳的奇才。

難忘多次從槍林彈雨中起飛、降落，最後回到西貢，飛機滑進終點，我靠在駕駛座上已力盡聲嘶！滿天的照明彈在機窗外的夜空閃爍，槍炮、火箭聲，就在機場外不遠，感謝天賜平安降落。妳遞來一小杯白蘭地，碰我的手，使人又活過來，哼：

美景！美景，我恨妳

妳像曇花叫人迷

景和我最後匆匆握手，獨自面向火箭，機關炮，炸彈和照明彈的黑夜，和我互道晚安！各自回家。

但昨日低雲壞天氣，她自己去了飛峴港的早班機，降落下客後，又滿載，剛起飛就進了低雲；被後面高速飛來，要緊急降落的一架美軍噴射F-5戰機追撞！一同墜毀，共八十多人同歸於「燼」。

我留下一件去永珍時買的襯衣！是妳選的顏色，一別已幾十個春秋！妳先走了，但是妳的旋律隨處響起！月也常圓。

亡命除夕

凌晨五點，是西貢戒嚴解除的時刻！軍警換班。這是淪陷前1975年2月，最後的農曆過年。再過五十天的四月十日，北越坦克進城，南越共和五十歲的京城，小巴黎西貢便要變色！改名叫做：「胡志明市」。來吧！值得回頭看的一天。所有的通衢、街口和橋頭的鐵絲網解開，拒馬推到路旁，裝甲車駛回基地，把馬路交給趕早路的車輛和行人，西貢開始伸腰醒來！

檢查站的衝鋒槍在瞄準我，只要他的右食指輕輕一扣，西貢新聞第二天也許要刊出：「越南航空機長張三被殺！」而看官閣下，您今天也看不見這一篇真實的現場報導。話說刺耳的哨子，車輛心驚的緊急煞車和日本摩托車的引擎聲，劃破夜的寂靜！五點十分，教堂的鐘聲驟然齊鳴！距離天亮還有一個多鐘頭，赤道以北的十二月該是冬季，但西貢的拂曉氣溫，華氏七十四度，清涼肅殺。

喔喔的鷄啼，就在前後左右，偶爾還有火車的尖笛，汽車喇叭。但都不及新山一機場，美軍已開始大撤退的各型的飛機引擎如雷鳴！昨夜槍聲稀少，也沒有了美軍的B-52在郊外轟炸，彈雨已停。

號稱要在中南半島建立自由民主，卻不求勝利的美國陸海空三軍，用盡了一切新舊武器，除了原子彈，傷殘了幾百萬南北越軍民以後，美國人也傷殘了幾十萬，造成終生遺憾！另死了五萬七千家庭的兒子，丈夫，父親和情人；用巨型的C-5A機群從邊河，金蘭灣和峴港等各地集中屍體，清理整形，把僵死的拳腿弄直，掉了腦袋的包一個棉紗頭，裝進鋁皮棺材冷凍空運回國。大敗退！越南共和國面臨滅亡。殘喘著等待一個屈辱和無條件的宰割。

西貢的大菜場，現在是共和國最後的一個唐人農曆除夕，年夜飯配料的食物菜蔬，用各式的交通工具運進城來：才出水的魚，生猛活跳，鱗光閃閃；鮮蝦活蟹，成籮成筐的擺出來；千百個攤位全部亮了燈，大塊的豬肉，整頭的羊，剛出屠宰場的牛肉，太新鮮了，神經還在跳動，每公斤合美金二元；大黃鱔兩條一公斤，一塊美金；油鹽柴米醬醋茶，應有盡有，在大大小小的市場，商人仍在供應五百多萬人口的西貢。

鳥兒的啼唱，開始在六點，天空出現了魚肚色，高樓、平房或鐵皮屋子，都浸沐在一種似霧非霧的蒼靄中；馬路上的車燈仍舊亮著，但速度已加快，路上沒有閒人，因為閒人還在床上；許多房屋傳出煮炊的聲音，拉動鐵柵門，狗打架的聲音。

六點半，所有的路燈全部熄滅，教堂在敲著比較和緩的鐘聲，麻雀開始了吱喳！鳳凰木的傘狀輪廓，在星空與屋頂間出現，星光已隱遁不見，上弦月色要再等幾天。

直升機開始了低飛巡邏，掠過屋頂，門窗震動。去機場的公理大道，車輛開始擁擠，從新山一機場飛向越南全國，或去世界各地的飛機，滿載有能力逃離的貴客。各處來的空飛機正在降落。天已大亮，只剩下少數燈光，那是屋主人睡忘了，或是故意留下的紅熒點點。

葉子的青翠，花的嬌豔，椰樹的挺拔，都顯出了本來的色彩，晨風吹來，鳥和鴿子飛起，天空已從白色轉變為澄藍，不見一片雲；著名的「陽光西貢」在朝陽初升的光耀裏。

臘盡冬殘，西貢唐人年的十二月底，今夜就要過舊曆年。照說應該有冬天的景象，卻一點也沒有。五百多萬人口的西貢，依舊單衣拖鞋，飲涼水，吹電風扇；有錢的人家，照樣開冷氣，冰箱裏的飲料，全是炎夏三伏天用來消暑。

早晨的陽光，需要用窗簾遮住，不能讓它曬進屋子裏來，因為陽光在西貢是無分冬夏，曬到就是熱，就叫人出汗，使小姐們的皮膚曬黑；所謂四季如夏，哪怕今天已到了大年三十，而中午的太陽，可以照樣把人的頭皮曬出油來。

傍晚時分，刮起一陣淡淡的西風，吹動院子裏的奇花異草，哪裏像過年呢！家家的九重葛繁花似錦，每一棵樹木都是翠綠滿枝椏。越南人愛花愛草，他們每一家的院子裏，都挖空心思地弄些花草來栽種，哪怕是住在二樓或三樓的公寓客，也要弄些盆子，罐子之類的器皿，種些爬藤類的青綠植物，點綴在向陽的露臺；但如今許多陽台的盆栽已枯萎，人不在了。藍天裏的澄碧遠處，有塔狀的熱帶高積雲，雖然是大年三十的午後，區域性的雷雨隨時可能發生，像熱淚來得驟急，去得也快，讓太陽曬了一天的西貢河畔，這湄公河三角洲上的南越首都，沾潤一下陣雨後的清爽。

仔細看一看，會發現真要過年了，在大年卅日的庭院，不管十年的苦戰，不改其樂！那便是水仙花；凡是生活比較過得去的家庭，早在一兩個月前，便已在他們祖傳養水仙的古董瓷盆裏，養了來自中國的水仙，也知道這是詩人之花。千萬的越南家庭，都垂愛著水仙，同時養了三，五盆、把及時盛放最美的一盆選出來，放在正廳裏炫耀著，顯示培養者內行獨到的功夫；花蕊獲得較遲的則陳列在書房或其他合適的地方，開到元宵。

按照季節花序，梅、蘭、竹、菊，給新生的女孩命名，而在水仙獻蕊的日子裏生女孩，取名為「水仙」，是理所當然，要是生男呢！他們可能會取名為：「有詩」，因每一序花束的香蕊都是一行行的詩情。

過年光是水仙嗎？才不呢！家家門上都貼了春聯，在大門口，拉丁化的越南文，被幾個字母一組集成七個字句，從上到下。請越南小姐逐字翻譯來聽聽，原來是：「天增歲月人增壽，春滿乾坤福滿門。」或是，「新年快樂！恭喜發財！」等四個字的大紅紙貼在門上。也有乾脆拉丁化寫一個：「XUAN」春字的大紅紙方塊貼在過堂門上。而更有講究的是除了這些越文春聯之外，從堤岸唐人市場買完全漢文寫的中式春聯貼在書房裏，表示有學問，有來頭。而在屋門另外懸出紅彩緞加流蘇的錦繡。

越南人平時就愛清潔，動不動就全家大掃除，過年更是早已徹底清洗。門窗牆壁的油漆粉刷一新，就連天井和院子都花了一番功夫。廚房裏的鍋碗、鋁合金的炊具都擦成了雪亮。小孩的衣鞋午夜後換新，紅包用的新鈔票已備妥，準備明早派利市。

從進入年關以來，所有年貨商店便已人山人海，而到了大年卅日，熱鬧已在蕭條中登頂，各式的臘味堆，在小小的櫃檯上，臘鴨、臘肉、臘腸，顏色紅潤透亮，在氣溫九十多度華氏的炎熱下，這些臘味大約就像水仙一般艱苦培養製造出來。

有水仙、有臘味、有酒，法國名牌到陳年佳釀，應有盡有。總有千百種飲料足供選用。除了法國酒依舊，有一種好看不好吃的巨大金黃桔子也待價而沽，因為桔字與「吉」字同音，大桔即來年大吉？又有從芹苴（CANTHO）來的大西瓜，亦十分旺市，也是越南人每家過年必吃的水果。從前過年吃西瓜是有錢人的享受，因本地不出產，須要外地進口，價格昂貴不在話下。自從臺灣的農耕隊指導了三角洲農人，利用沙地種植而大量生產，現在西貢的除夕，西瓜如潮水般擁到，每粒約合美金兩到三元，幾乎家家都買得起三兩粒。

滿街的人潮，卻是寧靜而不喧鬧，主婦們在點數新鈔票的清脆聲音，歷歷可聞，繞舌低廻的越南話，是在討價還價，這是即興匆忙的除夕。在中央市場（CHO SAIGON）全天擠不動人，臨時在陳興道、阮惠道、黎利大道，路邊的攤販更是加倍的活躍。比方說女孩子不大喝酒，過年時咖啡最適宜，這時黎利道拐角上的咖啡店，水泄不通，邦美蜀（BAMETHO）產的咖啡另有一股屬於越南泥土的芳香。已磨好的咖啡粉供不應求，現磨咖啡時的那股香氣，實在不下於喝咖啡時的味道，即使相隔幾十公尺的下風邊，也可以聞到。

眉清目秀、長髮披肩、穿著飄飄袍、足踏安南木屐的女孩子，有的跟著母親在辦貨，有的獨當一面做買賣。文靜、細聲而雅緻，身穿傳統的服裝，配合著胖瘦適中的身材，在手裏提著或是抱住一些物品，不慌不忙地走過去、走過來，像春天的蝴蝶。

綿延了十幾年的越戰，在佛祖誕辰、耶穌誕辰和新年各停火一日，是過舊曆年才停火三天。有些出征的軍人回到了在西貢的家，來不及換下草綠色制服，便陪著妻兒趕到街上買東西。這種團圓是難得的，因為大多數的婦人仍是獨來獨往，神情不如那位軍人的妻。根據統計：男女是1:8之比，也就難怪西貢街頭傾巢而出的除夕，美女如雲。

花店裏有賣蠟梅花的，這種從大叻（DALAT）空運來高原地帶培植出來的名花，每一枝要價在美金數元至數十元不等，那些對來年懷抱樂觀希望，手頭餘裕的闊佬們，把花買去供養在古瓷瓶裏賞玩，要比水仙花更高一級。但今年高級的臘梅銷路不暢，因為有錢的人少了，跑了。湄公河主流及分支流裏盛產的魚、蝦、蟹、蠔，都被大量撈起來，陳列街邊待售。大青蟹的背殼上破開一角，露出鮮紅的蟹膏，以廣招徠，每公斤有三、五隻，標價合美金一元。大的河蝦，混身綠得發藍光，大爪虎虎生猛，仍在爬動，不適於炒蝦仁，因為個子太大了，廣東華僑名之為：「炒蝦球」，炒出來像乒乓球。又有像小孩拳頭那麼大的血蚶，也整籮整筐地在賣，且新鮮得張開了殼，吐出紅色的觸角。清蒸嫩得像豆腐的湄公河特產筍殼魚在游水，其餘各種各類的時鮮，穿插著賣美國金山橙、澳洲蘋果、紐西蘭牛肉、荷蘭乳酪、法國酒、英美香菸和雪茄，另加一些美軍ＰＸ流出來的黑市日用品，連帶平日門前冷落的金魚、熱帶魚檔口、鳥雀店，也還有生意。

過自由街（TUDO）走進一間叫做「塔」的咖啡室，是純法國式的情調，但櫃檯玻璃上是用口紅粗寫的「春」字和「恭喜發財」的大字。女侍的手推車推來各式點心、鮮草莓和水蜜桃派。一位嬉皮裝扮腳踏舊皮拖鞋的越南少年坐在旁邊，已留了一撇不成模樣的鬍鬚，把一雙髒腳伸到對面的椅子上，閉目養神，這那裏像要過除夕呢！

我即將收工離去的越南航空公司，明天大年初一停航過年，兩位常見但記不得她們名字的空姐也走進店來，她們可能有約會來等男朋友，居然低下頭來端詳了一下打瞌睡的小嬉皮士，不對！男朋友大概有可能黃牛了。顯然記得我，就先走來我的桌前，其中的一位坐下來問我：「機長！是不是在臨街洗眼？（即賣眼藥或眼睛吃水淇淋）」

我說：「正是！請坐。」

我在西貢住了已十年，每天看航空公司裏的幾張熟面孔。現在除夕出來喝杯啤酒，臨街晚眺，坐在臘月的西貢街頭冷氣機的圍繞中，洗眼！

我想起來了，說我洗眼的小姐名字叫做林氏水仙（L.T.TIEN），會講幾句廣東話。

水仙？這幾天該是她的生日？很抱歉！忘記了另一位的姓氏，祇記得芳名叫做氏櫻（ANH）。據我所知，一位單身小姐出來約會，男的可能會來，現在是兩位姿色中上的越航空姐，等著吃晚飯，特別是除夕大餐之前，年輕男士走的走了，剩下的十之八九在前線，能趕來應約的男士是誰？十年來，早已寥若晨星，即使有男的來，最少先要請吃唐人式年夜飯；兩男兩女過一個像樣、有情調的除夕，非一、兩百美金莫辦；何況，這些年來，每逢除夕都有大事發生，在兵役年齡至今依然存活的越南人，根本不敢出來，更不用想玩得盡興了。在西貢的硝煙離亂中，許多人都有一種心靈勞瘁的預感，預感著自己可能快要完蛋了，在等死。

記得前幾年的除夕午夜，西貢准許燃放爆竹，登樓四望，但見整個西貢在興奮震響的火光中，煙霧騰騰，達兩小時之久。第二天上街，全部商店關了門，沈睡在新年狂歡後的疲倦中。滿街爆竹的粉紅色紙屑，蓋滿了馬路兩旁的人行道，遍地紅不掃，像一地的花瓣，充滿了羅曼蒂克的綺思。而1968年越共曾在大年卅的午夜，用槍聲代替爆竹，用火箭穿牆，炸破西貢人千年來的傳統，造成幾萬人喪生的噩夢。

1969年除夕，禁燃爆竹，到午夜時分，全城的共和軍人及民防部隊全體向天鳴槍半小時，代替了爆仗，耗彈千萬發，射空的彈頭落下地面，就像下冰雹，也真的是讓我見識到了何謂彈下如雨。今天晚上又是除夕。我回想到這裏，就想起這兩位小姐的男朋友，多半是不會來的了，便從口袋裏掏出兩個紅包，在她們的手裏各放了一個說：「恭喜發財！」氏櫻立刻按規矩撕開一看：哇！美金廿元。廿元在當年是個傭人一、兩個月的工資。兩人站起身來親親我的臉頰。

「為什麼這樣早？」她們驚喜、訝異地望住我。

「不能等到午夜，要戒嚴，明早可能太遲。」我說：「你們倆個也不必多等那些某人，還是我來請你們去吃年夜飯吧！」

她們倆用越南話咿咿呀呀研究了一陣子，美麗的櫻小姐微笑著說：「好吧！我們去。」好吧！去堤岸唐人城試試運氣。我們三人坐一輛法國老式雷諾牌烏龜形計程車，出自由街右轉向黎利大道，直放陳興道，同慶大道，但是許多中國餐廳在大年三十都已關門打烊，幸好還有幾間專做美軍與酒吧女郎生意的中國菜舘開著。

我說：「謝謝妳們兩位陪我吃年夜飯，明天停飛大家不上班，今天可以大吃大喝，不要擔心發胖，好嗎？」

「是不是你說的明天太遲了。」水仙說。

「可能的呀！西貢的除夕是凶多吉少，你們說，對不對？」

「是的，機長。」

「來紅酒一瓶。」我說著勸她們喝一杯。

「有沒有炒花生下酒？」我問跑堂的老鄉。

「有！還有臘味，滷菜要不要？」

「都來！這是年夜飯呀！」和跑堂的先生講我的老廣話，就不像是在他鄉過年。

「謝謝！朱。」櫻說。

好吧！我一杯，她們倆也各一杯，興奮的喝起來了，再加一瓶。

同一個餐廳裏還有些美國大兵跟越南吧女吃飯，老吧女有老到五十多歲的，其他的也醜不堪言，年紀小的只有十五六歲，居然穿露胸的上空裝。女的用叉子餵洋大兵吃咕咾肉，津津有味，大兵們好像缺乏母愛的樣子。

當美國大兵吃完年夜飯，老吧女竟搶先去付了賬，過年請客？付完賬出門時，又一路拍其餘仍在吃飯的大兵的肩膀，莫非都是老相識。

老吧女走出去，櫻小姐小聲跟我說：「幸虧那位女士沒有過來拍你的肩膀呀！Mr.朱。」

「有，總比沒有強！對嗎？」我說；「最前線的軍人現在正在吃乾糧，我猜他們可能很希望能來西貢吃咕咾肉哩！你說對嗎。」我說。

「氏櫻、水仙，乾杯，祝妳們新年快樂。」又掏出紅包，一人再加一個，說；「我快要走了，回臺北去，這個紅包是預祝妳們永遠快樂；今晚，先說再見！」

氏櫻瘋了，扭過身來抱住我，左右開弓，第三個對著嘴，有酒味。

水仙也過來對著親。

中國菜，上來了：油炸和平鴿，還有紙包雞、椒鹽蟹、蝦球豆腐、清蒸盲槽魚。

小姐們被小酒漱口弄開了胃口，開懷大吃！

請吧！為了貪財養家而來東南亞，十年來，成為一個為金錢服務的亡命仔，與越南同生死。在無數個晝夜的火箭，飛彈，槍林彈雨中，居然又能平安告別。我不禁地虔誠的感激上天慈悲！

小姐們來，讓我們先敬你們的聖母瑪麗亞、我的玉皇大帝，和今夜的灶神把和平鴿子帶下凡塵。從今夜的西貢到全世界永遠停火，不再戒嚴，可以和妳倆通宵跳舞！乾杯。

「我們去跳舞！」我說。

「戒嚴呀！機長。」櫻說。

「我家裏有音響、冰箱，走吧！」

「好！我們去。」櫻站起來說。

「我想回家！」水仙說。

Let's go！three in one。三合一，我們走！這時刻：我的老毛病是三杯下肚，就能說洋文，越語十年，沒有女老師，不會。

好吧，我也走！水仙也伸出她的小手。

小姐們早已超出三分酒意，夜色還早，距離天亮卻不遠了，明日不上班，窗外有今年共和國西貢最後的霓虹燈光，閃亮著她們的眼睫和紅唇。摟她們出門，出五倍的價錢攔下一輛計程車，我坐中間。這叫做；「左丞右相，中間坐一個花和尚。」

「走！公理大道，我們回家。」

「毛毛（快！）」氏櫻說。

計程車飛快，司機沒喝酒，是再半小時就要開始戒嚴了。

註：五十天後，北越坦克開進西貢獨立宮插旗，改名為胡志明市。越南航空的空姐們，別來無恙否？今宵重溫那一夜！人面不知何處去，祝水仙和氏櫻依舊健在人間。

1976-1986 南美

變色龍

龍年開業的龍飯店，轉眼就一歲了。在這條南北向的卡蘭瑪街，地點偏僻，房子又小，每到單身假日的星期五晚上——在南美拉丁男女夫妻都可以單身出去放風的「浪漫之夜」——客滿時，排隊的人們不少。

搬家，我早已經騎著老鐵馬，把這個六萬人口的冰泥省城千里達給轉遍了，終於給我探到旺市大菜場正對門的一家鐵將軍把門的宅院，寬二十多公尺，大廳、大院子，花木扶疏。大約是老天爺，特別準備給我們龍飯店入伙的款式，一眼看中，便敲門一次、再一次，都不應！

空房子？我到右側一間雜貨店打聽，回答是房東去了天堂，遺孀戴西夫人住在前面，蒲多錫街十三號。好！馬不停蹄，快去。敲門，出來應門的是一位老太太，戴西的媽媽。

「早安！」我說：「戴西夫人呢？」

「她到西班牙看女兒去了！」

「幾時回來？」

「今天，她兒子賀黑去機場接她了。」

「好極了，我今晚再來！」

「你要來幹啥！中國人？」

「想來租您們那市場前面的房子，好嗎？」

「好，我會告訴她。」

什麼今晚再來？不行，晚上要下廚。天黑七點就開門，說不定就一直忙到半夜。機不可失，下午五點又到戴西家敲門。我是冒失鬼，既然從臺北萬里迢迢來到了亞馬遜蠻荒的小城，想有一個大幹的地點。

開門出來的便是賀黑，他說英語：「哈囉！我是賀黑，你是龍飯店老闆！請進來。」

一進門，先向坐在安樂椅上的老太太，行了禮！她立刻伸手與我一握！此刻倒是小巧玲瓏的戴西夫人，從後面緩步走出來，也伸手給我一握。

「對不起！您飛機剛落地，就來打擾您們。」

不簡單，原來是千里達市的名門，她老公原是省農林廳長，賀黑是著名巴西聖保羅大學剛畢業回來，他請我坐下。

我們想租您那個房子！我用手指那方向。我用洋涇濱英語向賀黑說明來意。他沒翻譯。

戴西夫人立刻回答：「我這房子不打算租給中國人開飯店，我看到十字路的老中起發（CHIFA CHINO 按：起發，起源於秘魯「吃中國飯」之意）他飯店裏，每天地上趴著一群醉鬼就害怕！太髒了。」

賀黑一語不發，看著我。

我臉上發熱！沒話說，退出門來，賀黑倒跟我握手。

是的！著名的十字路劉僑領的酒吧，是醉鬼之鄉，是全冰泥省，也是三十萬總人口中，唯一的全天候二十四小時，一年三百六十五天服務的酒吧。大瓶啤酒放進一個53加侖大汽油桶裏，桶內麻布袋裏裝了用單車載來的大冰塊，冰塊是全市唯一的製冰廠供應，早晚各一回送到。如週末、節日酒仙群集，僑領的兒子大衛再去冰廠用單車拉。

「用冰塊冰啤酒，快！」他說：「電冰箱毛病多，算不準會停電、拋錨！」他曾經是國民政府，廣西三大帥之一，余漢謀上將的侍衛官，官拜少校，也是南陽諸葛亮的老鄉。花白的頭鬢，腰上繫了個荷包；內廚、外帳，一人包辦。憑八年抗戰必勝的精神賣酒，創全市酒價最平、最冰、來酒最快。但先錢後飲！付一瓶，來一瓶，付不出，停！認錢不認人，且絕無六親在南美。

別笑那桌子底下醉臥過夜的一律免費。証明：古來酒戰幾人歸？

朝朝炸雞、炒飯、煎蛋、牛排加生菜、用刀叉吃，吃完洗刷一桶清，從早到晚不換水；炒菜鍋用黑抹布一擦，免洗開火；雙手在發黑的褲腿上一上、一下，抹過了，再來。

山窮水盡疑無路，今晚千里達機場擴建總工程師，雷晉夫婦駕到吃飯，到了近打烊時分，大廚我總要到他們桌上寒暄，何況今天有話題要談。

先把他愛喝的J.B.威士忌瓶子移過來，取了冰塊，跑堂的用白毛巾仔細擦亮酒杯，擺到他面前，倒一個雙份。才把市場對面的房子一說，雷晉沒舉起酒杯，他皮膚雪白的太太卡莉亞微笑著問他丈夫說：「這不是在說我們姑媽戴西的房子嗎？」

雷晉端酒杯，抿了一口酒說：「沒錯！」

「好！明天早上去找姑媽，替你們講話！」卡莉亞說；她伸手摸雷晉的手背問他：「這件事包在我們身上，好嗎？」

「當然好！」

領了半輩子的工資，是這一天，發了神經，巴掌拍大腿上，下決心豁出去吧！下半輩子不自已做主當老闆，怎麼對得起自己。小小的神經並非妄想症，早上刮臉總要照鏡子認清自己的斤兩，在下治大國免談，烹一烹野小鮮是可以的。在都市的人海中，站在歷史傳統的小圈圈裏，忍了四十個春秋，鼻孔像兩支發黑的排氣管，因為命硬還活著；如今能在人口最擁擠的亞洲，歐洲之外、另選一洲。想去非洲，可是猛獸太多，擔心三個小犬兒整天亂竄，總會有一個把自己送上獅子口裏，白哭黑！祭文難寫；若僥倖都長大成男子漢，只要有一個愛上黑妞，那麼我的孫輩便出現小非，給我老爸四代同堂拜壽，竟出現一匹黑馬。

到北美洲？是兒童們的天堂，青年人的戰場，卻是老年人的墳場！我幼時，親眼見軍閥內戰後八年抗日戰爭接著內戰，幾年後從臺灣投入越戰，在中南半島各國又險戰了十年，真是戰夠了。若談年過半百，可以早入墳場，可是三個稚兒父親的我，該活得好好的背水再戰。

找來地圖、雜誌、風物志，看能否去一個不缺能源、糧食，隨時在二十四小時內可以自由行動的國家，巴掌又拍在腿上。中國是第一、臺灣是老二，這是新的第三故鄉，南美玻利維亞。只須繞半個地球，有好幾家航空公司都飛到，也是噴射機，不是太空船。坐得起，千金一票，一家五口五千美元，而且剩下一點小本錢。祖宗說的：「一條褲腰帶可以出門。」來到這亞馬遜的「綠色地獄」開一間混飯吃的飯店。店名叫「龍」，與時下熱門的什麼「龍的傳人」無關。也與我前半輩子跑龍套無關，更討厭「攀龍附鳳」的DNA。只是，剛巧在龍年開張，聯曰：「綠野鷹揚，百歲功名空一半。巨河龍視，萬方風水會我來。」

又自題一偈：

「華僑本非富，人才亦非財，本來無一物，番地起塵埃。」

「車起一陣風，風去塵便落，風塵本無緣，只因車經過。」

先敲定二百美元包做一個夜光招牌，在香煙盒上畫卜設計圖再找人製作。幾天後招牌完成，抬來便往電線竿上安裝，這時對街警員過來說：「太顯眼了，應該報批！」

「鑾捏那！（MANANA是（明天）的意思。）」我說。

「也行！」他點頭。

「鑾捏那」是年來學會的一句西班牙語的精華。吃飯不付錢，去要錢時他說：「鑾捏那！」再去一百次仍是「鑾捏那」！他，諸葛亮的老鄉劉僑領的法子正確，先付錢後開酒。今天，警員先生已給了我許可！「鑾捏那」報批。招牌上赫然拉丁字母（DRAGON得拉貢）的龍字，比我寫的藝術。招牌商又代寫中文「龍」字：居然會少寫了龍眼睛位置的那一點，成了有眼無珠的盲龍。

做招牌的路查先生沒見過龍，我也沒見過，自稱龍種的誰也沒見過龍是啥模樣？天才路查全憑他西班牙與印第安混血頭腦，在招牌兩面，各畫一龍，可竟畫成海馬頭，蜥蜴身，十足的四腳蛇狀，且兩面的四腳蛇顏色不同，紅藍各一，看得本老闆暗暗叫苦！可是，想一想他也對！他是亞馬遜的天才藝術家，這左紅右藍不正是中國的太極陰陽，或畢卡索的一臉兩面。那便是說：「袋裏無銀的進門」，蛇是藍臉：可憐的賤客，一律由一對看門菜狗轟出去，萬無一失。而有錢有勢的客人進門，便紅臉相迎——「色」因「財」變。難怪這一年來，貴客盈門，且越來越貴，凡總統政變成功率群臣慶功、販毒成功的飛行員們摟著大波妞，必先到龍店。就像院子籬笆椰板縫隙後面住的一窩變色龍，照氣候日照，從綠變成灰、棕、紅、綠色。

原是舊龍店烹小鮮的老闆，換了招牌搬進廳長公館，升級住進了亞馬遜雨林。原來左鄰是吸柯卡因毒集團的據點，白天有人走過來想要敲詐，晚上越籬笆過來後院，什麼衣服、番鴨、瓦斯桶都要偷。右鄰是殺人剛出獄的刑警，開的雜貨店，由二奶料理。他走路是螃蟹形狀，暴突的雙瞳嵌在一臉的橫肉裏。但奇怪極了，他們竟有一白、一黑的漂亮女兒，又滿頭金髮的兒子。跟我家三個兒子，隔著籬笆縫裏眉來眼去。吾兒扶著籬笆，用手推動礙手的一棵巴西鐵樹，立刻見他抱頭哇哇大叫救命！拼命抓地，恨不得鑽地洞。呵！原來觸動了威士巴<VESPA>蜂窩。這得找藥，怕過敏足以致命。為了消除這窩危險分子，立刻在竹竿上綁舊報紙，沾上豬油點火向蜂窩下烤，除了自殺的特攻隊，其餘的蜂都逃了，摘了蜂巢。稚兒一邊在摸頭頂上的紅疱說：

「這個新家不好玩。」

前、中、後院，年久失修，花草樹木密合如雨林，只在屋角，簷前見到藍天；又廚房後院是低窪的河床，距彼岸二百米間便是聖歡河。駕獨木舟穿椰棕板籬笆，順水下划入馬壓來河，河水已大過長江三峽，再東下與支流合併入巴西，最後一定到二百公里寬的亞馬遜入大西洋的河口。所以說：龍店後院能直通大西洋，不是胡說。不過水路五千公里，不沈的一槳獨木舟，最少要划半年才到。

在泛濫的雨季，籬笆外會見到河豚戲水，假如沒有籬笆，牠們可能遊到廚房的後臺階前來索食。是籬笆有缺口，稚兒拿著手電筒去後院搜索水面，哇！有了鱷魚！我放下鍋鏟走向廚房後門，聚光的一點，有兩粒鑽石般的瞳孔在盯視我們；好！去拿橡皮彈弓來，拉滿弓，一粒橄欖大的卵石對正鱷魚頭飛去！撲一聲！撲一聲！水浪滾動的鱷魚加速飛越，向一米高籬笆外的聖歡河，撲通一聲！像一顆百磅榴彈消失在黑暗裏。

孩子的眼力好，不一會又大叫說：「大蛇！」就在樹下烤麵包爐下附近，電筒一照，真的；把後院燈全開亮了；廚師卡米羅不慌不忙，過去把煮麵大鍋裏的滾水舀了半臉盆，好吧！不死也脫一身皮，看你還敢不敢來？總有十斤重的大蛇原地亂纏亂滾一陣，水遁；我這才把手上的大開山刀，放回廚房門後側。

龍店重新開張，加了桌椅，舊雨新知都來道喜。中院的泥地上鋪了紅磚，在果實壓枝的楊桃樹下，紅綠彩色的燈串掛滿了樹枝。樹枝可以抵擋夜露，最受晚飯後歡飲者的讚賞；再晚拉丁舞曲響起時，露天德國式紅磚地上可以起舞！昨夜，晚飯吃到一半，女客羅麗達爬上了餐桌大叫；「蛇！蛇！」這條小蛇有劇毒，極毒的珊瑚錦蛇昂頭在桌下吐信；女客穿著迷你裙高站桌上發抖地說：「救命！」我擋開拿棍子在挑蛇的大廚卡米羅，使用鋒利到可以剃鬚的長刀一挑，刀尖一響，珊瑚蛇已頭落磚地，蛇嘴巴仍在吐信！這時卡米羅跳上去大腳一跺，蛇頭成了照片，扁扁貼在地上，他用手拾起兩段到後院餵吃人魚去了。我這才把那上桌容易下桌難的女客，先扶下到椅子上，再走下地來，這頓飯她是免費。

午夜客散，男工卡米羅領班的女工們都下班回家，丟下整桶的廚餘剩飯在後院，二犬小黑、阿黃是不敢去聞問的，因為有一群在附近鄰居屋頂瞪眼的野貓群下來了。剛開始，阿黃、小黑自恃是霸王、妖后，但不久傳來牠們大敗的慘叫！第二天，看到牠們臉腮全是貓爪抓破的血痕時，稚兒說：「爸！我的小黑，滿臉是血，你看！像什麼樣子？」

「什麼樣子，血紅花臉的黑臘腸！嘻！」我說。

哎！才過不了幾天，小黑、阿黃改在中院飲食也不行，野貓群把小狗當老鼠對付；半夜裏雙犬慘叫著來抓紗門求救，要進屋裏來躲。大約想跟孩子們同等階級，睡床上才安全。

爸！院裏我照到周圍屋頂上，各色野貓十幾對眼睛，有一隻灰色大王，個頭比阿黃還大，先把牠幹掉！

「院裏開槍太新鮮了吧！槍響警察到。」我說。

你不是早就有臺北五叔專門為你打造的「滅音器」嗎？給裝上，看牠們敢不敢再來？

好吧！兒子，說幹就幹！有夜獵用的紅內線瞄準的氣槍，聚光燈，獵兔用的短彈、從滅音器打出來。像輪胎瀉氣嗤一聲！為了小黑、阿黃兩條狗命，就教訓這野貓大王吧！是呀！後院剩飯菜足供各路野貓，為何要把我二犬當老鼠？啪，吥，瞄準牠屁股，好吧！你可不能告訴你的同學喲！兒子！

奇怪！這些貓打哪兒來的？冰泥大學的專家說：十幾年前，這一區老鼠傳染鼠疫、黃熱病！聯合國發起歐美捐贈流浪貓，上千頭各色各種，白波斯、緬甸、泰國棕，黑吉普賽，麻花土耳其等等亂七八糟，空運到這鼠輩橫行的千里達，人瘟的都城，立刻分區開籠放出，各奔其鼠，果然貓到，鼠滅，瘟止。可惜，千貓不全是太監，仍有能力越來越旺、越雜，萬貓爆炸到我們院子裏來。好吧！別人自掃門前雪，我們獨退院裏貓。好了，現在，小黑，阿黃又得以在前、中、後院追鴨趕雞，臉上的傷痕不見了。

哎呀！貓患一除，不得了，廚房裏的老鼠卻大集合！晚上廚房裏還在燒菜，後院剩飯菜上一片灰黑鼠海。嘿！我見到搖頭，一波剛平，一波又起！卡米羅，又是老法子，舀了煮麵的滾湯一盆，潑上去，就聽到群鼠吼出一聲！爽！波光如水銀瀉地，群鼠彈射八方逃竄，卡米羅嗤開缺了門牙的大嘴，提著空盆子，一路點頭走回來說：看你們還敢不敢？似笑非笑。嘿！老鼠竟也像人，發動鼠海戰術，用不到機關槍，整個晚上，一波又一波，卡米羅自動自發到後院潑幾盆滾水，鼠輩照例，爽聲不絕。

「沒有一個燙熟了的嗎？」我問卡米羅。

「沒見到！如果用大鍋炸雞的油潑上去，一定會死！嘿，可惜油貴了些。」他說。

不到幾天，稚兒的手電筒照到了黑白花的老鼠，咦！奇怪！

卡米羅說：「什麼奇怪！我昨晚就見到了；那是滾湯燙光了毛的老鼠，又跑出來了。」

我探頭拿手電筒一照，可不是嗎？有的背上燙成了現代畫、五大洲、一百五十國地圖的形狀，總之，有的像臺灣、廣東、海南島、南美洲等，白白紅紅發光！阿彌陀佛！

十二月北半球刮的寒冷北風，是這南半球六月的南極風冰寒時節，這小豬般的活老鼠，不會感冒得肺炎嗎？卡米羅。喂！你聽見嗎？

他把嘴一撇，雙肩一聳向我說：「明天牠們就全完了。」

今天，在院後羅望子樹下，卡米羅照例挖坑埋垃圾。怎麼？上百隻身上有各國地圖標記的老鼠全躺在水邊，一隻又一隻成堆下坑了。「我給牠們吃了德國毒藥，全渴死在水邊。」卡米羅說。

吉屋向北

年少時鄉居嶺南，到夏天，總聽到人讚美我家：「好一個坐北朝南的房子，冬暖夏涼。」一直到現在才明白，往日所謂朝南即是面向赤道，背向北極才不冷的意思。可是「坐北朝南」這句話，拿到我現在落腳的南美洲來說就錯了；南半球朝南等於北半球朝北，南風等於北風、南風來時便是寒流壓境，所以，現在我家屋子要講究「坐南向北」才是吉屋。

這斗室有北窗，徐來的清風裏，飄送著夜來香的芬芳；憑窗外眺，北方的赤道在千里外，那萬里外屬於故國北半球的北斗星，在此地是見不到了，即使有也看不見。因為窗外院子中央，有棵楊桃樹，高數丈，擋住了視線。每逢雨夜、樹上熟透的楊桃，整夜不停地墜落泥濘，叶叶有聲，徹夜不息。

現在是旱季，楊桃已稀，花開滿樹。早晨，在不見片雲的碧空下，便見千萬朵小花落紅遍地，在花樹下擺桌吃早點，諦聽美麗的紅雀、花冠的漂鳥，彩色鸚鵡，和進退如穿梭的蜂鳥，吱吱爭鳴，都在盡情的啁啾，囀唱。放眼草地上，露珠兒在陽光下晶亮，整個大院，此刻是大大小小，綠色四腳變色龍的世界，一條又一條低頭吐舌，把螞蟻當早餐，螞蟻不像蜂鳥能空中採蜜，而是結隊成行，搬一朵朵小花回窩裏當糧食，而變色龍欣賞螞蟻的滋味。

我成了變色龍的保鑣，早起的獵鷹已在天上盤旋，看見有人，不敢下來，是見到我架起眼鏡，一字一句，認真的在賞花看書；一朵朵楊桃的小花，落在書上，跌進字裏行間，分不清是花的小雨，樹的清淚！落在桌上，灑染我的白髮；落進香片茶杯裏，口感分不清香氣，到底是屬於紅花或茉莉。

盼老來享有一間書房，好也仔細地神交古人，今天遠居在南半球，耗資運來一堵書牆，每一本書都是曾經想讀、或想再讀，卻多年來一直沒時間細讀，現在，楊桃樹下的良辰，古人固然都來，與我共渡閒暢：而許多仍健在的的作者，也出來向我清談。

偶爾一粒熟透的楊桃墜下，打著肩臂，打破杯子，不用誰賠。於是想起，誰是植樹的人，頗想一睹他或她的照片，查出名字，致由衷的感謝，謝你給我這一樹花果，為這良辰佈下美景。也讓我能大方，閒來便摘一整筐、黃澄澄的熟楊桃，提給左鄰右舍，換來他們家活潑的孩子們一笑。

晚上，就把飯店的部份餐台，設在樹底下，樹叢裏掛著數盞彩色的燈泡。有些客人不喜歡在銀河閃爍的星空下露天冷飲，就選樹底下，擡頭看眾小花的紅顏成串，同時又有甜果壓枝。這下可慘了，客人只要脫鞋，踏上椅子，便可選摘二、三十個，裝一袋回家，做明早的水果。有錢都買不著呢！在這才幾萬人口的小城，楊桃樹，總共只有兩棵：這棵樹以中國飯店而有名，到底是飯店的菜燒得可以，抑是院中免費的楊桃甜，已搞不清楚了。

在搞不清方向的夜裏，便從屋頂上去找：南方十字星，長蛇座的標柄嵌著紅色火星，此時正在中天；銀河低懸於西南，許久不見，已忘了織女牛郎，多年不知乞巧夜，在南半球是那一個晚上？熟悉的獵戶座，天黑時首先出現，朝日落的方向西沈，正是看得出神，突然見到不知名的人造衛星，劃空而過；也有一種大型的流螢出現，在高空，快速閃亮，像飛機夜航燈，可是，沒有聲音！

唧唧秋蟲，六月在中國是夏，可以赤膊游泳；而在南美六月是冬，入夜氣溫，南寒來時不到十度，明晨楊桃樹下，紅花遍地時，也有黃葉隨風飄舞。每週三、週六午夜，不是火螢蟲，是真有飛機震響！閃亮的夜航燈在高空，這是從南方聖十字市（SANTA CRUZ）起飛往美國邁阿密的玻航（L.A.B.）巨型候鳥客機，飛越赤道而去，機艙內燈火通明，剛開始熱鬧的旅程，舉手可以攬月，低迴中南美洲遍地燈火，飲安第斯山群峯白雪，乾杯巴勒比海、越古巴，跳墨西哥，明朝夢醒時，彈吉他邁阿密長堤，可以赤足踢沙而舞。

時近午夜，冰泥快要睡著了，後院裏的公雞們，卻睡醒了第一覺，競相爭啼，是叫起床或是叫人上床？牠們沒有手錶，怎能在教堂的午夜鐘聲之前一瞬，就喔！喔！的啼起來。

開始有群犬的吠聲；有人說：「城裏的狗比人多」。我家人有五口，畜狗四頭。此地人口禁止節育，因為土地面積，有六個臺灣大的冰泥省，人口僅有二十萬，醫生同意婦女生了六個小孩，才裝樂普。斜對面有一太太獨生二十四胎，現有子女十九個，擠擠一堂。但從未聽說，有人養狗十條以上。午夜前後，正是醉客陸續回家、群狗汪汪，足證此地不是廣東；就在後院肥犬四頭，全部能吃愛睡，做夢時可以讓老鼠從牠頭上竄過也不醒，是純種菜狗，理應淘汰下鍋，補冬了事，但在此南美印加遺國，卻此道不行，只好任其作幾何級數，自然繁衍下去，全城大街小巷，此刻萬狗喧囂，各據地盤領土，猛吼行人，亂咬單車，追機車、趕汽車，真是猖狂！

但猖狂也有分寸，如我家菜狗放出大門，才大跑幾步，立即剎車，因三十公尺左方橋頭，和右方二十公尺十字路口，全屬別的狗王地盤，吾家狗霸王小花、二王黑頭，出門才幾步遠，便被別的狗咬得夾尾逃回，至於查泰萊小白和臘腸小黑，只能在屋裏吼吼可憐的窮客人！即使硬把牠們推出門去，一見隔壁的癩痢狗奔過來，小白與小黑竟先往地上一躺，四腳朝天投降。

狗鄉賊多？不見得吧，是有小偷，愛拿車輛反光鏡、電池、火星塞帽等小玩意兒有，登堂入室大搬家者，絕無。因每家都有槍數支，短的自衛，長的出獵。路人皆知：「槍殺未得允許而入屋者，無罪！」且無分晝夜。拉丁法律如此。

是以敲門不應，絕勿擅入，以保性命。一個冰泥省如此之大，才員警一百五十人，許多私人大牧場，十年沒有一個員警進去過，其中肥牛、駿馬，惡犬、響尾蛇等，散佈在每一公頃土地上，即使有主人帶路進去，也要小心。

噹！噹！噹！敲了十二下，是主教堂的鐘聲，整天、整夜、整年不停地在敲。每十五分鐘報刻，每小時敲點數，而每天下午，要為死人舉行安息彌撒，敲起喪鐘！堂門前停著靈車，穿黑衣、披黑紗的遺族，親友成隊跟護靈的神父步行往墳場，已葬有數千十字架，是開城百年來的古人。東方人僅日本人，來得最早於1906年，現後裔已傳至七代共兩百人，已無人能說日本話。卻可憑姓名申請簽證，回日本工作。最早進住本城的中國人，劉哥哥，已住了三十年，是諸葛孔明的同鄉；經營的酒吧飯店，生意興隆。但墳場內到目前為止，未見中國人睡在那兒；且連日本人在內，所有墓碑沒留下一個漢字。全市大街小巷僅見到一個中國字，是我們店前招牌上，照亮的一個「龍」字，但缺瞳仁的一點，誠然寫實，有眼無「珠」。

吱啾聲由遠而近，是千萬野鴨低飛過境，在全城的燈光照明下，羽翼點點，亮成一片銀白：鴨群過境，明早有雨；鴨陣夜航，北向赤道熱帶，是南極的寒流在追趕，所以不辭黑夜，一陣又一陣，成千上萬地夜航，通宵趕路到溫暖的北方去。推門出去，野鴨都飛走了，才發現夜來香盛開，時近端陽節了吧！端張椅子，趁寒夜蚊子少，朝近花的廊前一坐，抬望星空，故國已在天涯，但有蟲鳴花香，似此情景，便是天上人間。

突然，是左鄰，右舍？在隔院籬笆外，幾百瓦以上的大擴音機轟響！原來今夜，誰又過生日，連吼帶唱，跳起舞來了。如某某的生日，是六月十五，他或她的好友們，早一天前便已約好，如此如此。本地人辦一切事都不準時，屬於工業社會、農業社會之外的「畜牧社會」（自稱為CAMBA）。任何約會，辦任何事情，都不看手錶，即使有手錶，也不會準確，最準確的仍是教堂鐘聲，時間的約束，對他們來說，都一律推辭到MANANA蠻揑那！意思是明天，其實是改天，或根本沒有那麼一天，或星期的第八天。但是唯一例外，某某的生日，他的朋友們當晚六月十四午夜十一點五十九分，便已集合完畢，絕對準時，並攜帶吉他，甚至邀了樂隊，一同到壽星家門外：等待！教堂的鐘，噹！噹響起，一夥人嘴裏在念一、二、三，到十二下，把握住這第一秒鐘，屬於六月十五日的這一秒。

衝進門去。壽星主人還會佯作忘記了的驚喜狀！跑出來，請院子裏的朋友們入內。其實壽星的睡袍裏面的舞裝，早已穿著停當，臉上鬍子刮的光光亮亮，精力充沛透頂，早巳準備好要從現在起跳、唱，鬧到天亮。壽星進去脫了睡衣再跑出來，逢人便擁抱、親臉，互相用巴掌拍對方的虎背、蛇腰，不分男女，乒乒乓乓；這舉動若發生在中國，僅此開場，老妻定要八竅生煙，鬧離婚；這種逢人挽來一抱、一吻而後拍之好比記憶中到市場買西瓜，那一陣陣包開！包開！還要響亮得多。

眼看著一盤、又一盤的酒杯端出來，擦得晶亮，整大盆的冰塊，巳敲成大小形狀，配以整箱的威士卡：平時家裏用的電冰箱，不足以儲放此時所需的凍啤酒，而改以五十三加侖汽油桶，去蓋，內儲啤酒，壓以大冰磚。來它兩大桶，支援電冰箱之不足。此地人喝啤酒，像是非洲沙漠兵團，剛從薩哈拉撤退回來，海量不只是男的，女的照樣可以連飲十瓶八瓶。三十幾人，半夜到天亮，糟蹋幾百瓶。他們自稱「萬里長城」，可以用酒瓶來每年造一條。可啤酒價錢又特別高，因本地沒有酒廠，南部大城柯察邦巴（COCHABAMBA）或聖十字市都產啤酒，但冰泥佬搖頭，認為不好，唯有曾經入選世界啤酒大賽，得第二，僅次於德國啤酒的玻京拉巴斯產的（PACENA），才夠格一喝。而從拉巴斯到冰泥沒有鐵路，公路長七百公里，泥巴路，過河十次，都缺橋須用浮橋或輪渡，一到下雨或雨季便完蛋，算來全年裏通不了幾天車。用水路則無直達河流，要靠陸水兩路聯運，轉來駁去，啤酒，先在卡車上曬太陽，上了船又曬，曬來曬去，十幾天以前經拉巴斯、柯察邦巴運到此地，每十瓶中已先走氣，或是餿了一兩瓶，就像吃蛋碰上了一老臭；餿啤酒也使人喝得搖頭噎氣，火冒三丈，臉如變色龍，黃黃綠綠。

最好是空運，用專機從世界最高京城，海拔標高四千多公尺的拉巴斯飛下來，氣溫比海拔高僅270公尺的冰泥，要低二十多度，是天然大冰藏。所以啤酒下飛機時是又冰，又新鮮，立刻來一杯，沁涼直透心肺，有成仙之感！最受歡迎。可是在拉巴斯，每瓶美金三毛幾的啤酒，運到此地，搖身一變，賣價美金七毛，到飯店、酒館再一變，成一塊三、四毛，酒客喝起來，卻面不改色，大呼：LINDO！令多！意思是妙哉！妙哉！

一塊三毛美金，可以買到高級汽油三加侖（1986年），若是買煤油，則是六加侖，買牛肉，可得上肉一點二公斤，脊骨牛排一公斤半，一夜耗得起千百瓶好啤的闊佬並不多，喝不起的人多的是，凡人必有生日！錢少可以改喝CHICHA戚恰，印加啤酒，是用玉米或其他糧食釀造，性較溫和。外地人初嘗之後容易鬧肚子，而本地人是有多少、乾多少，直到趴下為止。再有美其名曰：「雞尾酒」：對街的一排小屋門前，某夜月色如銀，聚了幾十人在跳舞！走過去看，立刻被女主人敬了一杯，試其強度烈於茅台，大麯；感覺耳朵裏冒煙，為了禮貌，向女主人說：RICO！栗科！好味道！她立刻告訴我配方，很簡單，看！百分之五十的九十九度純酒精，對一半紅茶，外加白糖若干。

「好！」中國人說：「栗科RICO，給再來一杯。」

好！我怕誰？除死無大災，就再來一杯。嘿，耳朵不再冒煙，改為隆隆作響，就如火車過山洞，司機忘了開燈。趁著未被她擺平之前，趕快告辭。而她說：「不要走，看哪，許多小姐太太要跟你跳舞！」

不行哪！我太太是老虎，會來殺我。

跳舞有什麼關係？又沒有開幹！半醉的女主人放了我，兩手一攤，聳聳肩膀。

窮的也得窮喝、窮跳。總有一個鄰居家裏有一架電唱機，是用電池帶動的，去把它借來，花廿八個披索，配四節電池開響，借一張「藍巴打」唱片來一曲連莊到天亮，租一盞煤氣燈，或從鄰家揩油接一電線過去，便在泥巴地上，赤腳大仙，黃塵滾滾地舞起來了。能跳多久，看酒精的存量或醉鬼是否全部倒下為止。

較有錢的壽星家裏多半有電，可以借或租擴音器，再富有的則請樂隊。而大牧場主人，那怕今天女兒才一歲生日，趁送她進教堂受洗禮之便，算是兩件大事在一起辦，大幹，一千瓦輸出的擴大器租一套，電子琴、電吉他，另加三、五人歌唱樂隊來吼唱，才一歲的小壽星睡在搖籃裏，下紮大尿布。而父母親友等大人，則在狂歡。

又是女孩，到了十五歲生日的「成年」舞會，更是超級大幹。家裏地方小，可能包租俺家龍飯店；省錢可以租用籃球場、鬥牛坪或鬥雞場，但至今未聞有人豪闊到租用足球場，全城人口五萬，足球場卻青草如茵，照明良好，可容納觀眾一萬：要是同時喝起啤酒來，怎麼得了。

的答、的答！一陣急驟的野馬蹄聲，從郊外傳來，狗吠隨之升起，蹄聲答答，跑過店前的紅磚馬路，舉起前蹄嘶吼！向正北沿加拉瑪街，穿城急馳，每次幾十匹，無鞍無轡頭，長鬃隨風搖曳，尾毛刷刷，拉直揚長而去。

狗聲再起，這一趟是野牛群過城，蹄聲慢慢，一步一步，不慌不忙，如路旁有好的青草，吃幾口再走，不過牛吃草時，突然喘氣聲，就在室外，可能把膽小的婦人從夢中嚇醒，因任何大男人的肺活量，總不如牛！

最後的醉鬼回家了，兩眼發直，東倒西歪，前一步，後兩步仍在跳舞，口中不知是在唱藍巴打、在演講，還是在罵人。初生之小狗，上前去咬，卻不料此地足球水準高，每人都有兩腿。醉後飛起一腳，還能命中狗頭、並大吼一聲：「進門啦！得到一分。」然後在胸前亂劃十字，感謝上帝！吼完同時往地上一倒，挺在馬路上，滾到陽溝裏。這時不要說那仍在發昏的小狗，不敢叫，連鬼都不敢惹他。他才是夜冰泥的馬路天使。

午夜之後，在天上飛的螢火蟲已降下，停在後院的一排羅望子（TAMARINDO）大樹上閃亮，上百的小光點與天上的繁星相互輝映，交織成一個大自然的星光閃爍之夜。

1986/6/10晨四時雞啼聲中於千里達

釣王　歐凱西

釣亞馬遜的野虎鯰 SURUBI TIGER CATFISH

斷了線卅年的老友麥兄，僑居巴西聖保羅超過三十年，看到報刊上我的亞馬遜報導，向報社找到住址給我來信，說地圖上看，從玻利維亞隔他巴西不遠，堅邀聖保羅會面！就來啦。

席間，大西洋海釣高手老僑張生，敘說他在海上的風光，日本釣友們也拜他為師。

本土佬是旱鴨子，上天嘛！曾經勉強能飛卅年，可是一下水就暈船！尤其害怕萬一釣上日本人最愛吃的大鯨魚，牠拖著小船逃命！我本貪財，絕對不忍割線，又不忍蚱蜢舟成烏龜大翻蓋，結果是小人與魚王決鬥！暈船得走神，發瘋。所以呀！海釣我不行，免講啦。

我們呀！在南美亞馬遜上游內陸，跟本地人一樣，只需在岸上穿登山鞋抓地，紮穩騎馬步甩釣，但在腰上要繫一根粗麻繩，把人像蛤蟆一般牽牢在背後樹幹上，這兒不像中國故鄉泥塘裏的一斤鯰哥三斤力，亞馬遜的野虎鯰上鉤，威猛一標線，嘶一聲！像你我這七，八十公斤的身材，也會飆出去！否則建議，要先寫好遺囑，買足保險才開釣。

「哈！這麼危險！」老麥張嘴說。

大吉利市！坐在對面發了福的麥太太，斜瞪著我這老朋友，她在不屑我講衰話。

「什麼遺囑？童言無忌！」她說。

「什麼童言？看見沒？我鬍子都白了。你們生活在就快要兩千萬人口的聖保羅；我住的玻利維亞冰泥省土地有六個臺灣大，才不過三十萬人，進沼澤叢林裏亂跑一天見不到半個人。張生你當你的海釣王。老麥兄嫂如今是聖保羅市塑膠業帝后，用不著再挑戰到我住的雨林綠獄鬼門關。」我說。

老朱，你又說鬼門關？麥太逆來順受微笑著，雙手扶著桌沿盯住我，覺得我無忌的新鮮？

想當年，是廣東高要移居臺灣第三代吧？成為左營籍的老麥，從高雄中學畢業，和我在桃園大溪當空軍芝麻官，卻臭味相投，可以分吃一碗陽春麵，被人稱為穿同一條褲子的混球。我因此有資格受他之託，從桃園上夜火車，搖晃十二小時硬板坐，逢站必停餵蚊子被咬醒，通宵等天亮來到高雄；出站就問路走到市中心，找到百貨公司樓下，她上班的書鋪前，躲大圓柱子背後，歪頭看著皮膚白，有幾個雀斑的她，知道嗎？那時五十年代，正是雀斑明星桃樂絲黛走紅。我一看對路，偷看成功！當天中午又上車回報老麥，本兄弟讚賞！不久，參加了他倆在左營婚禮！全左營一共有計費計程車十輛，第一輛是紅色的「特酷西」都被他家包了。如今兒女成群，孫輩也快有一打了吧？

張生，信不信由你！想一想幾十年過去的老朋友！話不投機，我真累了，想上床睡覺。

「對的，對的，好！明天去山多士（SANTOS）看海。」老麥說。

到山多士港，從聖保羅開車要兩小時，有五十公里長的海濱度假區，張生常從老麥的沙灘別墅出海。長而直的海濱，一線直到天邊，是前世紀球王比利當年練跑、盤球的白沙灘。

大杯橙汁、濃咖啡、烤肉，來到人家大樹下好乘涼！真高興見到老友發了財，住了半個月，卻心裏不安。家中三個孩子還小，寧願回到文明止步的小城千里達去。

「海釣王張生，萍水相逢，拜拜。」我說。

「不！你老遠跑來，昨夜我們決定送你回玻利維亞。」老麥說。

「你倆有沒有搞錯，孔夫子說：來而不往，非禮也！一條褲子的交情，我們不必了。」

「什麼不必，老張剛來電話，說也要一同去，像你說的，不是去釣，是要去搬一次魚。今天就回聖保羅去訂飛聖泰克魯茲（SANTA CRUZ），轉冰泥千里達（TRENIDAD BENI）的四張機票。已經說定了。」

「真的嗎？」我說。

「真的。」麥太太也笑瞇瞇的點頭認同。滿面春風！

「喂！麥太，你臉上的皮膚比在台中更白嫩哪！你老公他老來還豔福不淺！你們的媒人，我現在也到你們家吃喝足了。要送行幹什嘛？免講啦！」

「朱先生，你太會開玩笑！」

「嘿！人說飽暖思淫欲，你們是飽暖中的飽暖，還打算去我那四腳蛇飯店，是想找罪來受嗎？」我說。

「南美住了三十年，沒到過亞馬遜流域，如今你離了婚，說是被人家休了，獨自帶三個孩子一住多年，真是怪事。老張嘛！是想搬一次魚。我們倆完全是要來看你如何謀生？」老麥說。

「我今年過半百，有十多個兄弟姐妹，他們至今能來亞馬遜探我的才兩個。現在你們一來就三個，只怕敝龍飯店，小小寒舍承受不了你們的熱情。」

「哪裡話？你都能住，我們也是不害怕的！」麥太太這時才表現出對我這媒人信得過。

「好吧！到時不要叫苦連天，現在先預備蟲子藥，不要到時，你被叮成了紅豆冰棒，老麥會怪我，敝四腳蛇店賠不起您的玉腿。」

想當年我來台中中山路，你們兒子舜淵我抱著，現在，他早已在著名的聖保羅大學畢業，女兒也有學醫、學貿易、上大學，現在聽到他們老爸、老母還有發瘋的老張要跟我去亞馬遜，在週末的晚飯桌上，他們像一群可愛的南極企鵝那麼望著伯伯我，說葡萄牙文、閩南話，我都能而不精；就讓這三十年闊別的代溝橫在我們中間，一如滾滾的亞馬遜河。

「好吧！我們走。」

當我介紹家裏三個兒子見到沒見過的麥叔、麥嬸，再加專程來左右手各提一鐵箱的釣具，背上斜背了像槍套，套著兩付三截釣竿的釣王張叔叔；午後才一進屋，孩子老二天健就說：「現在剛好來得及去夜釣。」老大抱歉！不得空，因為天黑就有美眉的生日，今宵有約，他十七歲不行喝酒，但渴涼水也要抱吉他去唱小夜曲，因他的音量雖不牛，但五音齊全，比他老爸本人當年好，聽多了也不感冒。老三他才十二歲，堅持要嚴管帳目，笑臉坐櫃檯，寸步不離。總統賈西亞來，衛兵放哨戒嚴，吃完飯也必買單付帳，一個也跑不了。

我說：「今夜先看我們的生意，張叔應該先休息，明天才去釣吧！」

「不，我沒事的。」他舉起右拳。

麥太剛逛進院子，在周巡院裏的花木和滿樹黃澄澄的楊桃，看鳥兒在院子裏飛來飛去！老麥才端起一杯茶，似乎有點累！但他感覺奇怪的說，你的孩子都能說中國話呀！當時我正在想：「今夜該吃點什麼怪菜？」順手指櫃檯後牆上掛的一根棍子，上有毛筆寫的「家法」二字宣言：「在家不說中國話，敢說外語的挨揍！」他們將來自己回大陸，言語肯定也通。你們的孩子不也是在說台語的嗎？張生聽見在點頭，點上一支煙，那芒果樹下車篷裏的吉普車引擎已經轟響了。老二已準備上路。

我這次去巴西，飯店也是由十六歲的老二晚上指揮廚房，現在我回來了，該由他去陪釣，他對老爺吉普車的脾氣熟悉，又有蠻勁！一人可推車點火，不怕拋錨！三兄弟搬魚都積累了經驗，什麼歐美、日、韓、港、台各路釣客都招呼過了，可以放他們去單飛！那怕是家父病危，我去加拿大陪侍及辦後事三個多月，他們三個合作，飯店不關，小賺美鈔；學校功課也不留級。

又今晚夜釣的地點離五萬人的小城才十公里，早去早回，海釣王這時打開內藏百寶的兩鐵箱釣具，和老二認選以便河釣，雙方爭執釣線號數。

「三十號。」張叔說：「這是釣30斤大魚的。海釣也夠了。」

「七十號！」天健說：「定要這個才拉得快，我們要趕回來吃晚飯。」

「對。」我說：「這是搬魚號數。要可以百米外硬牽一條牛回來！」

「兒子！」我說：「你要保證張叔叔的安全，帶槍去，檢查他腰上的麻繩扣牢，巴西的張嬸只准假他出來一個星期呢！也說我們這兒有美人魚，專愛勾引色大膽小的漁夫呢；又蚊子藥有嗎？還有開山刀。」

「明白！爸爸。我們走啦！」

三位貴賓幾十年闖蕩江湖，山珍海味吃過。在此窮鄉僻壤，今晚就只好從冰櫃裏起出一條張生正要去釣的那種頭如利鏟，粗似人腰，遍體條斑如東北虎的三十磅虎鯰王，烹成七味。什麼煎、炒、蒸、燜、煮，只用了一條SURUBI的一小段。

英國派來的漁業專家，在此地設作坊用大虎鯰燻魚片外銷，也正在我店對門零賣，實在比倫敦機場免稅店裏的當地特產燻魚仔的品質要好，現在就給麥兄嫂來試一片；又虎鯰魚丸的滑嫩天下第一，現在開一瓶庫存的玻國達利哈（TARIJA）的名產白葡萄酒，老朋友，來！在這天涯地角碰杯。

當年武松在景陽崗打虎，仲秋日短夜長，但今夜南美洲的八月相反，天快要黑了才剛過八點，釣魚的吉普車已回到了車篷門前。張叔叔在吉普坐位上等孩子扶他下來！不好意思說，最好要背他的樣子。

大大小小二、三十條全是滑頭鯰哥，有的還活著。裝滿了吉普車後艙，釣竿只剩下兩根兩截，像四枝牙籤插在魚縫裏。老麥和夫人走近看到了只說：「哇！真實的多呀。」

本店有三個大冰櫃，請男工先開十大條進櫃，剩下十幾條，孩子！趁早送去修女院、養老院、孤兒院、四軍區司令部、卡利多飯店、臺灣飯店、香港飯店等，不行扔馬路上呀。快！等你吃晚飯。

孩子說：「張叔雙手抽筋，手指攀不開！兩副釣竿都斷了第三截，剩下兩截也都彎了；就提早回來了。」

「真的有這麼過癮嗎？」我說。

「他忙得一根煙也沒有來及抽！」

鯰魚七味出桌，酒斟到眼前，來呀！粗茶淡飯。

張生拿不住香煙、筷子，手抖！一話不說。只用湯匙舀點魚丸湯拌飯；眼睛血紅。是忙著弄魚，汗流進眼裏去沒時間擦，給汗把眼珠醃傷了；本來體形就排骨，現在是累成了趴相。

我說：「這都是我忘了堅持犯的錯，長途來到應該一定先休息再說；今晚，早上床，好好睡覺，明天再去，還有幾個比較遠的地方，魚更大，我陪你去好好的大搬一搬！可是太大的吃不了，咬牙猛拉見到魚頭說聲再見，就割線放生吧。」

NO！曾經滄海，除卻巫山不是雲了！不要說明天，永遠不釣了。所有釣具，全留下給你們了。張生他苦笑拿根筷子戳著吃魚丸，搖著頭，轉臉跟老麥說了一句日本話：「歐凱西——耐。（おかしいね）」

他說什麼？日本話叫人頭痛！我不明白問老麥？

「他說：『怎麼會是這個樣子呢？』」

再見吧！老友，不能送你們回到巴西。又碰上玻航大罷工一個月，汽車勉強回經聖泰克魯茲，暴雨長程六百公里的泥濘，再飛聖保羅，三人各買的兩千萬意外保險幾乎生效，一路上你們真正太辛苦！真對不起你們來領教了：虎鯰的蠻勁！

一槍

今天是周末，要出動老爺吉普趕路，去那久仰大名的西林諾印第安人的部落，根據美國國家地理1991年10月號研究報告，證實中國人在五千年前已進入北美，也說明中國黃帝與蚩尤之戰後，東夷部落的部份殷商族群，北上當年存在的白令海峽陸橋，或乘貿易風，或洋流飄送獨木舟或皮筏，而成阿拉斯加的愛斯基摩人，又大部份怕冷的逐鹿之殷人南下落磯山，下中南美安第斯山，成為印（殷）地安人或印（殷）加？又中國大陸成都三星堆五千歲及新出土的金沙遺址銅塑，和加拿大及古印加太陽門的風格，像一家人。

要去亞馬遜最大支流，馬麼來河流域，探印地安族，先得從我們現住的冰泥省城千里達，向南走向聖泰克羅司市（SANTA CRUZ）六百公里路的七十公里處脫離，左轉向東，是才新開通，可以過車的爛泥路，老吉普必須一路跳蹦一十幾公里，半路上跳斷鋼板，蹦裂油箱都有可能。

冰泥省（BENI）面積大過六個臺灣，人口才三十萬，每平方公里平均才一個人，大平原地廣人稀，前不巴村，後不著店，沒人有手機，有也打不通，車行百公里，除了幾條進入某某牧場的叉路。長長的地平線，藍天白雲下，只有安東尼與我同行。

東尼是大河馬麼來西方一百多公里，山寶哈（SAN BORJA）縣人，從小隨漁獵為生的父親學到本事，體格奇壯，濃眉黑鬍鬚，黑髮帶捲；讓他演戲扮張飛不必化妝。再加胸口、手腿四肢長滿猩猩般茸毛，黃門牙中間叉開一條縫，像中文的「四」字；吹起口哨來聲達幾里。他的絕技是見到野味立即匍匐前進，在草原上爬行百公尺，改成坐姿，槍支在兩個膝蓋上瞄，用零點22口徑黃豆般小彈，專射大黑鴨小眼睛，十瞄九中。

又他釣魚從小不用釣竿，只用手拉線，十公斤一條的魚也行，一扯線硬拉又一條；腰上帶有鐵絲一卷，用來串巴掌大的吃人魚，不到幾小時，串長到兩公尺上百條時，收線回家；上吊床，老婆煎魚。

亞馬遜的魚，野味每公斤一美元，職業漁獵人混飯艱難；加上冷凍運輸、彈藥開支都不便宜。東尼比他老爹進步，把家移到省城，憑粗中有細，修理機車及河上舢外馬達，賺錢養家；工作從周一到周五全天，星期六上午補修魚具，吹口哨，擦槍，校靶，午飯後坐立不安，野興發作，背槍拍刀，騎上老鐵馬出城。

獵季從七月初到十月底，是南美冬天旱季，亞馬遜流域內陸海積水的沼澤，乾旱成為龜裂的大平原；雨季的獨木舟、摩托船、拖渡輪已回到旱季時真正的河道裏活動，來不及趕到河裡的就擱在曠野曬乾或修整，等待來年的泛濫；現在整個大地，屬於牛馬和車輛的滾滾黃塵。

九月二十三日開春，黃色的含羞花盛放，經常是整個月滴雨不降，野草乾枯，唯一的畜牧業，牛郎們早在年前已挖塘儲水，牛馬才不會渴水倒斃。牛郎們也繼承了印第安人的放火燎原；烽煙在漫長天地線的莽原上直衝雲霄，無雲的碧空升上一朵朵的塔狀煙雲。牛馬在點火前由牧童趕向人工湖和人工山附近，剩下蛇蟲走獸開始大逃亡，各類野獸成群的渡河，成千的食屍鳥飛繞火線向下俯衝，向逃命的蛇、兔、鳥、獸叼起來立刻飛走。

從標高三千九百五十公尺的玻京拉巴斯機場，搭機降落冰泥省城千里達，標高才二百三十七公尺，憑窗可見到占地千公頃，長方形的史伐列茲（LA GUNA SUAREZ）人工湖，據1977年美國農業專家，鄧尼司・李博士（DENETH LEE）多年勘察，說此湖乃千年前的部落文明產物。湖底是堅硬不透水的鋁質鐵礬土，即使是在低水位才兩公尺時，湖底標高也高出千里達市中心三公尺；湖邊一角仍有已廢棄的灌溉水道，只需請走蛇蟒、鱷魚群，剷除淤泥野草，此湖的蓄水量，足夠三公里外千里達市五萬人口應用，或是用來灌溉上千公頃的農田。

現在湖濱設有的椰棚烤肉店，水撬船，尤以湖底堅硬平坦，兩輪機車可以在深度不到一公尺的湖邊衝水飈車，加速到前輪一分兩片V型水道向後劈開，可以繞湖一圈，但得小心不要碰上鱷魚，吃中國佬。

人工湖挖出可以製陶，做磚瓦用的黃粘鐵礬土，就近堆成躲避泛濫的人工山（LA LOMA）距千里達東十公里的史伐列茲山，面積有十多公頃，山上駐紮海軍，玻利維亞是因地大人稀，五百萬人口，卻有兩百多萬平方公里的國土。自1825-1935年的一百十年間，遭秘魯奪去西北二十五萬；巴西奪去東北三十萬，巴拉圭奪去東南二十四萬三千；阿根廷奪去南方十七萬；最後智利於一八八四年，更佔去了太平洋濱，十二萬平方公里土地的（IGHIGHI）港口後，淪為內陸國。今天，不甘心成為亞馬遜「河軍」的玻利維亞海軍，仍有一艘千噸級近百歲老軍艦，在故土的太平洋岸邊飄浮！

有人想去美國邁阿密買個金屬探測器！幹啥？說是兩百年前，史伐列茲騎士，從南方聖泰克羅斯率牛隊來受封這片土地。搜尋到古代原住民的金銀財寶，就埋藏在這史伐列茲山上一座地穴裏，並有許多西班牙金幣云云。我不敢去！因為，河軍有槍。

寧願步行一小時，去五公里外的「丘奚尼CHUCHINI」人工山，山主人艾洛弗林很慷慨，收藏了許多經証實有五千年歷史的古董；但須交入門票十美元，也任你在芒果山上替他挖地過考古癮，他說：「每五十公分深一層次，都發現不同的陶器，石斧，箭鏃等。」引來歐美各國的考古及人類、生物學家，用碳測儀量出證實從五、七百到七千多年前，確有精擅於釣獵及耕種的部落，在馬壓來河兩岸的低窪地居住繁衍，黃粘土陶器，磨刮樹薯、芋類，提取澱粉的磨缽碎片大量發現。又空中照相顯示，許多長兩公里的一條條直線排列的深長犁道。淹沒在如今叫聖寶哈（SAN BORJA）的不毛地帶；正是「四」字型門牙安東尼的出生地。

整個馬壓來河從聖塔克羅茲向北，流入亞馬遜主流域長一千多公里，兩側沼澤窪地，東西寬幾百公里，數以千計幾何圖形的方、圓、梯、矩、手槍、眼鏡狀巨大的人工湖，每個湖畔全部配合幾座人工山，星羅棋佈。建島的先民可能是十五世紀，從西班牙進口的天花、梅毒而消失已滅絕了幾百年。

現存西班牙姓氏的放牛族家庭，依然住在山上，小島山頂占地一兩公頃，大的占地廣闊，樹木茂密，果樹、花生、橙、葡萄柚、芒果，樹上猴群嬉戲，蕉類自熟，也供雨季時的鳥獸及紅、綠大小鸚鵡來享用。地底下埋藏著各種古董，製作精細的石斧、石簇、各種陶器、湯罐，最為搶眼的是罕見的鼎狀三腳骨殖罐，像有蓋的中國鼎，罐裡的骨殖出土次日乾化成灰；另有形貌生動的泥俑，刻有項鏈，耳環孔，面形各異，裸腰比基尼式胸罩，帶斑點三角褲的一幅幅陶刻的遺像，製作精細。

我駕駛美國做的席司那180HP馬力的小蜻蜓飛機，編號CP-1214，在亞馬遜河上空翺翔，從千里達南下五百公里到聖塔克羅茲；或北上七百公里過巴西邊境[GUAYARAMERIN]。擔心前面風扇萬一停了而百了，在受西班牙教育的三兒正年幼，翅膀下面多的是鱷魚、巨蟒、吃人魚、火蟻、螞蝗、吸血蝙蝠、獅子老虎；夜夜惡夢。嘿！別人難道不作惡夢？竟常有人膽敢來敲門要計程飛機，點名要本的哥佬到三、五百米長的牧場泥跑道上降落，往返辦事，接病人，特別在風雨交加別人不飛，去喝啤酒了，就來找本的哥。而歐美來的釣獵客，空手到，要的哥陪釣，也歡迎，但在牧場降落後，得用鐵絲網把飛機包圍，別讓牛角把飛機給毀了，晚上就吃本大廚的吃人魚三味、烤野豬、煲黑鴨粥。的哥的槍也出租。倫敦泰晤士報記者攜妻來度蜜月，萬事皆備。他說：「檢鴨子，缺狗！」「DOG？」的哥我立刻舉手說：「在下全包了！」

舍妹臺北來，這可是要免費到聖泰克羅茲去接機，她見到蜻蜓專機時，連忙在胸前劃十字架，明牌是天主教，嘴裡卻唸：「阿彌陀佛！」

有這麼緊張嗎？要「聖母瑪麗亞」，再加「釋迦牟尼」雙重保險？我說。

她從前是坐我開的有空姐的大傢伙，如今飛機越開越小，小得像風箏，落難的哥呀！。但是，小妹！本龍飯店大廚，龍計程車公司正的哥，現在就升你做「龍的妹」副駕駛了，就飛千里達！扶住駕駛盤。

「哇！我呀？怕怕！」她說。

唉，妳有近視眼，下面那大鱷有好幾公尺長吧！還有大蟒！沒看見嗎？

空中俯察七七八八，十年來，年年旱季騎驢，或越野標老鐵馬，駕破吉普拖汽艇或獨木舟，去看人工湖形狀，有的是像手槍，這能證明幾千年前曾經有槍嗎？或是古人亂朦的造形？又莫非早已有空中照測？是那眼鏡湖，此岸望不到對岸，卻是兩個形狀大小，完全對稱的兩眼，各千公頃的大框摩登眼鏡。這許多大大小小的湖，在當年使用石斧，泥陶時代，說有幾十萬居民們花了多大的耐心，多少歲月和人力才造成這千湖萬島的景觀？

今天，要去看的西林諾人，就是湖山原住民倖存的後裔？說他們擅長剁製縮板人頭，人肉就活生生的日本式不沾芥末醬油，夾烤樹薯吃下肚！是這方圓千百里內最野的人。

「東尼！那西林諾也吃人的心臟？」我問。

「咦！」東尼露出門牙說：「吃得嗎？」

炒來下酒很脆呢！咱們中國〈水滸傳〉裡的名叫王矮虎，就差一點把宋江的肚皮開膛不是？還有母夜叉一丈青的人肉饅頭呢！

但安東尼不信，說他去過西林諾，識路。不要怕！已帶口信約好了下星期六，我們出發要早。好啦！希望他們不要吃我這個中國佬，三個孩子都還小呢。

不吃！保證不吃。他們生的小嬰兒、屁股上也有你們蒙古斑，眼睛長得跟你的一樣，是你的老鄉，嘻！他說完用雙手把他自己的眼睛，從魚尾紋往後抹成眯眯眼。

好吧！到了這一天，剛吃完中飯，他騎著藍色老鐵馬到我家車房前停下，從後貨架搬裝備上老爺車。

照他的吩咐，車上已裝妥如下：電池一盒、糖一包、咖啡兩公斤、土製煙草兩條、公賣局出品紅鐵皮桶純酒精兩加侖。

「這兩加侖純酒精喝下去，他們非發瘋吃人不可。」我說。

「這酒精是寶，不能少。他們才捨不得一次搞光，要是過兩天酒癮發作時，沒得酒喝才真的吃人啦！嘻！但是，少了阿斯匹靈。」他說。

「好！家裏有現成的一盒，可以治好酒精上頭！」

「是的！」他指著我的頭，「嘻！」

是的，要是我這大禿腦瓜送上門被縮小如拳，到時候會笑死人，祭文也難寫！我說，就在玻京拉巴斯提亞旺納哥博物院「MUSEO TIAWANAQUE」，就有好幾個人頭縮版在展覽，聽說很值錢的！一顆值好多美金哩，再摸摸自已腦瓜，不禁起雞皮疙瘩。

八月是南美涼爽、舒適的隆冬，碧空無雲，卸了風檔的吉普颺起黃土路上泥塵翻滾，不到半小時已灰頭土臉，照鏡子已不認得自己是誰？看一眼東尼在臉上蒙了毛巾，嘿！好在路旁沒警察，要不然，他太像在逃命的蒙面大盜，要先拿下，入獄三天以後再提堂審問。

路旁飛起什麼鳥，竄出什麼獸，不管啦！槍封在鞘裏，先趕完第一段的七十公里，左轉入山，坑坑窪窪，車油箱是滿的，全新火星塞，剛換了機油的老吉普，不減威猛，換了無數次排擋，沒下雨，也顛簸個多小時，終於進入黑色雨林前，大茅草屋前的黃泥坪。

「停！到了。」東尼說。

酋長躺在屋裏的吊床上，欠起身來，光身子赤銅色，缺了全部門牙，穿一條藍長褲，四十幾歲，說西林諾語，只聽進他混進的幾個西班牙語。跟東尼說是朋友！老鄉等。反正見到的這人有穿褲子，可叫人放心不少。

空洞的屋簷下，院裏四周無物，更不見有水滸傳裏母夜叉的剝屍凳，獸皮倒是新蒙了一張，在堆葡萄柚和樹薯的角落，繃緊在木框上風乾，大小像黃牛，酋長注意到我在看，他走過去，翻出毛皮的一角。

虎！漏出他的缺牙大嘴而笑。不知他是猛啃什麼把門牙全啃掉了。

看來穿文明褲的酋長家不像是黑店，可附近肯定有那景陽崗上一般的大蟲。老漢我，卻不是武松。

東尼從吉普後坐搬出貢品，旁邊林子裏竄出來三，四個光背的男人，看見我們卸下一堆東西，都來幫忙拿；那搶眼的紅色酒精罐出現兩大次，他們立刻吱吱哇哇，七嘴八舌的開懷大笑！看來他們多半是「一杯兩杯不算酒，三杯四杯漱漱口」的人物，就怕五、六大杯下去亂磨刀，十杯喝下去，俺鐵定來不及逃。

酋長站著看我，不好意思，想要算錢，伸手到褲口袋裏掏了左、右各一下，沒掏出什麼來；我趕快伸手向他搖：「你免客氣啦！」竟說了中國話。

茅草屋頂內層，仍高掛著弓箭，看來已少使用，因為有了一支巴西造的單發來福槍。他驕傲的說：「這是附近僅有的一支。」大家輪流拿在手裏走動，日夜風雨無阻，槍身已長滿了鏽。向拿槍的人借來一看，要很費力才能退膛，膛裏僅有的一粒美國子彈，零點22口徑，用一根小黑線綁住底部裙邊，在發射後才能拉出彈殼，是不勤擦槍才卡殼。而我那裝了十六發子彈的切諾基來福金槍，在背上的皮鞘裏，不好抽出來給他們看！怕看到眼紅了，今晚回不了家唷！

東尼帶了現成工具，花幾分鐘，子彈順利跳出膛來。我問酋長，指那老虎是用這槍打的嗎？

他指在擦槍的人。

好槍法，從曬乾的虎皮看出血跡彈著，是命中了老虎的鼻門心，一彈便穿腔破腦而亡，這獵人是高手，又專門會對付一種能講話的綠色（LORO）大洛羅鸚鵡，每年母鳥育雛到羽毛豐滿練飛，小鳥離巢停高枝上，每隔幾秒鐘就要呱一聲，在呱！一聲同時，雙翼自然向兩側輕微掃出一下，獵人舉槍！能在呱！一聲，剛掃翼的剎那，向幾十公尺外的樹梢頭，用一粒點22小彈頭，恰好擊中那掠出的翅膀尖，用這種槍法去瞄老虎的鼻門心，想不打中也難了。

鸚鵡應聲墜地，只翼尖輕傷，嘴喙堅硬可咬傷人的手指，獵人抽出隨身趕蚊群用的空麵粉袋，跳過去，把鳥頭一罩按在地上，抽刀切除受傷翼尖及附近翮毛，手術雖小，小鸚鵡這輩子就不會飛了。畜在籠子裏餵香蕉，教牠講話，學會了三、五句，便可以賣二十美元；那隨時能唱兩句西班牙情歌，或罵西班牙髒話「卡拉火」三字經的，值三十元。

廢了武功，永別了飛行，一天到晚看別人飛來飛去，雖然香蕉不缺，獨缺了一點翼尖，就難怪小呱呱整天在唸，三字經！罵不絕口。

教鸚鵡講話的秘方是：白天不給吃，捱餓到夜闌人靜，餓得鳥兒昏昏欲睡，卻呱呱喊餓，這時用乾麵包沾「雲給牛」酒，揉成麵團兒，說一句來一粒。越說越快，教啥說啥！不久又飽又醉，抓不住橫木栽下，醉話連連。說這種教育，三天就使寵鸚在速成班畢業。第二天一早，帶到千里達市，咱龍飯店對面大市場門口，賣錢換日用品，少不了又提一加侖酒精，回去漱漱口，要是賣了老虎皮，來五加侖喝完打老婆。第二天醒來，一個個垂頭喪氣，大家都出門尋二奶，找逃妻。

有一本介紹西林諾語言的書，真有字眼像我們中國話，西林諾人喜歡「黑夜領養」白種金髮的小姑娘，他們癖好這款式，帶回森林裏養大為妻，這「姑娘」二字發音，剛好跟我們中國話相同；剛才的來時路上，見到一長列挑芭蕉的姑娘，其中就有兩位是白皮金髮，西班牙語不通，其中一位竟是淺藍瞳仁，身材面貌，正似天上掉下來純的西班牙妞，害人看得走神。

東尼說：「這是酋長家裡養的人，小心。」

她們肩挑的青蕉、樹薯都用煮或烤，也使用不是奶油的牛油炸熟來吃，好大的牛味；少許的玉米用木凹舂粉，已不見不耐用的陶製品。

芭蕉、柑橙、芒果、檸檬可在人工山上採用，葡萄柚有大量的收成。用百分之七十葡萄柚純汁調入百分之三十的純酒精，立刻成為新鮮的「雲給牛」（YUNQUENU），一加侖酒精可以兌出三、四加侖酒，一時喝不了的，可以裝瓶埋入地下，如果能忍得住到一年後才挖出來喝，已成為茶色的上品。

此刻圍著篝火的七手八腳，都在忙擠柚汁。有人用椰油棕（PALMA）葉編成嫩綠色的筐，揹回滿筐有十公斤重的上百條鐵甲魚來，那不會西語的白妞，是二奶？坐酋長太太旁邊，用餐刀剝青蕉、樹薯的皮，準備下在吊鈎上的鋁鍋裏，一條條半尺多長的鐵甲魚，活蹦蹦的穿進湯鍋，酋長先吃，不到兩分鐘，撈出一條用手剝殼，先吃魚腮後吃肉，滾燙了十條以上，泥色湯沿上浮起一圈黃色魚油，酋長用湯匙舀起一口喝了。那油多燙呀！這味道行嗎？門牙是燙掉的？

酋長太太在不停的向湯裏刮一塊像泥磚的岩鹽，墨黑的鋁鍋吊在交叉的橫木上開滾，幾根未乾透的大木柴在鍋下啪！啪！的煙火嗆人！煙火是他們四季不可缺的保鑣，傍火鍋而冬飲，蛇獸走避；夏日全天蚊蟲如雲霧，怕火煙。雨夜柴生，沒菜可以，缺酒ＯＫ，但夜夜火煙不缺。

開酒精罐了，噴出醫院開刀房宰人的味道！他們是酒仙，開頭兩杯不算酒，三杯四杯漱漱口，看到這種情況的的鐵甲魚宴非凡人可以參加，失閃為妙！我向東尼說：「走吧！」跟各位握手，再見！酋長卻走過來擁抱行拉丁禮，在我臉上親了一下，又在點頭，可惜聽不懂他在哇些什麼？東尼說他答應我們今晚進他的禁地。但是有條件，只限開一槍，因為他們一個月也開不到幾槍。

兩個人開一槍？好吧！總比被他們開一槍好。

吉普車開出泥坪，停向森林入口，偏北的斜陽已落下，穹空猩紅，包圍著大地，天色轉灰，天就要黑了。

把頭燈戴上，像冒牌牙醫、槍出鞘，鞋底踏牛糞，走路學貓爪落地，禁煙，提刀不砍，防蟲劑在家已噴在褲管裡了。前面是綠色地獄的「花邊」，整個森林邊沿，麻麻密密一圈，盛放著美麗虹彩般鮮花的魔鬼棍樹上，駐有億萬隻尾有毒刺，足以螫人致命的魔鬼「火蟻」。一棵接一棵，全是十來公尺高低的魔鬼棍樹（PALO DE DIABLO）像地獄人妖遍著霓虹色彩衣，挺立在那兒招引好色鬼，小心！俺愛花如命也莫近，它年年旱季盛放的花蜜，專供「火蟻」族享用，不論是誰從樹下經過，牠們敏感的狂妒！蟻族必零秒空降，火燒般的蟻雨，已沒頭沒臉飛到，逢肉就螫！牛死馬亡，絕無漏網，人算老幾？繞道。照酋長說的一棵雷打樹幹下壓出的通道，低身從樹下彎腰，像狗爬進。

這便是幾個世紀以來，害苦那愛探險而來的歐美獵人遭逢火蟻空降，蚊群螞蝗埋伏而迷路喪命的「綠色地獄」。1967年10月，古巴卡斯楚遊擊隊，南來發動雨林作戰，領袖切・格瓦拉在類似的雨林附近起義，結果，糧盡援絕遇害，無一生還。此刻面對著的一片不見天日，正是不分東西南北的黑森林，林冠蔽天，藤蔓繞膝，腐葉埋靴，有吸血螞蝗，吸血蝙蝠的潮溼深淵絕境，周身粘糊的寧靜裏，清晰的感受到自己，淌汗的太陽穴在噗通，聽得見自已加速的呼吸和心跳！

西林諾獵人是跟蹤獵物入林，近而找到叢林深處的鹽丘。在密林遮蔽下，鹽丘看來潮溼堅硬如岩石，摸來一舔鹹苦！它能存在不溶是因密林不見天日，不受風雨侵蝕；頭燈照亮墩子，見到鹽晶表面密布獸牙啃過的齒痕葉綠，不知啃舐了多少年代，使整個墩子上粗下細，像一盞直徑超大、超厚的石磨菇。

東尼指指墩頂，再指他自己，是他要上墩子去，墩子下會來鹿啃鹽，鹿後虎跟隨，他選了最拉風的墩子頂，三百六十度的全景狩。我心想：「你會壁虎功啊？上得去？」他點頭。

我呢？向前，莽莽密林 朝西北日落方向，腿要高舉慢下，才能穿越枯枝糾纏。心裏數到九十步，見到刺眼的天光，從一圈樹梢的空隙中，映照到一口泥塘，枯枝落葉掩滿高起的塘唇積下的雨水；池畔的泥濘上佈滿獸迹，在這徹底乾旱的八月，距離鹽墩不過百步，西林諾人，再深挖一個不乾的水塘在這裏，鹿和羊原本是吃草族，都愛吃飽了草啃鹽，啃完了再喝水，或先喝水？真是高招。

繞塘一匝，獅虎的足印沒有，鹿蹄印卻是剛才跳離出去，不出一分鐘，泥漿濁水正在滲回蹄印洞，漸漸注滿！回頭搜索林陰暗處，有鹿？在不遠處望著我？

東尼向樹上指。哇！鹿在樹上嗎？我訝然緊張。

「你上樹去！」他輕聲說出這一句。

明白啦！我從腰際解下牛皮拉索，甩下池裏打溼，獵凳隨身。現在憑少年時爬樹偷果的老底子翻上樹來，然後用拉索拉傢伙上來，在枝繁葉茂，面水塘開闊的樹洞，槍架定，綁獵凳，頭燈關，槍照門夜瞄紅點當中，槍臂繩綁樹幹上，以免萬一瞌睡鬆手，槍掉下樹，卻老虎來到，牠就開中國葷。

太陽已下地平，幾道霞光仰射到池塘上的暗空裏，周圍的樹變成黑色，一陣又一陣大黑鴨，從低空飛向東方的幽暗去歸棲。成千的普帝利（PUTILI）小鴨群吱啾在空中通過，寂寂的林中聽不到別的聲音！沈寂空洞的水塘，向天空倒映死灰的茫然，是黑森林上告蒼天，張開渴望明日的大嘴。

黑鴨群的翼翮，前黑後白的翅羽撥風，呼呼的橫空過去向遠方，拖尾的兩隻却脫隊繞飛，扇翼聲時快，時慢，減速下降，發出令人興奮的篷、篷、篷的鼓風聲！愈來愈近，近得震耳，是大黑鴨公，一隻有十磅重，全身墨黑，兩翼翅膈毛潔白如雪，翼展像人張開的雙臂，突然撥風飛進池塘上空，樹林的一圈空洞，選定跟我剛好同棵大樹頂的橫枝上落下，篷篷！篷篷！撥下大股氣流，把身上的鴨騷，也搧到我臉上。

看牠頭頸前後伸動，嘴巴張開，哈！哈欠狀！啊！難得這麼近看天生的肉飛機，自古以來名為「甲鳥」的就在頭頂。紅髻頭番鴨的原種，是五百年前由葡萄牙海船，從巴西把養馴了的阿馬遜黑鴨仔，渡海傳到澳門、台灣、兩廣和華南。今日已是羽色混雜，亂七八糟，有咖啡色、黑白花、純白的，都已呆頭呆腦。

現在，眼前的原鴨是老正宗，精明可比猴子，人平時匍匐前進，磨破膝頭皮，還遠在一百公尺外，牠就飛走了。如今此公近在不到十公尺，堂堂鴨王也癡呆，頭甩左甩右，叼了叼翅膀，試著把腦袋繞到翼背上，開始睡覺？苦了我，怕吵醒在作夢的陛下！只好止息禪坐，好在八月蚊子少，要是在雨季，蚊群如煙霧般雷鳴，便是地獄季節，分秒也混不下去。

定神下看水面出現一顆星光，像流星一閃，八月哪有流星雨？更怪是流星竟會向後轉，原來是綠螢飛舞！天上依稀透見星光，在夜森林的漆黑裏，星星俱流螢也倒映在水池的鏡面上，寂寂的飄忽著點點生靈。

遠處開始傳來夜梟幾聲，吼猿啼叫，漸漸聽到地面有枝葉微微的踏碎聲。向塘唇上細看黃泥，白沙，反光水，星光閃爍，好像有什麼？正在接近。

樹頂上打坐成呆，麻木的腰腿，受不住八月的冬寒從夜空落下，這才剛一會兒，又咕嚕一泡鴨糞，好險！，差點兒標到人家臉上。抬頭看牠，分明在瞄準器裏，看到牠也在側頭瞄著我，魔鬼般瞳仁在槍照門鏡內紅點放大，太陽旗般紅焦重疊，定睛不閃！難道鴨王醒來了，看清在下的大禿頭坐相，以為是不殺生的和尚，佛頭可以著糞！就居高臨下玩定點投彈！要命哪？好！你也太有眼無珠！還看？中國佬又不全是吃素的，看我一槍把你給滅啦！來做一道野鴨三味，正是敝飯店混飯吃的招牌菜。

篷！頭頂上撲下一隻鴨霸，掉落池塘裏，捲起驚濤駭浪！

電筒亮處，東尼到池邊提起鴨子說：「來看清楚，你怎能黑夜裏打中眼珠？」

「是跟你學的，」我說。

溜槍下樹，拆獵凳，上樹易來下樹難，痲木的雙腿要一寸一寸的掙扎，下了樹再伸腰舉步，拖著鴨子躲火蟻空降，找雷打樹。入林時，東尼在前，此刻他在後。

「剛才，有東西在水塘附近走動！」東尼說。

是的，可是這鴨子在瞄著我的腦袋一泡、又一泡的拉「炸彈」！只好先請牠回家去拔毛。我說呀！「有隻鴨子也就足夠，回到家裡我那母獅子，就不會說：『老不死又跟安東尼，到亞馬遜釣「美人魚」去啦？』」

「是呀！空手回家，我也害怕。」我那一頭！東尼瞪眼，咧嘴，齜牙。

「喂！」我說：「這樣吧，明天星期日，中午來吃鴨三味：紅燒、清燉加白切、塞一塞你的牙縫，又院子裏產的陳年楊桃汁雲給牛酒，也來一瓶給你漱漱口！請你和太太一起來！我下廚，行嗎？」

「好極啦！」東尼翹起八字鬍，笑出漏縫的門牙，像痲將牌裡的那一張「四萬」。

食人魚 PIRANHA

我不愛麻將，會上陣常常是三缺一湊數，但也是眾人牢記的「三優炮手」！除了百發百中，1、且為牌屎，2、錢現，3、輸光也不火。實則本人不完全低能，說不會嗎！上了桌，只專獨沽清一色，非自摸不胡！堅持唯美主義。離故國多年，賭友早已忘卻我姓甚名誰？卻一定牢記別號「孔聖人的手帕」——包書（輸）兄被圈了紅筆的電話號碼。害他們在睡覺也常贏錢，夢囈大呼！嘿！三優萬歲！賭神曰：贏的是糠輸是米。我難忘那一再遭永不破案的打劫；所以舉家逃難到南美亞馬遜雨林躲起來，算老子怕你們郎中。

隱遁在世界最大河，亞馬遜最大支流馬麼來（RIO DE MAMORE）河畔的人，免不了談到釣魚、打獵。我釣術不精，鬥雞眼槍法也靠矇。就如我妻至今仍愛打八圈，卻絕非職業賭徒，這根據她像我贏得少，送的多，小贏時便心曠神怡；大輸時則出煙冒火，影響全家的情緒，幾次都想叫孩子帶橡皮彈弓去，向僑領們把錢討回來盡孝道，雖然他們沒有偷牌。

至於釣魚，妻說得對，門口大市場，早上有魚賣，十公斤一條的新鮮大罷穀（PACU）油炸，紅燒一流。另有虎鯰速陸比（SURUBI）清蒸，糖醋，脆丸。十披索一公斤多的是，何必費那麼大精神去釣，又常空手而歸，浪費時間，糟蹋汽油，還不如在樹蔭下搓麻將，端茶喝，點煙抽，昨天才自摸清一色，不亦快哉！

她也曾宣誓要到河邊去，卻怕野豬咬，說要爬上樹監視我釣魚，因為她聽某小子胡說：亞馬遜河雖然盛產吃人魚、電鰻，巨鱷，但是也出產一種更可怕的「美人魚」！專門迷惑好酒無量，好色無膽如我的漁翁。可是聽到孩子們說：河邊的蚊蟲與飛虻厲害，那怕抹上整罐驅蚊藥水，也照咬不誤，會把她的腿叮成五十三加侖桶型的大紅豆冰棒！想想也就管他的，去吧！

拜蚊虻賞賜的自由！便在專用的老鐵馬後座綁八寶旅行包，內有釣具全套。黎明前，對門中央市場的牛肉攤已開市，十披索可買兩個大牛腱子，便宜是因為專吃燒烤的本地人咬不動，只拿來餵狗；到了郊外河邊，抽刀剁腱子肉，上鈎鈎當作魚餌一流，甩線下河。吃人魚、白色的黃魚、黃色的鰣魚或三對鬍鬚的鯰魚一樣上鈎，照拉上岸來開膛，回家下鍋。

獵槍裝了子彈，放在手邊，要是下釣十分鐘，沒魚來吃，就得睜眼醒來，向附近搜索是不是有河豬（PUFFER）在附近搗蛋，在附近冒出水面噴氣像牛，銀紅色的背脊，鯊魚般的尾翅，一冒出水面，立刻向天開槍把牠嚇走。千萬不能殺河豬給吃人魚集合去吃，那今天是石灰灑路，白來。河豬應該正名為河豚，類同於海豚族（DOLPHIN）而不是長江、深圳或日本的毒河豚（GLOBE FISH）。據說有人試過每一豚（PUFFER）可以熬出兩鐵皮桶，即十加侖上好的白豬油；這我再窮也絕對不幹！因猜其油必腥！用來炸雞，害敝四腳蛇龍店客人吃了集體反胃！可就真的砸鍋。

河豚也好，一個人、牛或馬，如破皮出血腥在亞馬遜河各分支河水中，不用半小時，大如手掌，小如湯匙的吃人魚、屌斗型的怪嘴巴，有剃刀般的利齒。前年有一醉客，午後熱得發瘋跳河游水，不料被樹枝刺傷出血！哎呀才叫一聲！便沈沒了，兩小時後，海軍潛水銅人把他撈起，只剩下一付乾淨溜光的骨頭架。

記得第一次去日本後裔田中店買釣具，他看我是東方老鄉，好心伸出他右手中指給我看！這個是小時候被吃人魚幹掉一截，菜刀剁掉般的整齊。並特別提醒：吃人魚釣上來，絕對不可用手取釣鈎，是先敲昏後用靴底踩住，再尖口鉗子取鈎。大小吃人魚一同待遇，絕不可留一活「口」。且不可小看僅兩指寬的小魚，死去活來帶回家，稚兒用手去水中撈，掌心被咬住，拔開後血流成齒狀圓形，省錢沒上麻藥乾縫，一陣慘叫！可是這吃人魚，除了嘴巴不好，身上的魚肉一流鮮美，莫非是DNA人肉味道？

昨夜，雜貨店老闆夫婦光臨敝店飲啤酒，談起釣魚，這剛好是禮拜六晚上，明天百業打烊。好，釣魚去他農場，問我去不去？我說：釣魚？那有不去之理！

好！明早五點來叫你。

不相信，因為本地人說：明天，是改天！西班牙語明天叫蠻捏那（MANANA），被號稱是一個禮拜的第八天。所以我關門打烊後，安心上床睡覺！剛剛入夢，嘿！聽到窗外有人按摩托車喇叭並大叫：麥克。

我還沒有醒，因為剛睡著。妻耳朵尖，跑過來把我搖醒：「喂！喂！喂！有人叫你。」她說。

「嗄！你叫我？我好累，不要煩我。」

「有人找你呀？半夜三更不曉得要幹嘛？」她再一句。

「麥克！麥克！」仍在叫。

是！（SI）是！是！了好幾下，才想起昨夜之約，老小子海穌穌（JESUSU），你說話當真！真的五點多，叫了我已有一刻鐘，是真的要去釣魚，唉！好辛苦呀！昨夜的一瓶啤酒，後勁未消，現在又要去釣魚，冰箱全是滿的，說當真是不必了。可是自己又分明是答應了他，嘴裡便說不出「退票」兩個字來。

翻身來開燈，亂穿亂整齊全，推老鐵馬騎上去，看倌貴姓馬，例如馬英九先生不沾鍋，你也別氣鐵馬被人騎！可以當作爺爺揹孫子！或我就改騎機車，那姓車的看倌也別氣，咱們出門壓的是泥巴路。

把門拉上，東天尚黑，南半球的七月，南極來的南風，冰寒襲人，最冷也近零度，穿厚毛夾克，牛仔褲，不敵晨寒，全身在機車的急馳中冰透，牙關打顫，向馬麼來河上游十五公里，一路受罪。

出發前，來不及搽蚊子藥水，車速四十公里，餓蚊能叮住頸項吸血，回手一巴掌，眼冒金花。不見月光，繁星滿天，車燈直照前方，忽見一對閃光的瞳孔，個頭不是狗貓，是豹子眼在瞪車燈？急剎車停下，把槍從肩上褪下，車燈對正，舉槍來瞄兩眼正中，手冷槍抖失了準頭，牠閃到路邊的原始林裡。

海穌穌說：走吧！繼續向前。海穌穌的兒子十四歲坐在他後座，手執連發快槍。先到一岔路口，他趨前帶路進入密林要渡河？不，機車停下鎖住，抽出電筒找路。蟲聲唧唧，蚊子嗡嗡然從四方打牙祭而來，衝下來立刻吸血：趕緊摸出蚊子藥水，那怕是扣子大小的一塊耳朵皮，也搽遍藥水。半小時的路走完，東方微明，已抵寧靜的河邊，河水混濁，波平如鏡。海穌穌吹響口哨，立刻對岸應聲，有一少年划獨木舟前來。原來他們是早已約定了今天。

「對岸三百公頃地是我的農場。」海說。

「淹不淹水？」我問。

「不淹水，保證。」

「種什麼東西？」我接著問。

「有兩家人在幫我種水果和蔬菜。」

曙光初現地平，群鳥在叢林裡喧唱，鳥多到數不清，甜潤的嗓音，可能是昨夜的露珠，或蔥茂的林木中蒸發成的一種適於歌唱的氣氛，一切在夜間出動的走獸，都已歸巢入穴，現在是鳥的世界，天在放亮。

聽到鳥聲，鳴蟲寂然，蚊蟲也作晝伏前的最後襲擊，肯定是亞馬遜蚊虻陣線，此刻把中國佬列於野味，隔一層襪子，小意思，除非穿牛仔褲，其他衣料一樣叮穿過來，所以蚊子藥最好倒在澡盆裏，人跳下去醃十分鐘，把所有夜間出獵或出釣的衣物也浸透、曬乾後穿上，可是又怕自己會口吐白沫，先中毒；且我太老了，距離陰間已近，買保險無人願意接單。

叢林走獸的寄生蟲，隨時也爬上小腿、手臂，發現毒不死，擦不下來的八腳獸虱，螞蝗與飛虻。穿一雙長統靴把牛仔褲腳管包進去，即使一步踏進火蟻穴，也不至於被叮得滿腿黃膿包。隨身的是兩尺的砍刀，藤蔓橫生糾纏，幾天沒人走過的路便已封閉，獵槍已無用武之地，拔刀砍劈，刀尖有清脆的涼涼之音和樹枝草葉的清新味。這時刀的威力，除了殺螞蟻不便，任何毒蛇猛獸，胳膀粗的樹木，可以一刀兩斷。

划獨木舟過來的少年十五歲名叫加麥來，受教育是在馬麼來河下游，每天獨木舟來回，進城是為了買賣才去。他跟父母替海穌穌作長工，住農場裡，全家淨待遇每月存一百美元。

上了船，海穌穌跟加麥來說：這位中國老鄉也要去釣吃人魚。

「我知道哪裡可以釣。」他說。

坐在船中央的一條橫木板上，看河面上一層蒸氣般的輕霧停在水面，河豚開始在河上獵食。河邊的泥岸上，有紅背螃蟹橫行，淺水中有蝦：但蝦和蟹本地人都不吃，說是沒有肉！我出價買一公斤蝦相當十倍本地魚的價格，加麥來聳聳肩膀說，沒有人會捉蝦。是的，此地距大西洋幾千公里。

各式各類的食魚鳥，停在岸邊的水中或樹上，靜看獨木舟一支短槳划動河面的波浪；河豚不時遊過船側，舉頭瞪眼注視，噴一口氣，又潛入水中。陽光露出了地平，由橙紅變成金光萬丈，大地頓時增加了光彩，碧空不見片雲，空氣清新中夾帶著岸邊林中的野花香。

凝神諦聽水聲、鳥聲、偶爾的魚躍！早發的鸚鵡、雙雙振翅而過，邊飛邊啼；橫空的野鴨成千，野鸕鶿從岸旁的樹枝上振翅跳水，潛入河中，再從某處冒出水面，口銜一條活魚，仰頸吞食，再來一次，又一次。飽了飛上樹，展翼迎風，在朝陽中曬晾翅膀，羽翼在晨風中抖動搧乾。獨木舟的單槳卻在趕路，有遲了便來不及的味道。走完了這條河，進入了馬麼來河的浩蕩中，逆水上溯，到一個湖的進出水口前，加麥來說：就在這兒。說完跳上岸去，把槳用力深插入泥，牽牛皮繩把獨木舟繫牢，回到船尾切牛肉上餌，不用釣竿，空手甩線至一二十公尺外的水流中，不到十秒鐘，抽線，拉線，拉第一條吃人魚上船，刺魚，他厲害，用「手」取鈎，上新的肉餌，每塊牛腱子肉有拇指大。不用說是魚，是人都可以吃一口，小小獨木舟，甩出了四根釣線；此起彼落的魚和釣線，在陽光下熱鬧和興奮起來。

吃人魚美麗的背色蒼灰泛銀，腹部從淡橙色到橙紅，㪷斗形嘴巴利齒雪白，吃餌時乾脆有力，拉線如不及時，魚線兩抖，堅韌的腱子肉餌便報銷了。釣線與釣鈎之間，必須加接三，五寸長特製鋼絲索銜接，才可以避免魚齒如剃刀吃餌吞鈎。當把線抽出水面，可以查看使用過一天以後的鋼釣鉤，齒痕累累，歷歷可見。

今天點名單釣吃人魚，四根釣線上鈎的魚清一色。到傍午，獨木舟船底滿了一層魚。牛肉用完了，加麥來用刀剖魚肚取內臟，一刀一條，得百數十副，用來當餌，又釣了幾十條。全部開肚洗清，用兩根鐵絲穿起來提高一看，大串連的吃人魚，像一道彩虹在陽光下豔然奪目。

獨木舟往回划，傍午的陽光下，熱起來了，天亮前禦寒的毛夾克，現在頂在頭上，加麥來奮力的又在趕路，我認為他是怕魚兒不能拖時間，影響鮮度。問海穌穌是不是？不是。側著頭告訴我：今天星期日趕回城，為的是要喝冰啤酒。當然，魚也是鮮炸的好。

趕到上岸的地方，加麥來左右手各提一大串魚在前面，「光著赤腳」跑在叢林中，厲害！到了天亮前停放摩托車的地方，一串掛在我的車把手上，另一串掛到他主人的車上。

我喘著氣走近把兩串魚全掛在海穌穌的車把手上說：統統給你和加麥來！

菠羅給？（POR QUE 為何？）

「因為希望加麥來也豐收一半。」

「你怎麼不要這一半呢！麥克。菠羅給？」

我笑答：「沒想真要釣魚，我的冰櫃全是滿的呀！」

日正當中，跨上機車，發動引擎，揚塵而歸。我想：要把吃人魚一網打盡，可能嗎？這魚雪白的利齒、用尼龍網撈牠，最少要幾分鐘才網出水面，魚在網裏，每分鐘利齒尖牙開合幾十次。當然能網起幾條，但魚網也報銷了；科技已進步到有高價格不鏽的軟鋼絲網。但號稱有幾千年文明傳承的玻利維亞、冰泥省千里達省城，各漁具店，只介紹用便宜的漁鈎來：一，竿釣、釣湖沼；二，線釣、釣河灘；亞馬遜支流馬麼來河，有天生的鐵釣杆樹，瘦長堅硬，找一支四，五公尺長的老杆剝了皮抹上油，火烤弄直，粗的一頭比雞蛋還粗，尾巴細像小手指，斷不了，比竹竿結實，綁上五號線，魚小能一竿亮，魚大到幾十磅，也行。

浮標來一個，釣鈎五號，七號線，在海上可以釣鯊魚，現在用效率來釣吃人魚。論形是大材小用；這是為了要掛住姆指大的牛腱子肉餌，非五號釣鈎不可。釣線接釣鈎中間必須加一段小鋼索，釣具店裏有得賣；要是你到了小河邊卻忘了買，算是白來？也行，早預備一段舊鐵線做中間人，接上魚鈎與釣線之間也能湊和。否則被一口咬走，剩了禿線出水。又忘了帶備份釣鈎，便是回家時刻。

一斤魚三斤力：巴掌大吃人魚出力十斤：十幾二十公尺外咬鈎，手指頭一震，再一標線，該拉了，一條半磅的彩虹，鱗身捲動上岸來了。小心！不要伸手捉，只牽線學耍陀螺先向地摔！昏倒，用穿了「鞋」的腳踩住魚身，拿尖口鉗伸進利牙縫中取鈎，一根長鐵線往腮蓋下穿口而出：一條有了，再二、三、四、五、六，沒完沒了。我是釣吃人魚的幼稚園級。

吾友瘦子忽拉哥，釣魚二十年，三十歲了，牙擦擦，魚上了手，嘴角叼根煙屁股，辣眯著眼睛，這魚真大，這麼一掙，瘦腳在湖泥上一滑步、「加拉河」！西班牙三字經，說出時噴了煙屁股。已經慘了！迷你型鯊魚般利齒在左手虎口咬住，好在俺從巴西買回一把，專門對付吃人魚的鉗子，叉開來朝魚頭猛夾，魚口立開，用尖口鉗夾出魚嘴裏的瘦子肉丸，按回原孔，撕裂衣作繃帶綁緊止血。讓左手硬戴進騎鐵馬的皮手套舉高止血！仿希特勒行法西斯禮，飛車回城去縫手。

這吃人魚壞在一張嘴，像誰？老骨頭我？不！牠身上全是上肉，刺少而肉嫩，老少皆宜。人算老幾？一年能吃幾回；除了鳥類，最愛吃牠們的是亞馬遜鱷魚，有兩類：

卡依曼（CAIMAN）最大長到七，八公尺。我在亞馬遜十年，已罕見，近於滅絕。

拉卡耳多（LACARDO）已少見到身長兩三公尺。近年來都遭無限的獵殺取皮：名牌衣物店，靠來賺錢，世界六十億人口仍在增加，終極可能造成鱷魚的滅絕。

但一條吃人魚媽媽，卻年產卵二，三十萬粒，大量繁殖，食物不足，大吃小，小吃蝦，其餓無比。就在亞馬遜某時，某地，某處水中，牠們不吃人，吃誰？

牠們絕對不是動畫中虛擬的魔鬼，此魚真實的兇，名符其實的名字就叫做：「吃人」的魚。西班牙名叫：必難惹！（PIRANHA）

附註：吃人記事，請看下文：「淨光的骨架」。

淨光的骨架

亞馬遜牛仔荷西的爸爸李卡多，卅五歲，忽然狠心離開波罷映，拋下荷西和他的媽媽露易莎。

他一人獨得了廿年放牛，他們倆同居也應有的分紅公牛四百頭的一半：二百頭牛和土地；轉到別處牧場，據說是自卑！受不了老婆露易莎太能幹。我看呀！也是卅五歲的牧場女人已太老。身材高大的露易莎是從掛鼻涕的十歲年紀，開始煎熬在盧道夫的史伐列斯牧場，長大發育成為南美男人愛看的十五歲，是擠牛奶、挑水煮飯樣樣靈光的一位好看的美眉，人人都愛看上一眼，也愛飲一口她釀的陳年雲給牛酒，吃一塊她先醃後烤的牛肋排；人說巴西、阿根廷的牛排好，但你只能吃到全牛身上烤得焦黃的那部份。露易莎是有權作主，在三萬五千公頃牧場裏選料，向眼前八千頭牛群中瞄清，今天烤殺那頭肥嫩小公牛，成為人人尋味的美食。英俊榮幸的李卡多十七歲時，與她作對同居生了荷西。

三年來，廿歲的荷西在媽媽露易莎指導下，接下了他出走的爸爸在雨季泛濫時牧場的總管，雖識字不多，但充份吃肉，騎馬奔騰，長成兩米高的精壯牛仔。騎術釣獵一流，每逢我獨獵波罷映牧場，主人盧道夫先生或夫人都一定命他，作我的保鏢。在林中，湖畔獵釣累了，餓火中燒，回到盧夫人家，也必有露易莎烤我們愛吃的先用啤酒醃過，後上炭火速烤的牛肋或裏脊肉排，舉杯斟滿她從泥洞裏出土的葡萄柚雲給牛老酒極品！接受我們喝采。

露易莎或大塊頭荷西每次進城，必到龍飯店，我也以款待盧夫人必吃的龍魚或糖醋排骨回饋，請飲院子裏產的雲給牛楊桃酒，按西班牙人口語，我叫他：「荷西孩兒」，他是露易莎唯一可靠的驕傲。

今年的泛濫退得晚，水浸牧場近半年了，我駕小飛機北上巴西雷貝利亞達載客歸來順路，壓翅膀繞飛一圈，低頭看波罷映五百米長的飛機跑道上仍泛著水光！肯定短期內是無法降落，四月底了，還是一片汪洋！好久不去了，想念波罷映牧場的一切，心癢癢的呀！天已大晴，那高出氾濫的泥濘路面和大部份較高的沼澤都已乾成黃色，趁著週末，卻邀不到獵伴，只好自騎老鐵馬摩托西渡馬壓來河，地哈母戚河東拐西繞，槍在鞘內跨在胸前，從一半仍是泥濘的禽飛獸竄中奪路，見到曾是養馴的家豬逃脫又變成一群數不清的「家野豬」，領頭的豬王體壯如牛，抬頭開步向我衝來，這絕對搞不過牠們，我立刻轉左找旱地大加兩次空油轟響示威！飛跑半哩，後照鏡裏不見豬王便再回頭上路，卻見一隻吃驚的小豬緊張亂了腳步竄進泥淖中掙扎，只看一眼不能開槍為妙，泥潭可能深可沒頂，就算滅了牠也撿不到，天色也不早，即使用牛皮拉索甩圈到，泥漿裡拖起來撿到這種豬肉，我試過有魚腥味，不是真的野味也不像家豬；才心想獵友瘦子忽拉哥在電話裡說不要來，他是對了。那怕今天只想晚上吃野黑鴨煮粥，看來也是來不及，看牠們滿天飛吧。我勉強的來探望露易莎她們母子，心想是有點兒衝動，有一點冒味！但捱餓是不太可能的，我想吃到露易莎給我做嚮往已半年的烤牛肉；好吧！退一步那鹹牛肉乾，鎚鬆撕碎燜出來名叫「麻浩」的牛肉飯少不了我的一盤吧！此刻是午飯時間，至今一路來花了四個鐘頭六十公里，過了三次渡船滴水未飲，旱季時的酸甜的冷羅望子汁和濃熱咖啡，是盧夫人每次必備的，但今天盧道夫全家無人在場，鐵驢子轟進來到冷清清的小山頂上大屋前的泥坪，狗也懶得吠我，只有荷西跑出來接應，我還沒跨下車，他就來擁抱，他顯得十分驚喜大叫！「麥克！你好。」

「你和媽媽露易莎好嗎？」我問他。

「不好了！」他說。

「你說什麼？我能去看她嗎？」我吃驚！

「她就坐在屋子外面不能走路。」他說完急步走在前面。

「怎麼啦！露易莎，妳還好嗎？」

「唐麥克，我不行了。是上個月坐著擠牛奶時，小牛拉斷繩子，撞到我了。」她說著揭起蓋在雙膝上的一條沾有血污的白麵粉袋，露出潰爛，生蛆的雙膝。加一股腥臭！

「哎呀！有藥嗎？」我問。

「只有煤油！」荷西赤手空拳的說。

「這情況不行呀，要立刻進城去才對。」我說著。心想她已到了應該鋸腿的程度。

好在我隨車藥包裏有碘酒，紅汞，消炎粉全部，立刻灑上，就算全部用光也因量少無效。

「荷西！你媽媽應該立刻去千里達進醫院。我的摩托車帶不了雙膝直挺，腫大的她。但我多帶了五加侖汽油來，夠不夠你們有的兩馬力舦外馬達，掛在獨木舟上立刻出發，我立刻回去醫院找醫生等你們來，好嗎？」我說。

「一千個謝謝你，唐麥克！」荷西過來擁抱我，含著淚。

我要看到你們的船現在就出發，今天夜裏能到吧？

現在到天黑還有幾個小時，但五、六十公里的水路，我想起年輕的大漢荷西肯定能行嗎？我掏出防水手電筒給他，另加備份電池、蛇藥、一包乾糧和全部不多的鈔票。

我幫他裝舡外馬達，備好船。我喝乾一瓶水，立刻搶路，恨不能起飛載她母子飛回到千里達。天黑亮了燈，才精疲力盡回到家，飯店已開始上客，我電話約了日本回來的醫生朋友，請他派人待命急診，我呆坐在飯店的櫃檯裏，食客進出寒暄！我走神！兩眼盯望大門外，直到飯店打烊，等到半夜關門，荷西沒有進來。我徹夜在床上傾耳諦聽門外，也片刻不能清除想像中，露易莎母子的兩馬力獨木舟，在上弦月不見五指的黑夜中，從依瓦勒斯河，進亞馬遜最大的支流馬磨來河，最後要進第哈母戚河，才到達千里達的繞城渠。廿三歲，六尺大漢的荷西吃了乾糧什麼的嗎？才兩匹馬力的獨木舟管用，能行嗎？我把燈打開，想像荷西載著露易莎此刻肯定是在拼命的困境。假想做完一個又一個悲觀，樂觀的夢！恍惚中天亮了，才好像先聽到狗叫！再有人拍大門，窗外淡淡的曙光，荷西到了！我奪門去便看出他，頭髮和衣褲都水浸泡透黏在身上，我手抓吉普車鎖匙直問：「船停在那裏？走！趕快去醫院。醫生在通宵等著呀。」

「媽媽死了！」荷西說完，雙手捂面大哭！我抱住溼透的他說；「快！我和你去看，可以救嗎？」

推扶四肢疲軟的他上車，不知他經歷了多麼艱苦的昨夜，吉普車來到往環城路的叉路口，見到濁黃色水岸邊的獨木舟上蓋滿了芭蕉葉，在微曦血紅的晨光下，像一條綠色的大樹蠶橫在岸邊；精疲力竭的荷西從車上滑下來，我想起虛軟的他從昨日至今還沒吃過什麼東西。

獨木舟只剩一支穿繩的木槳，怎麼不見了船尾上的舷外馬達？

他說：「半夜裏，從地哈母戚河（RIO TIJAMUCHI）進馬麼來河（RIO MARMORE），船在漩渦裡翻了，從獨木舟繫腰的尼龍拉索找到媽媽，我游泳把水中的她連船拉近岸，抱她上船，媽媽的腿，是吃人魚！」

「哎呀呀！什麼？」我下車，走近岸泥就滑倒在地，荷西下來扶我到船旁，從特別的腥味中掀起一片芭蕉葉，突出露易莎失血雪白，而且面目全非的臉，再有便是被逢血腥就猛咬的吃人魚，啃成白溜溜的下半身，淨光的骨架。

空中的哥

日本人要在長崎、廣島在1945年挨了美國的原子彈才投降，結束了二次世界大戰。一個吃足苦頭的中國少年已十五歲的我，在廣東故鄉捱足了八年，受日機轟炸，逃難，加上生母小病，無藥冤死！冬天赤腳上學，薄衣過冬、沒見過白糖、煤油。如今抗戰勝利，立下了將來的素願三個，窮人無大志，只求：

「單車一輛，鳥槍一支，魚網一個。」

三願未遂，隨老爸過臺灣，倖免像在故鄉不逃的伯伯叔叔，遭到吊頸和打靶。但我在台灣及東南亞三十年駕駛老舊飛機飛行，槍林彈雨，火箭飛彈，都有中彈！全都大難不死；窮混了大半輩子，買單車，失竊！什麼鳥槍，魚網也因口袋常空而無下文。自從來到亞馬遜，釣友牛銀行總經理居然說：「一連幾任總統都到你飯店吃飯，你就有資格可以貸款，幹啥都行。」

開心吧！飛了三十年歐美老舊飛機不死，命是撿來的，至今成了鳳毛麟角，而倖存的腦袋花白老漢，立刻動心！自費買架全新，那怕是小蚱蜢機；想如果宋代女詞人李清照女士，投胎轉世，本的哥租金必可給她打一折，再開白欠條也行，就開足一百八十匹馬力的小引擎起飛，必然載得了她滿艙的愁！上亞馬遜超低空，賞王蓮、去巴西的嘉年華跳森巴舞、去秘魯看鬥牛、飛古印加太陽門一遊！下來不必賞我一個不流行的西班牙式左右開弓！但她多半不再尋尋，覓覓，冷冷，清清，淒淒，慘慘，切切的了。

她不便！就先把詩仙李太白請來也行，什麼桃花潭水深千尺，不及汪倫送我情！我給您安第斯高原的秘魯白酒必死可（PISCO），玻利維亞的心乾尼（SINGANI）滿一浴盆，賽二鍋頭把您泡成醉仙！好起飛上天一逛南美。來一次真的不知何處是他鄉。

好！就來這麼一個單打獨鬥的「龍空中計程車」公司，名片早就已經失眠想好了，四大名堂如下：

美國倍音速俱樂部893號永久會員

龍飯店大廚兼萬國民航機長

龍航空計程車公司老闆兼的哥

亞馬遜釣獵協會瞎矇會員兼獵狗

要說幹就去，到城郊千里達機場民航站，亮出五花八門的老證件，不要說他看不清楚，中、英、法、越，寮國等洋文，連我自己都不甚了了，忘了是怎麼搞來的，但請求換成玻利維亞國的西班牙文駕照。那坐在木板凳上的站長接來一看！倒是內行人識貨：

「哇」！一聲站了起來說：「媽媽咪呀！你不是龍店大廚嗎？居然是飛過十幾種飛機的ＡＴＲ，又飛行紀錄兩萬多小時？此地千里達有兩百多架飛機，全部飛行員還沒一個飛到你一半的程度呢！」

「您好！甲必丹朱。」

「嘿！就是我。」我說

他看証件完了就拍人家的背說：「沒問題！」又幫忙填了申請表，真熱心。

「行！」他說：「最多一個月駕照就下來。」

等了一個月，邁阿密專人飛來了價格十多萬美元，編號CP-1214嶄新型席司那機，依約要交鎖匙，飛機雖小，座艙內兩套「全新」儀錶和航行設備，像裝載幾百個人的大客機一般提神！尤其是按美元計價的計程、計時表是最新款式。

「喂！三張外國執照，能單飛嗎？」我說：「先請你上天考核我。」

「不行！」他說。「要本國的執照、買足保險才行。」

「試飛行嗎？」

「也不行！」站長說：要等我立刻敲一封電報，向玻京拉巴斯總局去催。哎呀呀！不好了，難道你有問題？快兩個月啦！不下來。

晚上，請站長來龍店吃飯。他說：「不好了呀！總局回電，要你本人上拉巴斯去問話呢！」

一聽糟糕！是歧視中國佬？一張鳥執照，還要格老子的問話；說啥子要上拉巴斯，又得去受一萬四千英尺的高山缺氧罪，又一生鳥氣！肝火上升可能流鼻血！好在航醫席而瓦DR.SILVA昨天才說我的血壓正常。

可是全新的飛機害人心癢癢！對著嶄新的機頭鼻子先親了嘴，再已繞著她360度，檢查了不僅僅十遍，全新！輪胎也是香的，又鑽進鑽出駕駛艙，高檔呀！沙發是香藍皮的，引擎也試車了幾回都是一百分，開開停停好幾遍，恨不能馬上推油門滑進跑道，推滿油門起飛，從地平線上高飛，去看亞馬遜的風景。

那些聽說我也要買飛機的牧場飛機主人，站在他們的機棚前盯住我說：「你不是龍飯店的人嗎？」

我伸手過去一握說：「正是！」

飛機掮客安東尼趨前當眾宣傳說：「就是這位甲必丹朱，他說這席斯那小玩意兒，是他十五歲的時候想買的自行車呢！告訴你們吧！他飛過了時速一千公里的F-86軍刀，再二千五百公里的倍音速F-104星戰機！還有他是IFR的ATR，不像專挑大太陽的才起飛的VFR小夥子們，雲多了就喝啤酒，下雨就睡大覺。現在這個的哥朱，壞天氣只有他能飛儀器航行，下大雨也能起降，將來他生意一定是全冰泥省最紅火！等着瞧吧。」

嘿！安東尼你真能吹，十份一的佣金一定兌現。

一個個誰都不信，從廚房門口鑽出來的中國土佬，有沒有搞錯！真能飛嗎？

話說牧場主人們，許多人也早已經各買一架，能載半噸牛肉的飛機，在每年十一月到來年五月，一共半年的雨季泛濫時，陸路不通，水路划獨木舟太慢，牛肉不能保鮮；殺兩條牛：裏脊嫩肉自已串烤來下酒了，剩四塊大腿各五十幾公斤，八塊四百來公斤，加飛行員剛好湊成500公斤起飛，到千里達市場可以賣幾百美元，用來買牧場的車油，點燈的煤油、藥品、電池、子彈、香煙、食用酒精、咖啡、油、鹽、糖、醋、茶等。

蜚短流長的說法：龍店中國佬，生意不靈光，又沒有牧場，卻眼紅那些戴鑽戒，戴勞力士表，開冷氣吉普，腰插左輪，手摟細腰大波妹的騷包，走私販毒的小「甲必丹」飛行員。聽說中國佬剛離婚，想要娶二奶。他頭髮不是白了嗎？現在也要冒充空中的哥，嘿！實則要和人家合夥販毒，自以為飛過全天候噴氣機，有本事運柯卡因去巴西撈美金！

嘿！黑白講！想當年我在寮國皇家航空，飛永珍去香港班機，只須點頭不搜查飛機，去一趟降落，毒梟也能分我一堆鈔票。嘿！免談，毒錢！君不見另一架從寮國起飛的DC-3型雙引擎機，滿載塑膠防水包裝嗎啡，飛出寮國，跨越南出東海空投給毒船，半天來回，每趟得幾萬美元，綠背票子來得飛快！可惜才幹沒幾回，就被美國戰機F-102飛彈擊落，在西貢東北海濱的藩切市附近，一陣火煙。害地面冒充救火的越共部隊，發生搶毒的鴉片戰爭。

好吧！今天來到拉巴斯民航局，請看門先生上報說：「千里達中國佬來了，求見局長。」門房從樓上弓腰下來說：「先生！局長在開會，他說要明早九點半在辦公室等您哪。」

「請問你，局長是誰？」

「索羅門將軍，他跟總統柏瑞達是空軍同學哩。」

明白了，他來頭不小，猜不透明天他葫蘆中裝些什麼藥？反正船到橋頭自然直！自認是不可救藥的樂觀主義者！想想也就忘了缺氧！便在民航局對門不遠的蘇克累飯店，吃烤牛七味，喝柯卡葉茶防高山症。第二天準時報到，守門的說：「局長已經在樓上了。」

走上去，敲敲門框說：「早安！局長，甲必丹朱是我！」

他站起來說：「我們在等你來呢。」

我一看走神！見到他留了小鬍子，才不到四十歲；瘦高條，又那咖啡膚色！啊！神似當年，越戰時代一個西貢夜，我趕在戒嚴前，從峴港駕班機回來，來不及換制服，就請越航交通車司機，載我到西南飯店入座。突然一位帥哥，右手持左輪槍，槍口頂開玻璃門，左手摟著我們越南航空的靚妹——空姐氏梅走來，他正是飛將軍阮高奇總理；他倆大約見到我肩上的四條金帶是機長，便向我點頭：舉杯。

「哈羅！局長，您好嗎？」我心中遲疑！走過去。

「早安！甲必丹朱」，他起身握住我的手不放，拉我擁抱後才說話：

「我也是飛行員，歡迎你！美國倍音速俱樂部資深會員，要來南美玻利維亞飛行。」

「謝謝局長！」我聽明白了。

他是翻閱了我送呈文件中的鍋底舊事，如今的龍店頭廚不禁頭頸發燙！莫來害人高山症、腦充血？

昨夜，我向伯瑞達總統報告過了，我們的軍刀機隊想請你做顧問，他邊說邊翻我的飛行記錄說：「你有飛了F-86六年，一千八百小時記錄，再星戰機也飛了六年。還有這上面說你『有兩萬小時的民航飛行鐘點，駕駛過多種機型，包括我們玻航現有機種』，總統也同意，我建議請你到玻航來，擔任北美航線的機長。」

「局長！中國佬（CHINO）有這個光榮嗎？」

「為什麼不呢？」

局長，請給時間考慮，因為我太太剛跟我離婚！我要帶三個孩子住在一起，他們年紀還小。

哇！對不起！剛剛離婚？他又伸手來握。接著說：「南美也有美女，我們給你介紹。」說完他握拳向我。「嘿！這不就是航醫DR.SILVA證明你的空勤體格ＯＫ了的嗎？」他笑著說。

「是的，謝謝局長！」我站起來舉右手說：「今天我和孩子們落腳玻利維亞，便是為了自由快樂的生活，我的生命和一切，隨時可以揮灑在和你共有的這塊土地上，我等候你的通知好嗎？」

他聽了搖頭不說話，盯著我的眼角含著淚光。他拍手！請秘書送咖啡來。說：「這是你的執照！」說著從桌上卷宗封頁上的信封內抽給我！

看上面的日期，不是早就批准好了嗎？想想也不虛此行。我舉起咖啡杯說：「高興認識局長，索羅門將軍！那一天你來千里達，請來龍飯店吃飯，我為你做菜，龍飯店是為你們開的，也是玻航過境機員的廚房，用我飛過倍音速的雙手為大家服務。」

「好！一定來，要邀請伯瑞達總統一同來看你。」

來看我親自下廚！我哈哈笑著站起來，又擁抱親臉。

收好難得的飛行駕照，去旅社結帳，乘計程車爬上世界最高的拉巴斯機場，把昨夜剛買到的一支口徑點．22切洛基獵槍，交給駕駛艙的空姐保管。艙口三角窗的機長招手叫我。

「甲必丹朱，你好！」

「你好！甲必丹，你怎麼認識我？」不禁訝然！

高山空氣稀薄，好在心情輕鬆！沒流鼻血，又機場比一萬四千呎尺高的拉巴斯京城要更高，飛行跑道是全世界最高又加長，起飛滑行要多許多秒鐘才離地；扣緊安全帶燈剛熄滅，那登機時接我的槍去保管的空姐走來說：「甲必丹！前艙機長伯多樂請你過去。」

我？指著自己？

「是的。」她說。

我解開安全帶，起步走向駕駛艙說：「嗨！機長，午安！」握手。他拍右座副駕駛的手，請他負責操控飛機，問我說：「局長說你飛這F-27型就有幾千小時，你有興趣再來這兒坐一坐嗎？」

「當然！」我指一指自己，說：「謝謝機長。」

他站起離座容我坐下去，我就伸手，又摸一摸曾經熟悉的油門、駕駛盤、雙腳踏住方向舵，掃視活生生的飛行儀錶。不是在做夢吧？老朋友！又坐在你們面前來了，伸手與副駕駛員一握他的左肩說：「謝謝你！」

溫故知新的窗外，安第斯群峰的積雪，七千萬年來從未消融！炫目的雪暈醉人，低回那左窗下面一片海綠色，是世界最高的「笛笛喀喀」淡水湖，兩百公里寬彼岸的盡頭，在看不清的北方，湖濱便是千年的古印加太陽島遺址，又更古老的提也旺納哥帝國太陽門廢墟，就在翅膀下不遠。

七千公尺高的依廉普冰峰擦肩而過，在朵朵白雲的晴空下，群峰白雪皚皚！抱手胸前，感激上蒼賜我難得一見的美景，也看副駕駛在小心的控飛爬升，向安第斯山東麓亞馬遜河方向，傾斜向低地的冰泥河流域，正前方是翠綠成黑色鋪地的原始森林，許多條萬丈巨蟒般扭曲的河流，沒有方向的臥嵌在黃綠色的地平，又無數大大小小反光的支流，像一棵無限大而洗淨了的樹根，盤根錯節彙集向幾千公里東方，那兩百公里寬的巴西河口，奔流向大西洋。

也漸漸見到許多根瘤般的大小湖泊，形狀成幾何形的正方、長方，梯、矩或圓、甚至有眼鏡或手槍形狀；大小從幾十到幾百公頃一個，真令人不解：古人們是靠什麼測量，能挖出幾何形狀的千公頃大小相同的眼鏡湖來。古代曾有幾十萬的務農也捕魚的居民，在沼澤低窪地挖湖築山，歷經千年，旱季時也湖多魚多；人工山上也盛產蔬果，造成沼澤中的人工島山，成為旱季或水潦半年，都能安居的福地。可惜遭到五百年前西班牙輸入的天花、梅毒而生靈滅絕。從空中看下去的人工山，已是時光陰影下的墳塋，有幾千座吧！古人們就埋在人工山上的赤陶骨缸內長眠。

少人知曉的玻利維亞，擁有造物者公平恩賜的壯麗景色，渺小的我只是滄海一粟，在萬丈高空的一個凡人，怎能敘述神奇！站起來把位子還給機長降落！

「享受太多了，謝謝你，今晚你們在千里達過夜嗎？」我說。

「還要回飛拉巴斯，再到柯察邦巴宿夜。」

「歡迎來千里達過境，到我的龍飯店中飯，或宿夜吃晚飯，只收你們起碼的誤餐費，可以嗎？還有，你機上的空姐真的很美麗，你們很會選美。」

「好！我回去跟公司說，再見！」

回到了千里達，亮執照給民航站長說：「本的哥持牌，明天要接第一單生意。」請拉客，佣金一成，全天候二十四小時待命起飛，明天早上，先去科察邦巴運雞二百隻，母親節缺貨呀。

站長說：「買足保險，就開張吧。」

涉水之獵

美國肯塔基州的資深修女瑪麗亞，常駕她的小卡車來龍飯店，點菜回修道院去和修女們聚餐。多年來從我店，本絕對中國佬烹調的中國菜開鍋烹炸雞、鴨、魚、肉和她最愛的炒麵兩面黃等共廿八道菜飯，輪番吃遍。德高望重的瑪利亞修女，今天領來兩個長得很像她？修女不可能有兒子，對吧！果然她說：「這就是上次我說的外甥和朋友共三個人，這次真的從美國肯德基州來觀光。」

她向他們三位介紹說：「你們注意，這就是甲必丹麥克，也是這飯店的大廚，我見過他有一天，把我們肯塔基州的名牌巴本威士忌，當做啤酒一口氣喝了『半瓶』。」

他三個過來握手說是兩兄弟，都四十多歲戴著眼鏡、耳環、揹著照相機，專程來度假，看姑姑，一邊研究我別號「半瓶」的名片說：「今天，我們要大吃一頓，飯後，跟你到亞馬遜河畔去釣魚。」

「行！」我說；吉普車在車棚內待命。魚餌用的牛腱子肉有現成的四條在冰櫃裏，吃完飯，我的兒子可以開車像上次陪你們姑姑去的地方，也陪你們去搬兩條大魚，到她的修道院去烤，去煎，去冰凍，在中國，這該叫做吃不完兜了走？

「還有，」她說：「你上次跟我們說過，要飛我們去打獵釣魚。費用還是一天三百五十元嗎？」

我今天喝了酒，明天不飛！就打電報去米契的牧場，約定後天一早，「你們起得來早床嗎？」我問。

「早上起床？我早上四、五點鐘起來祈禱了五十年了！」她說。

約定天亮前半小時起飛，到牧場上空剛好天亮，越早越好，晚了就可能要空手而回，得要改一天再飛了，我等你們四點半到機場，俗話說：「早起的鳥兒有蟲吃。對嗎？」

她說：「一定！三百五十美元先付現金，你看。」

本大廚是真正瞇瞇眼的中國佬做菜，且親自切肉、剁雞、掌瓢，調教出一批玻弟、玻妹、徒子、徒孫就業，不知是誰領頭，一律叫我爸爸！不是嗎？白天三個孩子上學攻西班文去了，我飆老鐵馬在泥濘的街頭，載兩個卅公斤的煤氣桶滑倒！爸爸！跌倒的驚呼！一呼十應，抬我回家，一看我跛了上石膏就一個個落淚行行，這一叫！叫出我的天良。因我不只是準時發工資，且負責各人的生、老、病、死。且歡迎翅膀硬了隨時跳槽，高飛遠走出去有六個臺灣大小面積如義大利，人口才不到卅萬的玻利維亞國冰泥省，多的是可行、可發小財的城鎮，就憑一灶、一鍋、一瓢加一把刀；像去了加拿大溫尼伯的僑領劉鷔，當年單兵獨馬，北上巴西邊境的麗貝利亞達，是連冰箱，桌椅全是租來的，精選一位美麗賢慧白天管帳跑堂，晚上也陪睡覺的玻妹歡那；自己砍柴，燒火，也照做廿幾道羹湯菜飯，苦了兩年就鼓了荷包，申請加拿大雙雙移民，從四季如夏的亞馬遜河去了他喜歡的冰城溫尼伯。

如今我是這南美亞馬遜河流域，冰泥省城千里達市的名廚，兼營空中計程車的「的哥佬」，曾是大中國的小臺灣省的軍機駕駛，開過老舊雜亂的飛機十幾種，也身經百戰，命硬不死。現在來獨沾自由自在的異味，升任只有一具蜻蜓型單風扇，能坐四個大人，總載重一千磅，才從美國邁阿米買來「新」的小飛機，印了名片，來客便遞上一張，號稱龍航空公司的總機師兼的哥，機械士兼掃地，龍飯店大廚。上工價格和飯店的菜單，印在名片背面。

話說天亮前半小時，仍是伸手不見五指的黑夜，只東天有一線曚曚亮魚肚白，去牧場釣獵要飛跨亞馬遜河，最大支流的馬麼來河的西方，是對著直飛過去肯定撞安第斯山的墨黑方向，夜航摸黑儀器起降，是靠卅年飛了兩萬多小時不死的專長！全千里達市的其他毛頭小夥子甲必丹，此刻多半是敞著啤酒肚在睡覺，要他們去也是先一天，必須太陽碧空才起飛，降落牧場宿夜給蟻叮蚊咬，第二天早晨才出獵，下午回來算兩天一夜，七百元，貴我一倍。

果然他們三人準時來了，握手！

夜涼中坐進像高級轎車的座艙，有香味的真皮帶枕座椅有說不清的豪華，繫好安全帶，暗光的儀錶燈壯觀堂堂，油箱全滿，淡藍淺綠的泛紫螢光，像是微形波音客機駕駛艙景象，後艙有查洛基小口徑22和十二號的霰彈槍，美國子彈箱；保溫箱內有冷飲，身上掛齊了一切。前座有兩個駕駛盤，我對亨利說：「如你願意，起飛以後你才可以扶住副駕駛盤，我免費教你享受拂曉平直飛行。」

「謝謝！」他雙手抱胸。

我按下按鈕，螺旋槳葉轉動，引擎轟響！運轉完美。

起飛許可昨天已申報，塔臺專門為本CP-1214號起早床，抓起麥克風，開亮了機場燈光。

「早安！1214請求滑行！」

「早安1214！可以滑行，跑道14號，可以起飛。」

「一架飛機獨用一個機場，像帝王。」我說完握亨利掌心出汗的手，他在緊張。

是的！我飛過四引擎，有兩萬匹馬力載重十萬磅的國際航班，起降在一萬多米，十多公里長的跑道；也飛過時速二千五百公里的噴射戰機，是美國倍音速俱樂部893號終身會員。今朝卻是一隻才兩百馬力的小蜻蜓，載重幾百公斤，去百公里內的牧場，尋找五百公尺長的草地跑道上降落，遠遠望過去就像要降落足球場。但這是自掏腰包買的私人飛機，為釣獵起飛享有翼下亞馬遜蠻荒的驚險，翅膀下曠野裏多的是猛獸：鱷魚、蛇蟒、電鰻、火蟻和螞蝗。一隻蜻蜓又在七千呎不高不低的空中面對死神自在逍遙。

前面的螺旋槳是信得過的新風扇，運轉得如我老還童的心臟，一對歷經滄桑的老花眼，從後照鏡看東天的魚肚色在泛金光。天色！絕對準時的為凡人們在放光。我怎麼會真的來到這個作夢也未想到的地方？再一次收小油門，降低高度去著名的蠻荒機場？黑夜在變成灰暗的迷濛，黑森林泛出濃濃的翠綠，千頃的湖光瀲灩著不變的曙光，在湖水上點染著千言萬語的鱗光。正是這個綠色的草地跑道上，有牛在走動，我低飛搖搖翅膀掠過，牧童和牧場主人荷西在向我揮動手掌，荷西你們要的必需物品已辦妥在後艙。放心對正跑道收死油門，輕如蜻蜓點水，飄翔在靜風綴滿朝露的青草地毯上，著陸滾行，拉開側窗揮手。

荷西指揮著牧童抱著木樁等我關車下來，立即在四角釘樁牽引一卷鐵刺網，繞著我價值一麻袋美元的寶貝蜻蜓，趕快！提防不要讓牛角給挖壞了翅膀就砸鍋。

牧場咖啡已斟在戶外的桌上，沒有椅子，各自舉杯一口飲盡，解槍出鞘，兩個牧童兼獵手已各牽一馬出柵，走向水澤前的兩條獨木舟，領頭的牧童用開山刀輕拍他的槍管！四條黃色獵狗興奮的互逐跳躍上船去！一人騎一馬，挽一舟前行，漸漸水深過腰，馬頭高舉，鬃毛左右搖擺；貴賓們和我共五人分座，一船一馬悄然前進，真的是神鬼不知無聲的馬力涉水。領先的船先從馬背上引船釘樁，牽放漁網，水深網下沉，拖長再釘一樁，到百公尺最後一樁，施放完妥，兩船跟向對岸密林去登岸；拖獨木舟上岸，繫雙馬入林。

狗兒下船如箭，跳水上岸，我看不清黑森林的深處，先呼吸到八月旱季火耕後草木的薰香，四狗已一線汪！汪！向前，獵人懂得犬語，說：「野豬！哇！」是那百公斤重，獠牙交錯的，會追咬，甩頭拋人半天高，連老虎也怕牠三分的大野公豬嗎？那可要命了，人最好是立刻爬上樹梢去避難！

但此刻卻竟然是造反！豁出去了，緊跟著牧童開跑在無路可記認的野林中。南美亞馬遜八月冬旱是獵季，蚊蠅少，蛇類冬眠，林中空氣涼爽，來不及像獵人也脫光上衣，赤膊在遍地枯葉的林地上爽快的逐狗狂奔！呼出胸中廢氣又大吸大吐！群狗領頭不停的左巡右覓，細心的追蹤，我只聽自己的腳步踏碎枯葉的聲音，緊跟著探頭搖尾精神抖擻的狗跑，也絕沒想到，終於能見到大野豬被狗包圍，飛竄到氣絕，倒下的一幕，現出鋒利的尖牙，左右甩頭，群狗在四圍遠近跳躲，追咬豬的屁股尾巴，但都探頭探腦害怕被豬的牙齒叼住一甩，撕下頭皮，斷喉裂肺。群狗圍著野豬向人汪！汪的吠說：「野豬，在這兒了！」

我把槍交給亨利。才發現剛才落隊的兩個客人，現在也趕到抓著照相機。

卟！卟！兩聲。牧童趨前彎腰拖動仍在顫抖的野豬，「好重！」他說。拔刀立即開膛，取內臟和豬身分別高懸樹梢高處，不給狗吃，另有一說是狗吃飽就跑不動了，群狗爭著舐血！

剛剛喘好氣，領頭的獵人又刀拍槍管，狗隊又繼續向前一線的追！時快時慢的嗅，在不停的嗅！偶而的搖尾嚎吠！狗舌已伸到最長滴汗，獵人的紅銅色赤背因汗溼反光，我的汗衣溼到褲腰，卻無滴水潤喉，像狗，人也嘴角吐白沫！美國兩位貴賓慢跑跟蹤。我一輩子不曾這般的跑跑停停！兩三個小時的距離，已生平第一次就超出馬拉松長跑。只因為被另一豬飛竄招引，四狗包抄，左穿右突，最後才又被狗陣圍困在樹根一側，聽到一聲：「卟！」

陽光已照上高高的樹冠，透入密林，回頭走！卸下豬內臟先餵狗，我跟著識路的他們背後，看掏空的豬殼騎上兩個牧童肩背上，還在滴血，難忘他倆背著兩頭豬收獵的景象。走到解馬樹，狗、獵人和馬就先牛飲咖啡色的湖水，我取出船上的冰啤酒邀請獵人，舉罐引馬，輓船下水，回航收網，竟網著兩條卅磅的大虎鯰，尖頭穿進政府檢定不小於一寸半見方的網眼，繩線就箍住鰭蓋悶殺！兩條各有兩公尺長！那小於一寸半網眼的魚能穿網而過；百米長的大網必須兩端三點固定，供魚類觸網後掙扎的彈性；這也提供像我這樣的釣翁，遇上卅磅職業漁夫級大魚上鉤時，一磅重的魚可發三・五磅蠻力，三十磅的亞馬遜野魚發力一飆線，如非人腰上早已繫好尼龍索，固定在背後的地樁或大樹上，角力時，大魚的勝算是人如箭發，射入滾滾的波濤，跟河神、水鬼約會去也。

遇每年十一、十二月、到來年四、五月的泛濫時節，垂釣亞馬遜，釣點是人對大小魚類的選擇；吾店後院便是亞馬遜河的支，支，支流的聖歡河畔，長寬三十乘五十公尺面積，三公尺深的沼澤後院，年年檢修椰樹的硬板籬笆縫，不讓大河豚跳進來後院，也嚴防鱷魚、巨蟒鑽入廚房來開飯。午夜前，三節手電筒加後院百瓦電燈光，照亮群魚蟻集洄遊，千口等待魚餌的景象，是稚兒幼孫們下釣的福地，用不到麻繩繫腰到井欄幹上，用不到怕巨鱷把孩子像水餃一口一個，他們小手拉竿，抽線，上餌靈光，小腳馬步耐久，一人身旁一大水盆，看誰先上手到一百條，而且清一色只要油炸出來，啤酒宵夜時，刺少肉嫩的鯰魚，其餘的閒魚放生，等發育長大後到大河畔，再取你們的魚命。

今天獨木舟載回兩頭野豬，兩條虎鯰（THE TIGER CATFISH），回到獵戶門前，我們與獵人，剛好一人一半，豬、魚各一，另加付牧場主人綠背百元美鈔一張，午飯是柴烤現宰的一頭野放牛羔的兩條嫩裏脊和醃燻排骨，喝的是空運來的冷飲，和牧場窖藏的雲給牛老酒，滋味在林中五小時追逐後歸來的胃口，像餓鬼般飽餐痛飲。各人體重比來時增加幾公斤是當然，看一個個登機，都先放寬座椅上的安全腰帶。

不再回頭的三個美國客人跑過去，和萍水相逢的赤背獵人擁抱說：「再見！」

藍天碧空，烈日高懸，解開鐵絲網，發動引擎，對正綠草黃泥的跑道，烈日已蒸曬出泥草的芳香！起飛後，繞飛超低空通過跑道，搖翅膀蹬舵擺扭機尾爬升，飛跳阿根廷高楚探戈向牧童們致敬！日已偏西，熾熱的赤道陽光在機尾送行。我說；請看翼下是亞馬遜河的河子、河孫大小的群龍蜿延在碧綠

雨林中，奔流向幾千公里外的大西洋，無數幾何形：方、圓、梯、矩和眼鏡，其至像手槍的湖泊，是古人類幾千年前為防每年有近半年的泛濫，取土堆築的人工山，人在山上居住，是五百年前西班牙人傳入的天花、梅毒滅絕了他們，年復一年，幾千年造成的大小人工湖泊，島的形狀，低頭一看就相信。人工山上埋藏著幾千年的石器，古陶文明和墓葬的博物院，山上的果樹至今綿延存活。

從牧場的草地上起飛，在莽蒼的雨林動植物上空平飛半小時，回呼千里達機場塔臺：「CP-1214回場請求降落。」

「CP-1214可以降落。」塔臺說。

跟在玻航的波音大客機後面，蜻蜓在逆風中搖曳，不快不慢的飛來卻有滿載的大肚皮，瞄準前方的黑柏油跑道上那一點，輕拖著雙腿，輕三點，軟著陸。

快！亨利，野味要快送修道院。

啊！看見了嗎？瑪利亞修女的皮卡車在等待。

註：雲給牛酒（YUNGANU音譯），取榨牧場人工山上的葡萄柚汁，加30%公賣局紅鐵桶裝的100%純酒精後，埋入地洞，陳年後威猛的玉液瓊漿，醉後便登仙境。我們的古詩仙、詩聖，李，杜，陶淵明，實在是生也太早。

叉腰浩嘆——鴨王西門慶

龍飯店，是天下億萬家飯店汪洋中的浮萍一片，孤苦伶仃的飄泊在亞馬遜河上游，安第斯山東南最大支流，位於現今南美洲，玻利維亞國，冰泥省的河子馬麼來河，再支流河孫依瓦勒司，再支流的曾孫聖歡河畔：有一處用椰棕板圍住一塊五十公尺寬，乘三十公尺長的低窪地，便是敝千里達省城龍店後院，每年六到十一月旱季，這後院是陸地；十二月以後泛濫時節便成十幾公尺深的聖歡河，也是內陸淡水海濱。

本老闆兼大外行主廚，硬上馬開的龍店，竟然能存在十個春秋，該垮不垮，照說早就應該被印地安老鄉們砸鍋，尤其是九十年代的阿根廷跟英國爭奪福克蘭島戰後，南美十一國遭歐美列強報復經濟封鎖，一美元換一百萬玻幣，吃一頓炸雞炒飯，要一麻包袋鈔票；進口的獵槍子彈，貴到一彈貴過一隻野鴨。使亞馬遜獵人的槍管裏長起紅鏽來啦！但本龍店仍決心，背後院的內陸海水一戰，名留亞馬遜。

全國僅此一家已難生存，絕無也不懂何謂分號，所以連「我的朋友」總統賈西亞也可憐我，曾多次噴射專機來吃的「滷炸野黑鴨」下凍啤酒，是本店僅存的主要絕招之一。如今天下大亂，這一招也得了絕症；但只要向天上看，無論拂曉或黃昏，都是黑鴨滿天飛，缺子彈請牠們下來；免講啦！好吧，亞馬遜沼澤裏是絕對的有機腐質土，摸不到石頭，也得過河。

本變色龍店雖無二奶，卻有三兒，十多位玻妹女傭，再缺牙領班加米羅也要活下去，好吧！抱歉！變通一下，野鴨改家鴨：就用老廣、老台稱叫的「紅頭番鴨」來頂替吧！反正這紅頭馴鴨的老祖宗也是自古千兒八百年前，曾經是這千里達城外滿天飛，精過猴子的大野黑鴨的玄玄子、曾曾孫，幾千年前就開始被本地印地安佬鄉捉來馴化了千百代的雜種。

閣下近視眼，好！打遠處看不清紅頭番，而照起像片來，外貌，硬體頗像牠老祖宗的樣子。可惜出臺、內涵明明欠缺，清燉上桌絕對走味。但經敝龍店，十年不換滷法的五香大料鍋的陶冶，假！也可努力冒險亂真，菜牌上只刪一個「野」字，以昭誠信。說不準今夜「朋友」總統又來了，院子裡站滿了拿衝鋒槍，斃人無數的衛士，總統兄又要吃招牌黑野鴨，只有老朋友我敢親自端出冒牌的紅頭番上桌，因為缺牙大廚加米羅害怕萬一他端出去，口味不對勁，總統兄大眼冒火一瞪！會拉出去槍斃。

好吧！沒死，行！過關接著幹。從此近在大門外的大市場門前，就不時有人賣紅頭番，不太肥的排骨形全部搶購收下，總統都愛吃了！走俏不夠數，肥的也行，勿忘用走油法先炸一炸；因真正的黑野鴨公，鴨婆通身全是精肉，怎會突然發胖冒出板油來的？怕人家批評，蜚短流長就要混不下去的呀。

貪財的我，又想日進斗金，產銷一元化，改自養一百隻番鴨應市！但旱季時的群鴨叫春呱！呱！呱！可以晝夜幾個鐘頭呱呱如雷貫耳！再加上百頭群鴨拉屎的熱騷味，都夠厲害得讓前、中院的食客們發瘟！又雨季百鴨也頂不住從籬笆縫下，鑽進來更多的大鱷魚，連小鱷魚也被號召來了，成為廿四小時全天候，百鱷集合的今古奇觀，那我這龍店的鍋就砸定，看來百鴨大戰是搞不得。

奉行民主溝通，跟大廚加米羅商量，他說：「最多能養十五隻。」好！福克蘭的仗還在緊張的打，阿根廷的法國神風魚叉飛彈，精彩叉沉裝滿了千多英國佬的主力艦。英美狼狽報仇經濟制裁禁運，全南美物價飛漲：本老漢曾經二戰：內戰，越戰的飛漲物價洗禮，就趕快動老本錢先搶購一車，囤積一百鴨份的飼料，夠十五隻鴨仔吃飽半年。照理說，菜鴨群原本DNA裏仍識水性，可以潛水去尋蝦、覓蟹，而現在牠們一隻隻，全部走種，渴得張嘴扇翼！但絕不下水，成了旱鴨子，騷臭沖天，整日在羅望子樹的蔭涼下，吃飽後全部排排蹲坐，不停的乾洗羽毛，視水如火。

是因為後院水裏除了有吃人魚無數，還有大小鱷魚已在夜晚聞香列隊從後籬鑽入待命，在手電筒照射之下，一雙雙鑽石般閃爍定向的雙瞳，別說番鴨，連我見到也寒心！是的，牠們遲早都會登陸開飯的。真囂張！牠們白天在太陽下還張嘴曬牙，列陣以待嫩鴨來塞牙縫，似在宣言：中式好菜我先嚐！這景象！嬌妻見到大叫：「我的媽呀！」孩子跟著大叫：「爸！快開槍！」

開槍？子彈貴過鱷魚呀！不合成本會計，試橡皮彈弓。

爸！你忘了這兒找不到石頭的呀！

入境得從俗過年，也拜印地安習俗的伯雀媽媽女神，照例由稚兒在後院放一串大炮竹，響聲大過霰彈，機關槍，類似俄羅斯的森姆火箭，嚇飛十五鴨全部跳水，兩隻鴨婆死鑽，硬飛，栽到籬笆外的聖歡河！兒子怕挨揍，吼叫不回，回頭再看鴨鴨？都被鱷魚吃下了肚。因此，兒子三天不與我照面！視老爸如路人。

為節省鴨糧，講究搞好最高市場經濟效益，配合改革開放，省錢為發財之本。只好把一夫一妻制的八大男番，殺到只剩一公，再補充母的，封頭號精壯大鴨公為後院之皇上，播放貝多芬鋼琴曲、皇帝奏鳴曲為鴨皇祝賀，像千萬大款想搞的三宮六院，將來集美眉三千而稱帝！讓牠先爽起來。現我們四腳蛇龍店只配小搞，來一皇、四后、再加十妃，共十四個母鴨，用實驗來檢驗真理，不錯吧？缺牙男工卡米羅說：「爸爸！這個中國搞法，牠吃得消嗎？」

結果呀！幾窩鴨蛋全孵不出小鴨。最後，鴨王在四后、十妃的絕配下，奄奄一息，紅頭上的髻毛被成群母的啄光成禿頭，居然母鴨騎上了鴨皇背上，皇帝成了落敗的西門慶。見到母鴨跑近，哈一聲！讓路再被窮追。怕怕！落荒而遁，八字腳繞道！但絕不下水。真是前有狼後有虎！

女廚師伊麗莎黑跟我說：「爸爸！滷掉那幾隻噁心母鴨，救鴨王一命吧！」

「對！先拿下最凶的潘金蓮。」我咬牙說。

「爸爸！你叫我？」

嘿！可惜！十個女工，沒有一個玻妹明白，俺在說啥子？面對這亞馬遜汪洋，叉腰浩嘆！

波羅映獵鴨

波罷映是一個地圖上找不到的地方，如你一定要找POPAYAN，在拉丁美洲的哥倫比亞南方可以找到，卻完全不對；就像天下有七、八上十個聖地牙哥。如今要去的波罷映，位於亞馬遜河上流、玻利維亞境內、冰泥省城千里達市外（TTRINIDAD BENI BOLIVIA）正西，擺渡過阿爾馬生河，再擺渡過亞馬遜最大支流的馬摩來河，再渡地哈母戚河，陸路六十八公里處。在五十萬分一地圖上，這塊地方是沒有標示的空白；但波罷映這個地點是長寬各數十公里的美麗平原，僅史伐列斯的私人牧場，便占地三萬多公頃，畜牛一萬五千頭，趕牛的馬數百匹，正經的牛仔上百。

近年來，此地經法、英、德、阿根廷、美國等考古學家確定：二千到七千年前曾有史前文明，曾有幾十萬人居住；今天這整片大地變成蠻荒，是因為五百年前，西班牙人侵佔南美，傳入梅毒和天花把人滅絕；到一百多年後，西班牙後裔玻利華先生革命，玻利維亞脫離西班牙統治而獨立。又百年後，史伐利斯家族從南方的聖十字市（SANTA CRUZ）趕了四百頭印度種牛北上冰泥大荒原，縱馬千里極馳，跑多遠就算多遠，盡屬史伐列斯名下。從南到北及巴西邊境，全省面積有臺灣六倍大，只要可住人、放牛之地，曾經全屬史家姓下。西元1952年，這兒也搞過土地改革，史家的財產才分散。史家至今已傳了五，六代，波罷映牧場是史家分支下的部分私產，主人史伐列斯五世，是我飯店食客。他太太十分威嚴有福，卻佩服敝飯店的一道糖醋排骨，三個兒子輪流著管理牧場，有牧牛仔家庭近三十戶，散居牧場裏。

每年三月以後是秋冬旱季，一連兩三個月的大太陽，把牧場除了湖泊及沼澤之外的平原，全部曬到龜裂，我便每逢周末到訪。在機車後貨架上備齊香煙、白糖、咖啡、洋蔥、蕃茄、電池、火柴等，分贈沿途各處，他們便回敬飲水、鮮奶、乳酪或羅望子汁給止渴充饑。各家大小，嘰嘰哇哇，告訴何處有黑鴨（PATO NEGRO）。朋友，你吃過南中國由葡萄牙砲艦從亞馬遜傳來的紅頭「番」鴨嗎？

這一「番」字表示此鴨的老祖來自今日南美的黑野鴨，是巨無霸，成年的黑鴨公精明強壯，體重可以重到五公斤，翼展超過一公尺。若這領隊飛行的鴨王，被你一火把牠矇下來，這會兒你獵爺閣下，不宜樂得發呆，而必須眼明腳快，立即閃躲，莫要被牠砸在頭上，滿天星斗，就吃油炸花生也不香了。驚魂甫定，定睛一看，鴨公全身黑毛，僅兩翼內膈羽毛雪白，年長的母鴨翅上也生白羽，重量少能達到三公斤，肉質嫩滑，都有真的鴨肉原味。

古亞馬遜獵人族的孩子們，捉到了黑鴨雛回家飼養，就像把野生的牛豬雞狗畜馴；且不斷地弄短鴨翅膀毛，或斬掉一個翅尖，解除飛行能力，然後不知多少年代。今日野黑鴨公頭上那英俊、神氣的髻冠、腳蹼上尖銳如鷹的長趾爪都退化了，原求飛行重心平衡，嗉囊位置在肫的前端不遠，亦即重心零點位置；而人類發明「填鴨」，把嗉囊填到脖子下面來了。飛行的機能乃徹底向地傾斜，加上非純種雜配，成了後院的菜番鴨怪模樣，鴨味已差，只是剩甜麵醬味道。

愛吃真正黑鴨的人頗多：飛行員、醫生、教授、律師和工程師等比比皆是。其他眾人也愛好此味，只是槍彈要用錢買。積千年的經驗，自人類有箭弩以來，黑鴨子們也愈來愈精於隱遁繁殖。而今天現代化的獵鴨人，豪闊的駕私人小飛機或租敝龍航空計程車，出發到一百浬外的牧場去降落、紮營、宿夜。本大廚兼的哥便常伴獵，吃鴨肉上了癮了。

酒餘飯後的敝龍飯店也是鴨情中心，在食客中選牧場，挑獵伴。決定：選場為「波罷映」。獵友，阜歌・李培洛，二十五歲，為一富家女婿，駕摩托猛狠，但一身白皮，滿頭黃毛。第二號，現年二十八歲，小城的鐵馬修理店主，黑髮八字鬍，槍法一流，又子彈卡膛、車胎泄氣、獨木舟漏水，他都修理，綽號「瘦子」，忽拉哥。最後，大廚我——又號「的哥一瓶」，吃野鴨時啤酒算冷飲，白酒要就幹一瓶！

每年十一月底進入雨季，大平原開始處處淹水，沼澤的泥濘可以吞人。號稱會飛的登山鐵馬摩托，只要一頭栽進水去。慘！毒蛇、巨蟒、電鰻、吃人魚、在水裏等人；食屍鷹就在頭上盤旋。鳴槍如爆竹，繞你不去。稍近黃昏，蚊群傾巢而出，見肉叮住死吸十口，千口，人的雙腳跳動不停，兩掌噼啪齊揮，仍被咬得不亦樂乎。逢陸地更有咬人、螫人的火蟻，從腳上集合向上或從樹頂空降，餓不可遏，想把人螫死搬回洞去。又有多種野蜂，等你發現時已成群而來，螫了幾十上百針在耳朵和眼皮或手背上，明早可能眼睛腫成一條縫，手背胖如熊掌，下巴歪成左、右派。

十一月雨季，是南美的夏天，潮溼悶熱，赤膊也不爽，正暴露了人體的弱點。在這舉世聞名的黑色雨林裏、綠色地獄中，現代文明被大自然封鎖得走投無路。夜空裏，如蚊的普帝里鴨陣嘯唳橫空而來，萬翅掠風，呼呼可聞！就在這省城千里達市萬家燈火的正上空通過。閣下你夠瘋狂，可以先在後院燒一大鍋滾水，在院中舉霰彈槍閉目轟之，會有霉鴨墜落在後院的滾水鍋中，但只能偶而一槍，因槍響不久，警察也到。

去波罷映好，禮拜五便開始準備出發。出發時的用品從內衣褲、襪子、長靴、上衣、長褲已事先噴足殺蟲劑。現在是九月，正是鹿虻猖狂、螞蝗吸血、八腳蟲孵化、毒蜘蛛出洞覓食、初春的野花盛開、蜂狂蝶舞的季節！好看得要命。

在大冰櫃裏凍兩加侖白開水，曠野中，餓兩日不死，渴最難熬。每人麵包三個，沙丁魚一罐，餅乾一包，鹽半磅，羅盤一個，小刀，開山長刀飛快；紅藥水、膠繃帶、手套、除蜂紗面罩、打火機，蠟燭兩支綁電筒上、頭燈一付。小瓶威士忌，殺蟲噴劑一大罐。備份衣褲、襪、帳蓬、吊床、尼龍被、雨衣、塑膠布、槍膛噴油、槍套上的彈袋裏，帶一包送牛仔抽的香煙。星期六正午晴，大熱天，在樹蔭下吃完飯，摘楊桃，怕路上口渴，又先灌足一肚子的涼水，提槍到店門外。天儘管熱，要戴手套，穿長袖襯衣，褲腳管捲進長靴，靴裏靴外再噴殺蟲劑，全身是毒不管咬不咬人的蟲類，一上身便沒命。就猜不透：黃毛阜歌，和瘦子忽拉哥，怎麼可以穿短袖又不噴藥，難道他們身上有野豬皮的DNA？

兩聲車笛響在大門外，他倆大叫！LISTO？好了嗎？抓他們進來再添一杯水，才把車子亮出大門外的驕陽下，出動。從店前大路左轉出城，便是郊外大平原去波罷映，也是去京城拉巴斯的泥巴公路。一上路瘦子領頭加速，飛起野鳥無數，路旁牧野中，有牛在風吹草低處抬頭；吃驚的駝鳥拔足散羽而逃。無際的地平，幾百公里內無山。碧空如洗，升起的積雨雲在遠方。

低空不時有食屍鷹盤旋，得隨時準備停止呼吸，也許就在路旁，有被響尾蛇咬死的牛，死馬的臭。六十八公里路程，要三次渡過亞馬遜上游的支流輪渡。輪渡主人收下買渡錢，照例預祝豐收，明天好送他一鴨。

亞馬遜河巨流滾滾，千秋不停；流向大西洋的河口有兩百多公里寬。河長六千公里，大小支流一千多，渡過了地哈母戚河，便右轉入大草原，已沒有路，只有被牧場主人的車輛及牛馬踏出的依稀野徑；記偏西的太陽及遠方樹林在地平線上的標識，仍以五、六十公里時速前進，若慢到三、四十公里則實在太坎坷不平，反而走不動了。乾裂的大地，加上牛馬踏過的蹄印，形成許多突起的尖尖。草深及腰，車輪不宜著地，只適於草上飛車，既快又穩，卻不能膽小，不能想家有妻兒，或頭盔下的頭髮白了，才能跟黃毛與瘦子並駕齊驅，必要時也必百里時速超車，如後照鏡裏見有老虎衝我而來。

飛車另一安全是不怕蛇咬、蜂追、蟻爬；而且午後的驕陽，必須如此才會感到涼快。長長地平線外的那一點，穿越叢林過去便是史家牧場，我們不只是為了看風景而來，但玩命是真。

滿頭白髮的史伐列斯是百萬富翁，每次對經他特准進入他牧場的我們，進入他的大門時總是大叫：「午安，中國佬。」

「午安，史伐列斯，您好！」

或是老史不在，太太在，或太太不在，兒子在；又兒子不在，僅牛仔和工人的家屬在，都一律歡迎。我們是這牧場唯一特准的訪客。老史說過：「波罷映的鴨子，歡迎中國佬！越戰頭盔是註冊商標。」

記得第一次到牧場，史太太在。黃毛上去開腔：

「辛紐拉史伐列斯，我叫阜歌，跟瘦子、老中，想在您的牧場裏，獵黑鴨、宿夜、明早午餐以前離開，行不行？」

「COMO NO為什麼不行？」史太太微笑反問。

非常仁慈，十分感謝。

你們可以先喝一杯羅望子汁，完了有咖啡，喝完咖啡便去打獵，愛去那兒便去那兒。史太太高大，眼神有威。我們遵命喝完飲料出發。通過三、五道牛欄木栓，奔向曠野，瘦子是識途老馬，爭先在完全沒有路、沒有人跡的草原中衝刺；不時有鳩群飛起，野鳥停啼，吼猿驚叫！

他急急地要到黑鴨大本營的無名湖畔，把摩托車刺入密林。下行頭，取下摩托電鋸，立即鋸下適於做獵屋的樹枝，綁緊在較粗的枝幹上，拖在三部摩托車的後架橫梁上，累得直喘氣。各式咬人的蟲類開始上身，不管，拖著走。先做本老人家的獵屋。才近湖濱，成千的鳥類驚飛，一齊鼓動翅膀的聲音轟轟然。有巨型紅頸的白身塘鵝、蛇頭鷺鷥、黑鴨、普帝里黑鴨、比齊齊鴨和不計其數的其他禽類。

瘦子停下車來，等我靠近時說：「一瓶，你見到了黑鴨嗎？」

我高興的說：「沒見到，老花眼只見到滿天蒼蠅。」

「有一百萬吧？」他說。

黃毛低聲說：「快呀！許多工作要做，天快要黑了。我看他的獵屋放在這正西靠水的地方，明早來洗澡的鴨子一定多。好！走。」

三大把樹枝，像三支大掃帚在湖邊的旱地上，拖起三大朵滾滾的黃塵。這如果是當年的長板橋頭，有如千軍萬馬，張飛曾嚇曹操一大跳；但此刻驚起更多的鳥；也驚起許多水豚（CAPIBARA）登岸。領頭的雄豚重達百磅以上，體形一如野豬，有一對大兔寶寶牙。

就在這裏做我的：獵屋！掩體也，CASA MATA 殺屋？阿彌陀佛。

解開三捆樹枝，再動用電鋸裁取長短。就在水濱的泥濘地上，先踏栽一圈粗枝，外掩枝葉較細的柔枝；黃毛一手執刀，腰上不知何時取了一團繩子，開始抽出把一圈、一圈的樹枝圍緊、綁牢，一邊綁，一邊叫口渴、討水。

在背向湖岸處，把獵屋開一狗洞，人必須四腳爬行才進得去，我便先把大槍和獵凳塞進去：這樣，明早黑鴨子是一定看不出中國佬，正在其中瞄呀瞄！

一屋已妥，即趕第二處，造給黃毛位於正北，距我有六百公尺。此時回望我的獵屋，就像一頂插滿偽裝的野戰頭盔，既滑稽又新鮮。黃毛的獵屋完工，把他灌滿了冰水，還有半個小時就要天黑，叫他先進獵屋，先弄兩隻呆鴨公今晚煮粥。他鑽進去。不，是像狗爬進了窩裏。

瘦子的獵屋造在東南角，是等腰三角上的一點。位置居高，鋸樹也方便，便蓋得特大，莫非要在裏面睡覺？他夫妻感情特好？在旁邊也見到咱們去年獵屋的枯枝，有的已經成活了。成了一叢小樹，有小鳥停在梢頭看人忙碌，一定在猜這瘦子跟中國佬在發神經吧！

黃毛的槍聲響了，沒見到黑鴨在他附近飛起，是黑鴨搜索班第一名尖兵已經到了，倒了。

槍聲一響！瘦子便有幾分神經兮兮，嘴裏叫累，卻瘋狂地加速完工他的獵屋，口中念念有詞：「太晚了，太晚了！」太陽已下墜到地平線上，成千的巨型鳥類飛回到湖濱來覓食，食飽又飛走宿夜。背著陽光，把牠們的羽毛染上金色，三個獵屋已完工，瘦子喘得一場糊塗，把電鋸綁上後車架，騎車回岸邊去停放藏好，準備回來爬狗洞。

我也飛車去鑽洞。夕陽西斜，是生物出洞及許多禽獸醒來的時刻，蚊蟲也開始搜索野獸吸血。

爬進獵屋已是一片黑，開始整理內部的枝椏，裁去樹葉，修出射口，用槍上的瞄準望遠鏡搜索遠近。用耳朵諦聽黑鴨特別強有力的撲翅聲；感覺整個湖面突然恢復了秩序，寧靜了下來。

既為黑鴨而來，則其他鳥獸一彈也不發；那怕斑鳩停在屋頂上咕咕地唱！黑鴨先瞄那老公鴨，因牠最肥最大，母鴨次之。一則個子小，又窩裏可能有小鴨，明年會變成大公鴨；黑鴨有幾千萬，一到十二月，波罷映就要到淹水的雨季封槍，此刻對「老廣」來說機不可失。

今天看到我們造獵屋的黑鴨群，其精如猴，多半不會回頭再見。必須那不知情的木木而來，落在獵屋附近，一百公尺左右才行。篷篷！篷的撲翅聲，好似有幾匹馬力，下來了，伸頭縮頸！上肉已在眼前，可以放心慢慢瞄，按照射擊諸元，缺一元即不扣扳機，響槍擊中眼仁，因頭鴨倒下撲地時，容易引起空中另一鴨注意，降下來看看牠究竟為什麼抽筋。而第二隻落下來，則瞄準要快，不可再等，第三波的嫩鴨也多半要下來研究。

獵屋頂上，樹枝較稀疏，可以伸出頭手，不管是黃毛的北方，瘦子的東南角槍響，鴨群飛起衝來，這時可舉霰彈槍突然站起連發！千萬記住，莫讓老鴨王砸到頭上，就用槍桿子把牠掃到旁邊去，不用擔心，從西貢的越戰時代買來的野戰頭盔已戴在頭上，又曾經是足球毛波隊前鋒，假如實在躲不開，老漢自信可以一頭把鴨王頂回去，像六十碼外飛來的一顆足球。

毒都滄桑

COCAINE是柯卡因，又譯古柯鹼的英文名。COCAINA（柯卡因那）是「毒都」千里達的西班牙名稱。按本地人俗稱為PICHICATA，毒販則被人稱為PICHICATERO，是用號稱已有萬年歷史的柯卡（COCA）葉提製的有機鹽基可作為局部麻醉劑，卻遭人濫用，成為世界著名的毒品。

1986年7月初旬，美國特遣部隊一百六十人，配合六架森林武裝直升機，另由不明架數的四引擎C-130力士型運輸機，所有飛機一律漆綠色，沒有國徽、沒有編號，一夜之間，飛進了亞馬遜河最大支流的馬麼來RIO MAMORE 河畔的玻利維亞，冰泥省城千里達市，機場跑道東端的玻國空軍基地，來殲滅柯卡因。

這地方出了大事，不到三天，各國記者蜂湧而來，都吃驚！這兒的柯卡因太便宜了，一公斤才六、七百美元就行了，在歐美是千百倍的天價。

千里達是六萬人口的小城，建設落後，城外被形容是文明止步的綠色地獄，卻是當今風行世界的麻醉品柯卡因大本營。世界純度最高的百分之九十九的上等貨色，用塑膠袋包裝，在更上游的產地恰巴里港口地攤上，一年前就已跟麵粉、火柴、香煙、白糖一同公開擺賣。所有製造工廠均隱藏在令人找不到的地方，並配有現代化的武裝，火力之強，地方軍警非其敵手。

從古印加帝國以來，安第斯山東麓高地種植柯卡樹，柯卡葉買賣在玻國都是合法；但用它製成柯卡因利用船艇、飛機向亞馬遜下游出口，或跨界出國境，便有驚人的暴利，儘管這是犯法，但人為財死的多。

原本是玻國畜牧之都的千里達，每年十二月到次年五月間的泛濫季節，各牧場泡湯，大多無路可通。小型飛機及摩托船交通本來就有，但近十年來的ＣＯＣＡ業發達了，多少人平地起華屋，出現無數新新飛行員甲必丹，只需從牧場裏，五百米長跑道起飛，運毒出境成功，你看他：耀毒揚財回來蓋最豪華的花園洋房，買最新型的冷氣四輪傳動汽車，娶最年輕漂亮的太太，吃最好的食物，喝最多的啤酒，而他們的目視飛行才不到幾十，或上百小時經驗就夠了。

在千里達民航局登記有案，註冊的載重五百公斤小型飛機，負責進口五百架飛機的商人兼飛行學校校長發了大財；代理快艇及舷外馬達的梅希亞先生也是富中之富。因為沿一千多支流的下游便是亞馬遜河，進巴西、出大西洋的水路。

在千里達，柯卡因最盛時期，會有人沿街悄悄問你，也許乾脆敲你的門：「喂！中國佬，來一公斤吧，才六百美元。」六百元一公斤出口後的身價百倍，進到美國或加拿大後再十倍，分售零賣再十倍！據說在俄國十六到三十五歲的青年，每年也消耗十億美元來過癮。

四百年前，西班牙武士畢澤羅，滅了印加帝國，搜羅了金銀也帶走了柯卡葉，獻給馬德里宮廷在飲宴時享樂，這令人神志飛揚的摩登麻醉品，立即超越了鼻煙的尼古丁。

1995年，英國科學家發現古埃及金字塔內，帝王木乃伊身上含有柯卡因。說明柯卡因是在七千年前從南美，一萬六千英尺的安第斯山高原，即今日玻利維亞都城拉巴斯東北，使用笛笛喀喀湖（LACO TITICACA）的土圖拉草編製的草船出發南下，入普柏湖（LAGO POOPO），經現在烏拉圭的蒙特威特耳港出大西洋。1997年並有現代科學家用相同的草船揚帆試航，安抵埃及，證明可能。

當今有名的可口可樂COCA一字，便是創始時有放柯卡進去，害人喝了樂不可支，難以罷休。多年來因為可卡因價格昂貴，且被證明是麻醉毒品，才改了方子，但COCA之名仍盛行天下，成為美國商業首富、世界第一品牌。

外來旅客初到世界最高首都，玻京拉巴斯海拔一萬四千英尺，空氣稀薄超過西藏，更加的使人缺氧，當地人一定建議您來一杯柯卡茶。但第一杯茶不可超過七片葉子，如過量，可能有人身體某部麻木或腫大。

玻國礦產多，包括金、銀、銅、鐵、錫、銻、鎢、鈾等，高原礦工早餐後，必大嚼柯卡葉，下了礦整天在吃，像別人吃口香糖一樣。礦床多在（ORURO）奧魯諾及（POTOSI）頗多錫一帶，海拔一萬四到兩萬多英尺之間，是世界最高礦區。以世界最低工資，每月折合美金不到五十元，是柯卡使人變成有氣力，不缺氧，不吃中飯，幹足鐘點才出礦吃晚飯。嚼了一整天的柯卡葉，牙齒及口腔必須用雙手捧自己解出來的尿液漱口，才能清潔。據統計，礦工大多肺弱，平均壽命三十二歲，能活到四十歲的人便是古稀。

玻京拉巴斯的夜總會、妓院，凡值夜班的包括軍警，人人都可以從羅得利格司市場，從千萬竹筐裏選出自己喜歡的柯卡葉，以便在饑寒缺氧的夜裏討生活。荷蘭青年冒險家傑可坡與玻國人賀爾，結伴於前年下錫礦工作半年，不怕損壽也嚼柯卡，也用尿漱口，出來寫成一書，至今與你談及便熱淚盈眶說：「悲慘！」

但拉巴斯的夜生活，在沒有暖氣的地下舞廳，位於山頂高處，坡陡如壁，午夜以後，朋友們嚼柯卡加砂糖，可以抖擻精神，狂舞到天亮，但第二天卻比酒醉後的滋味更加虧虛——本人試過啦！

柯卡葉提煉出來的精華柯卡因，才能夠勁登歐美的大雅之堂。晚會中，以毒來助興，來解脫個人不同的煩惱。現在你途經美國的邁阿密宿夜，可能有人告訴你，過一下癮，意思是吸進五十分之一克飛粉，代價幾十美金。一個私人晚會，如果主人可以花千把美金買到一公克請客，可供五十人受用，這個晚會便是最現代、最新潮也最荒唐和亂七八糟的了。在千里達可不必那麼小氣，一來便是一火柴盒五克。喝咖啡加糖的小匙一滿匙大約是一克，倒在一片玻璃或一張光亮的紙上，用刀分割成乾淨的四份，再分成十六份，再分成六十四份，這時每份小成牙籤那麼一長條白粉，中間切成兩段，用一張全新的美金百元鈔，卷成一個吸管，對準鼻孔，移近飛線，就近先用右鼻孔用勁一吸，再左鼻孔一吸。吸完應該飛快出來坐好，轟然的飛勁一來，如果是新手，可能醉倒在地，內臟有隱病的，可能遺囑就生效，來不及叫苦。

千里達入夜的計程車司機可以告訴你，何處有女人，何處有畢地略（PITILLO），即香煙前端，塞有五十分之一公克毒粉的香煙一支。每支不到一包煙錢，又平又靚，可以當街坐在公園椅子上，吸一口，立即伸出雙臂騰雲駕霧。總比躲進廁所，掏出小塑膠袋，用拇指、食指捏出一小撮，湊近鼻孔一吸，要爽。特別此地男人多留鬍子，癮發了慌張吸成兩側白鬍子走出廁所來，怪瀟灑的。

千里達小村莊裏，外來客住小客棧的不少，觀光嗎？不，大半是毒客，許多是歐美來的。用在歐洲吸一火的錢，到此地可以買幾公克。所以真有人在此戀棧不去，墳場亂葬崗也收了不少浪蕩無名的死鬼。

近年來被稱為毒大王的史伐列茲，據說他請了許多從越南戰場退休的森林戰士擔任保鑣，備有各型飛機，兩條跑道，夜間瞄準設施，前後院放幾條老虎守夜。他的女兒三年前在夏威夷結婚，包租旅館大宴賓客。傳說他還想競選總統，宣言四年任期可以清還玻利維亞五十億美元外債。但現在他早登仙域死了。

美軍進駐千里達，號稱第一天便剷除了八個工廠，連帶的是柯卡因農人斷了生路。同時，美國操縱國際鎢價錫價，跌進成本以內，使玻國礦場關閉。五千礦工失業，吃不了柯卡。攜帶妻兒從兩百公里外的奧魯諾步行，向玻京拉巴斯作「死亡行軍」。外交部長請求緊急經援，未見下文。見死不救？全國經濟陷入萎縮。

九月五日，在美國戰鬥直升機飛行半徑五百公里以外，距千里達東南東方、聖塔克羅茲省東北東方，臨界巴西的馬多格囉索省的「玻國國家野生動植物公園」，由玻國著名的生物學家MANUEL KEMPFF MERCADO教授、和西班牙生物學家及一位嚮導，由駕駛員柯察尼於上午十時半降落公園內七百公尺長跑道上，即發現跑道附近有牽引機履帶印，人的腳印及多處帳篷，正準備取下鋁梯及裝備，進行生物調查工作。突然森林內穿出持機關槍及霰彈槍，操巴西葡萄牙語的怒漢，才對答幾個字，便以機槍射殺機師及教授。嚮導中彈後失蹤，僅西班牙生物學家逃入森林，兩天後救出。KEMPFF（金福）教授著作極多，許多新發現的植物以他的姓名命名，是國際知名的玻國大學者。

原來國家公園被柯卡因廠佔用：有十個篷帳、七百大桶燃油、發電機、電報機、電視、機動車、牽引機。足供一百人的生活設施。被發現後，殺人兇手已逃，完全的製毒工廠已經摧毀。據稱是所有破獲的最大規模毒廠。該國家公園與巴西僅一河之隔。現已改名為MANUEL KEMPFF MERCDO諾耳金福公園。

美國的介入，使在亞馬遜的毒之都城，北遷到秘魯和哥倫比亞去了。

記得瑪麗亞

記得那一天，瑪麗亞來的傍午：我一大早，天剛亮就出去對門，是冰泥省城千里達的大市場，買完牛肉，又忙這、忙那，忙完回來，看見一個金髮女子姍姍進到我龍飯店的大門裡來；她說：「早安！」

「早安，妳好！」我站著答腔。

「我能進來嗎？」她問。

「當然！」我把手向院子裡一揚。請！

「能在這裡吃午飯嗎？我的名字叫瑪麗亞。」

我看她是乾乾淨淨小姐，便也自我介紹：我是麥克，是空中計程車機長，也是這個飯店的廚子。「小姐！」我說：「妳愛吃什麼？」就從櫃檯上取來西班牙文的菜單給她。她一看價格：一份炒飯一美元，炸雞五元。

她向我微笑說：「不知道能吃什麼？」

「為什麼？」

「今天我只能吃一元美金。」她羞澀的說。

請妳和我家人一同吃午飯好嗎？我們都不收你的錢，只要多擺一付刀叉。

「真的嗎？」她伸手給我一握說；「謝謝！也想看你院中的那棵樹上的果子真美。」

「楊桃！妳是那裡來的，小姐？」我去樹下摘下金黃的一個給她，聞香。

「荷蘭。你去過嗎？」

「沒去過，但是知道從前有一個荷蘭小孩，通宵用手指堵塞防波堤漏海水的故事。」

「歡迎你能來荷蘭。這個水果要付錢嗎？」

瑪麗亞！不用錢，昨夜的大雨替妳洗乾淨了。妳看它晶瑩泛著金光保證是甜。她便把楊桃當早餐，坐楊桃樹下細看旅遊指南。我在廚房裡忙著，也想她來得遙遠。

午餐客稀，她自動幫忙在楊桃樹下擺桌，等孩子們放學回來時，她問我：「你為何丟下民航機長不幹了，帶三個孩子來做廚師？」

「民航機長很平凡，我已飛行廿多年，五十歲飛行了兩萬留空小時，歷經三十年的戰亂才僥倖能來到這個綽號『綠色地獄』的亞馬遜雨林，是要更瘋狂的勇氣才能來住下的，對嗎？」

「是的。」她說。

「瑪麗亞！那妳為什麼來的？」

「半年前有一天，在阿姆斯特丹的碼頭，遇見英國夫婦買的遊艇出航找助手，說要到巴西里約度假，參加嘉年華狂歡，跳完森巴舞，再北上到大西洋進亞馬遜河口，抵瑪瑙斯下船，他們賣了船回倫敦，付我八百英鎊工資。我就花廿鎊上了木拖船，溯流到最大的支流馬麼來河，來探究你們這個產柯卡因著名的毒都千里達來了。我吸過柯卡因，想看柯卡葉的原產地，也想飛上安第斯山高原訪問印加帝國古跡和廢墟。」她娓娓道來。

「妳是偉大的獨行女俠，能空手出門，我向妳敬禮，免費請妳喝啤酒；柯卡因這裏最便宜呀，一公斤才五、六百美元。妳也想買嗎？」

「不要了，我今天下午就要離開此地。」

吃完午飯。她伸手來握別。

「再見！瑪麗亞。」

「做飯的女工和孩子都叫你「爸爸」。你有名片嗎？」她說。

我抽了櫃檯上的一張名片給她。

午後我去機場接柯察邦運來的五十隻凍雞，見到瑪麗亞在等飛機。

「有票嗎？」

「可能有。」

「急著走？」

「有就走，」

「亞馬遜夜獵去過了！」

「夜獵？」

「免費，今夜請妳上吉普車。」

突然，她決定不走了，要我載她回去昨夜三美元的客棧。

天黑她先來晚餐，幫忙送菜單，甩動一頭金黃色的頭髮；缺牙大廚卡米羅用西班牙語小聲說；「爸爸就有新媽媽了？」

「你三個孩子的媽媽呢？」原來，微笑著的瑪麗亞懂得西班牙語。

「因為我是被休的壞蛋。」

不是週末，飯店生意平平，夜深十點打烊，孩子們明早要上學早睡；本寡男跨槍提開山刀上吉普車。南美洲八月是冬，瑪麗亞掌燈手心冒冷汗。我抽出大扁瓶有酒精30%的陳年楊桃酒先對瓶咀乾一口驅南極來的風寒，來！瑪麗亞，也喝一口吧！

夜巡莽野，照鱷群鑽亮的雙瞳，坐在沒風檔玻璃的南風裡飛車！她叫；「冷！」來，再喝一大口。狐狼結隊穿梭，水豚在燈光下慢跑，蚊母鳥驚飛，吼猿在遠林中大叫。瑪麗亞在亞馬遜八月的午夜裡顫抖著，我脫身上的毛衣給她穿上。

抱歉！忘了給妳帶一件外套，回到沒有暖氣的客棧櫃檯前，再叫來一杯威士忌酒。

原來她的酒量不錯，接著又要了一杯，手也暖了，突然叫餓，我牽她走到面積像廣東大小的冰泥省，才五萬人口的省城唯一賣洋蔥牛排的宵夜攤，吃得津津有味；卅歲的瑪麗亞醉了，擁抱我，徹夜向亞馬遜狂呼著！再來一杯。不覺的一連幾天幾夜，也跟隨我去釣魚的泥濘路上逍遙，徘徊。

她忽然不告而別！聖誕節前收到她安抵歐洲的賀年卡，字跡秀美，一連兩年，但都沒有地址。

1980年底，壞蛋我與玲再婚時赴歐蜜月漫遊四十日，路過荷京阿姆斯特丹逛街三天，看林布蘭的畫，鑽石廠，沿街探頭東張西望，不見瑪麗亞的蹤影。

名留魚史

法國政府看中國臺灣派出農技團多年，在玻利維亞，冰泥省的沼澤野地開闢到二百五十甲田地了，不好意思！於是派來了四個漁業專家，組成一個小組。由首席顧問羅連索博士領隊，也進駐亞馬遜上游玻利維亞國，冰泥省城千里達市，作為期四年的調查研究。四家人，分別住在敝龍店後院聖歡河對岸，三幢花園平房裏，已有三年；其中有一位是年輕法國碩士小姐，聰明活潑，也曾經一再的來敝龍店吃飯，喝酒；我心想陪她去摸魚，但不敢打聽她住那一幢，不是不便，只因為好色無膽，怕挨揍，家有河東獅子蹲著。

話說羅連索博士，個頭不大，卻來頭不小，曾代表法國在非洲協助過十年漁業，是一位老練的江湖客，年已五十出頭，卻依然能在此地的游泳池、俱樂部的高臺上往下跳水。顯然曾是好手，那麼標高弧蝦形入水後一挺腰，浪花小小，立即冒出他的禿頭來。

三年前，他們剛到，一切好像我才是「顧問」，一天，羅連索太太安娜‧瑪莉亞來找龍航空計程車公司老闆！千里達唯一的，有全天候執照的「飛行的哥佬」——甲必丹MIKE CHU？

「有！是我。」舉手應聲從廚房裏走出來。

瑪利亞訝然迷惑，盯住我腰上有切菜剁雞的圍裙，雖然放下了菜刀也明顯是個廚子。心裏恍然不信。

這不是第一次遇到以為找錯地方的人，我只好從牛仔褲口袋裏掏出證件來。是由玻國民航局長所羅門簽字的玻利維亞、再加臺灣、寮、越南、馬來西亞的證照全真不假，儀器航路正駕駛執照，照片上打了鋼印。

她舉起一雙雪白的手，十指纖纖接下認真的看了一遍！因為寮國執照還是法文本。

「哇！麥克、你是真的呀！」說完把證件往我手上一拍，空下雙手就把我抱住，來個左右三吻法國款式。

不好！此刻我家那頭獅子正蹲在不到一丈距離，好在博士夫人立刻說法文，加英語。

「什麼？」我說：「夫人您要我駕龍航空公司的蚱蜢飛機？」

「是的，去沿亞馬遜的馬麼來河流域，搜索十天不歸的羅連索——我的老公。他可能正在研究美人魚，碰到了母魚。因為他約定七天不回來便要空中搜索，現在已經十天了。」她說。

「好！」我聽到興奮的跳了起來！

要帶飛法國太太去尋夫，我剛跳起的一雙腳才著地，定神看到旁邊有獅子就不敢興奮而膽小如鼠。

不要說：猛獸有時也「深明大義」，當我把安娜瑪莉亞的事向妻說明，她居然說：好！我看店，你們明早就好去找羅連索吧！說定明晨八時起飛。

博士老兄，他老人家今天晚上回來了，牽著太太一同來湫龍店吃飯，我那獅妻也跳了出來，二男二女輪流來法國式親吻，慶賀。

歡迎羅連索回來！我說：有美人魚嗎？他太太向我瞪眼微笑。

羅連索的魚類研究艇在十天裏來回，便收集了幾十種魚類標本。三瓶啤酒下肚以後宣言：亞馬遜有世間最多的淡水魚類，是歐洲的二十倍；並立刻教我三個在坐的孩子們：黃魚（亞馬遜的）名石首魚，是因為腦袋瓜裏的兩片石頭，石頭上有年輪。果然孩子們真的去解剖，三公斤的黃魚是五歲，不錯！

博士說，有許多魚是沒有名字的，誰發現了就以誰名，名之。這大大提高了稚兒的釣魚興緻。逢有不識之魚，即予冰藏，等待羅連索來吃飯時鑑定。深盼不久將來可以名列魚史。

安娜‧瑪莉亞說，亞馬遜的蚊子、螞蟻，大大的威猛過非洲十倍；而她老公對魚的興趣也是十倍的大過尼羅河，想待一年。只是她除了成為蚊蟲的法國大餐外，在此地別無他用；利用第一次耶誕節年假回巴黎後，她便一去不回，只剩了羅連索一人回來大幹。

一個人住大房子，大小吉普，大小船艇，累不累呀？孩子問他。

為什麼累呀？有時一晚上很容易就網到幾噸，這裏是世界上魚最多的地方。而且是最好的魚，可惜沒有罐頭工廠，冷凍庫或燻魚廠，假如有，可以出口！

運巴黎？

為什麼不呢？市價才五毛錢一公斤的魚，全世界找不到第二個地方。晚上或晨昏時一陣黑浪，土人們在河邊，以椰弓射出繩箭，不用瞄！一箭一條，一小時可以拉上幾十條，上公斤重的大SABALO形似鯇魚，但肉嫩，鱗稍小，肉香。另用開山刀砍，用長矛刺，幾下子夠吃一天；巴掌大的吃人魚，釣一小時可拉得幾十條，但第二天膀子可能痠痛一天。

泛濫過後的湖、塘，到旱澇時，魚湧到一堆，可用棍敲魚頭，棍上裝上尖釘，內彎。把昏頭的魚，鈎回來便用麻袋來裝，炸魚要用洗澡盆，下油五加侖五罐，一共二十五加侖油炸魚，可以吃飽幾百個陸海空軍。

今天午後打烊，正在午睡時，有人送來一條怪魚，形狀像鰻卻粗短，光膩滑溜溜的透明皮膚下有片片粗鱗，刀刮不到。體形流線像噴射客機波音747型，卻有像雞腸子似的，退化了的前後腳。按照重量付了錢，仍原封不動，先入冰櫃；晚上請來羅連索博士，鑑定為「LEPIDO SIRENIDAE」家族的「LEPIDO SIREN -PARADOXA」，是已有五，六千萬年歷史的活化石，有肺，能埋在旱泥中半年逢水復活；在非洲、澳洲曾有發現，記錄是只有六英寸長，已屬珍品，現在這條重兩公斤半，長兩英尺多，十分罕見！博士趕快稱謝不已，提著怪魚急步登車而去。

忘了問他，這新到的活化石是不是該以「龍的哥」名留魚史？

牛頭大宴

國畫大師張大千說：「我在巴西吃過牛頭大宴。」本人貪嘴，1979年便有巴西身份證R.N.E. N.1142194號，吃過巴西火烤全牛，現在論烤牛頭，仍以本龍飯店為首屈一指，價廉味美，來路正宗。本店位於南美亞馬遜上游最大支流，馬麼來河（RIO MARMORE）支支流聖歡溪畔，有前中後院，後院裏房東留下一個標準紅磚砌造，外糊黃黏土的柴火大麵包爐，此爐像義大利烤比薩餅的爐，爐口可容牛頭出入，但要用斧頭砍或鋸掉卡住門的牛角才行。

龍飯店正對門是千里達（TRINIDAD BENI BOLIVIA）大菜場，進門左側有十幾家牛肉攤，每攤每朝能賣三、五條印度野放黃牛肉。飯店半夜打烊，門外咿呀、咿呀的馬車從郊外屠宰場拖來一車，又一車鮮牛肉。我去屠宰場看過，絕不灌水摻假，公牛蛋用烤的來吃；哎呀！可惜！好東西牛鞭扔掉一地，他們說連狗都不吃，說是烤來太硬，別想咬，刀砍也不動。

牛一隻分四大腿塊，人工卸下，揹進市場去，牛頭、提角摔下地，一車三頭，在寧靜的街磚地上，轟然三、五響。

天亮了，起床出門，赫然見一牛頭人身的牛魔婦人走來叫我：「爸爸，早安！」嚇了俺一跳！定睛看原是燒飯的女工汀娜，她來了，頭頂著一顆牛頭走過來說：「你說的今天烤牛頭，來了吧！」

「好！就是不要太多鹽。」

汀娜把牛頭的天靈蓋頂在頭上，免了牛血黏住她的頭髮；邁開大步往橋頭右拐去做麵包的胖子家，我也跟上，看她走進籬笆，有清晨濃濃的麵包香，肥佬滿頭大汗跳出來，嫌汀娜來晚了，接下牛頭去清洗，夫婦倆回頭見我站門口，齊聲叫：「龍麥克（DRAGON MIKE！）早安！」

「早安！」我也說著走進來。原來肥佬老婆就是麵包西施。啊！這是你家，請原諒！我是來看汀娜頂著牛頭來怎麼辦。汀娜！請妳先把麵包帶回去吃早餐吧！我說。

他倆公婆把牛頭抬到水池旁開洗，鋸下牛角，引水沖洗，割去肥油用鐵線把頸皮縫合，西施端著香料，灌進牛嘴巴也縫緊，立刻抬向土高爐；其實在葡萄牙、義大利各地見到的麵包及比薩餅烤爐的形式尺寸，是南美土高爐的原版。都是比薩或麵包剛烤完，可以利用剩下的半爐紅炭，打開爐門取下三橫兩直的紅磚，胖卡羅斯分開炭火推進牛頭，牛下巴向上傲然滋滋響，再集中炭火埋住牛頭，用磚和溼鐵矲黃泥糊封爐門，連左上側的排煙管也堵塞住。

要燜十個小時的火候才透酥，夠幾個人吃。麥克你父子加十位女工，一個牛頭正好狂歡一頓，烤好就等你們電話，開爐送來！一級棒。

我要發e-mail給牛魔王，看你們牛類還敢不敢來南美洲投胎，此地一個牛頭才兩美元，火刑後下酒一流。燜好的牛頭從爐內請出來，毛皮已燒光成巧克力色，脆皮如餅乾，骨肉兩酥，下巴一敲便開，香味噴出叫人開胃流口水，只聞香味而怕胖不吃的，可能就只有胃潰瘍開刀的患者，來吧！得多來冰啤酒送下去才過癮；「以頭補頭，以腦健腦，以脷補嘮叨」，本赤腳密醫說的。（註：「脷」即「舌」，粵語中「舌」與「蝕」同音，商人為討吉利避說「舌」，而改以「脷」字，以取「利」潤賺錢之意。）

本中國老廣曰：「凡四腳的生物，通吃！」天下飯店佳餚千萬，獨缺牛頭大宴，本飯店每日麵包一百個用買的，後院土高爐在投閒置散，院裏乾柴堆積如山，今早起就先投資十美元連烤五天五大頭，叫汀娜去五家電臺請播音員們一天一班，免費來試吃，廣告費免談！開始。

明早國畫大師，也是美食家的張大千先生在天之靈，必從敦煌莫高窟停筆專程，乘太空船趕來光臨。

大千世伯，這牛頭大餐，是六十年代，您在臺北，招待記者說得人家口水直流的名菜。如今用這兩塊錢一個的賤物，又恐怕請不動您老人家來品嚐「私房菜」了。

在牛豬羊狗普遍灌水，害人強迫吃長齋的今日，來一間專烤絕不灌水的土牛頭特約店，牛頭也專用四十呎冰凍貨櫃，專案從南美進口，嚴控品管，電腦控制爐溫，也該是可行致富的生意經。好消息，已打雅虎通電話請教中國梅州老鄉屠戶得悉，牛頭是灌不進水的部位。「不管什麼水，只打嘴裏路過」。未來的牛羊豬狗群的頭都前途光明。普天之下桃園結拜向錢看的兄弟呀！快申請88888888專利。不要說是真烤牛頭，臺灣有一個「牛頭」二字為老招牌的沙茶醬，也早已家財萬貫了。

如今真烤牛頭一粒粒上桌來了，路過亞馬遜流域的好吃鬼們能忍得住，不排長龍搶先來嚐新嗎？本龍飯店，天下連鎖的前途能不光明嗎？

「汀娜呀！加班。先去把對門大市場剩下的牛頭一掃光，都先給頂回家來吧！」

鱷魚拉警報

每年，我家都要住亞馬遜河濱半年。但不是要搬到河邊去逍遙，而是因為每年雨季泛濫，河水自動淹過來，漲滿了後院籬內、籬外，成為一片汪洋；水漲得慢，一分一寸天天漲。一連三個月的雨量，河面升高了近十公尺，旱季時的沼澤大平原成了內陸海；整個小城建立在填高的沼澤海中，從我駕駛的空中計程車蚱蜢型飛機上看下來，是一座泡在湯裏的危城。所有低窪地的居民，都搬進城來，學校，機關都被占住成了沙丁屋。年年一小災，三五年一大災，全看老天爺一年一火的浪漫脾氣。沒奈何亞馬遜河是世界最大，河長五千多公里。要征服大自然的人類，在未來一萬年內，恐怕也難能控制雨量與亞馬遜對抗，到底是誰征服誰？看來這週期性已億萬年的泛濫，可能地久天長，是沒完沒了。

你只要走過中院，穿過廚房走到後廊的紅磚地上，就能看到這嚇人的景象。後院已比學校的游泳池大，幾十公尺長、三十公尺寬，水位如再升一公尺，就要泛進廚房，水中魚兒無數；籬笆外，更是一望無際，洋洋大觀，有肥大的河豚在跳泳。

在旱季，要白天開車，到十幾公里外的河邊，或湖濱去釣魚。現在後院成了私家釣池，白天出現的多是吃人魚；晚上有電燈，從七點到十點，是釣鯰魚和塘虱的黃金時刻，每夜一、兩小時都可釣得數十尾，燜大蒜、油煎方便。今日，忽聞孩子們大叫：「後院水中有大鱷！」

這還了得，巨鱷有的身長到七、八公尺，像我這種個子可以被老鱷輕易一口吞下，稚兒才六歲，可以像吃水餃一口一個，再找下一個。據兒輩嚎叫程度，猜必是大型的卡於猛CARIMAN族。

閣下無妨動手把你兒子的屁股打紅到紫，他也不敢下水去游泳。

妻的反應最快！大叫：「拿槍！」因為在下，充數龍飯店大廚三年，不愧是老廣！長翅膀的除了飛機，四隻腳的除了桌椅，汽車，無有不按兩廣傳統殺而食之。在此冰泥省城千里達市，乃專烹各式各形見識過，或未見識過的鰻鱔、蛇，兔、且以擅烹鱷魚尾巴划水混飯，馳名玻國。現在聽到鱷魚找死，送菜到後院來了，豈不快哉！槍出鞘，彈上膛，跳出門來，鑽到後院，揪住兒子，老眼有昏花青光，連問：「在那兒呀？」

「本來鱷魚一對眼睛的潛望鏡還在水面，可是現在沉下去了！」兒說。

「唉！你們叫人的聲音太大，加上你媽媽虎娘一吼，拿槍！牠就被嚇沉下去了，可是得小心隨時衝上臺階來，咬你們的屁股！卡於猛能吃小人餃一口一個呀。」

不管了，先朝那方向先瞎矇幾槍，以示殺氣騰騰；開槍！反正已到家的發徽子彈像爆竹，是不用再費一文錢。根據這幾年，獵鱷魚尾巴每天一條，下白酒一瓶的最高紀錄，引發冰泥省，亞馬遜河流域的鱷魚大會宣言，題為：

「告來往鱷魚等，小心中國佬。」

此老賊籍貫粵北山區野蠻老廣，世代耕田，卻搞不清被誰挖了祖墳，無家可歸。現落腳冰泥省千里達市，即聖歡河濱龍飯店的麥克朱一瓶是也。查此衰公原為大中國來的小臺灣，空軍不學無術吹牛系，蚱蜢科戰機木頭飛行員，亦馳名的捕風捉影笨手，槍法麻麻地，說得美！實則射也難得死。

嗚乎惜哉！生不逢辰的衰公朱身懷口技，隱遁亞馬遜上游，不能受封於易水，持槍出發，於風蕭蕭兮的易水之黑夜，直奔大塊頭秦王，容易矇中，改觀歷史；現在無聊，專跟我們鱷魚幫過不去。因其積四十年之經驗，深知欲達到此目的，是矇殺無論走獸飛禽，一律射瞄眼睛瞳仁，以遂其獸死留皮不著彈痕，儼然好似生遲活剝，是以價格比彈孔累累如蜂房者，要高出十幾倍，以一可當十；比起爬格子樓梯，敲電腦騙稿費者更高千倍；其所以如此愛錢，傳聞他近時擬買小飛機一架，兼營「空中計程車」生意，喂！女生注意；如為妙齡，細腰，大波女乘客，只要五官齊全，則免費服務也幹；又自恃膽大命硬，不怕天氣差勁！只要付足綠背美金，如能天不知，地不知，人也不知；假如不是膽小如鼠，最妙是被抓到確定、保證不要關監牢，打靶！你可以要他運嗎啡、柯卡因，搖頭丸，殺人放火什麼的也行。都因為現在九十年代南美阿根廷被英美在福克蘭島戰敗，玻國經濟也骨牌效應崩潰，衰公一瓶也不幸缺乏孔方棺材本預算。才紅眼吾鱷魚族，大條的鱷有值錢的兩腋部份的穿龍褂子皮，硝製好了能成大價錢皮夾克，又皮包，皮鞋，皮帶，出口換美金。又毫不擔心我們嫩小的娃娃鱷苗絕種，卻看好我等一身白嫩上肉，下鍋可以烹成八種佳餚。苦也！剝皮變美金，天價賣划水，更開發排骨酥，下一瓶金門高粱不算酒，再來一瓶北京二鍋頭扶牆走，越喝越吃，越合其貪財狂想。可怕！可恨！該躲，警報。

故凡我鱷界，不論是加於猛族、拉加奴族或品尼族，凡身長一公尺以上者，躲皮夾克！一公尺以下，躲尾巴！不要遲疑，快進洞。要不然忽見開來紅威利四輪驅動吉普車，也許騎大紅色重型老野鐵馬來，或駕有小馬力消音舷外馬達獨木舟至，身穿草綠色巷戰迷彩服，頭戴野戰頭盔，低垂兩鬢似雪者，上衣口袋插六十八度高粱一瓶，便是此衰公；緊急警報，三十六著逃為上上策，絕莫多看一眼，快溜！否則只聽到「啪」一聲，倒楣被矇中，再吃油炸吃人魚PIRANA都不香啦！

是以三年來中國老賊在此流域，以專攻鱷魚腦門心而享譽亞馬遜，人人，包括總統賈西亞兄，又稍有錢的牛仔都愛試吃咱們；被矇中之鱷，只是原地搖幾搖尾巴，好似無關痛癢，詐生詐死，其實一粒索命花生米，鑽進了眼眶子，魂歸五臟廟，臭成衰鬼，嗚呼哀哉！

特此佈告周知。小心靜候古稀衰公，今晚閻王爺恩召他，下陰間變鬼先挨一刀變成太監，去跪著陪老佛爺打麻將；偷牌，殺頭！再下陰間十八層地獄，上刀山、下油鍋。才解除警報！

將功折罪

臺灣派來農耕隊三人小組，來到有六個臺灣土地面積的廿萬平方公里，人口才廿五萬的玻利維亞國冰泥省（BENI BOLIVIA），平均每平方公里個把人，省城千里達市南方三十四公里的聖加利多（SAN CARITO），三人小組自1967年起教當地人開墾二十公頃土地種植水稻，二十年來已把耕地擴大到了二百五十公頃，看來是太大了，簡直一望無際。

種子、肥料、技術、機械包括打穀機犁鋤、瓦斯炮等等，全部從臺灣運來。農耕隊的三人小組，三羅漢合住一屋、共用一台風扇、一間廚房、一輛吉普車、一切外交人員免稅物品不享有，全年三百六十五天不知中國節假。天天跟亞馬遜流域的蚊、虻、蟻、蜂、禽獸周旋。

是因為臺灣無條件援助的農耕隊，在這文明止步的綠獄大顯身手，引起法國也派來三位漁業專家，但他們各租一屋，攜家眷，各有汽車、汽艇。專門來研究河流，湖泊，沼澤中的無名魚類做報告。

英國也派漁業小組來教漁民如何保鮮、製造罐頭、燻製出來的臘河魚，據試吃都說天下第一，家眷們也各租房屋，各有車輛，並運來瑞典出的內河快艇兼可打魚、放網。出資建冷藏庫，快艇收魚冷凍。

日本因百年前便有二十戶移民抵千里達，混血了三四代，臉型膚色改了，但仍保有姓氏。日本大使來訪問後，請得鉅款捐建一座綜合醫院，並請日裔醫師回日本專攻醫學博士，四年有成，回千里達擔任院長。又在亞馬遜河最大支流馬麼來的支流亞耳馬生河上，捐建大橋一座，使柏油路可以通過到馬麼來河畔；並從此凡日本姓氏，持玻國護照者，准許到日本就業歸宗。

瑞典和義大利則助建城市堤防，測量氾濫水位的防堵，使我們龍店後院的聖歡溪氾濫減輕，從此少了鱷魚和巨蟒，也不見粉紅色的河豚來戲水了。

為冰泥人出力最多，也是最辛苦的是臺灣來的專家。他們每週五天，拂曉下鄉；而本地工人，懶惰成性，盯住他時，他幹活，到週末全休兩天，例假不幹。小收音機收聽常常罷工的消息特別靈敏！一聽到，放下就走人。所以結穗的穀子，一片金黃垂地到發芽了，沒人收割。有六個臺灣大的土地上，僅有這地方有穀子出產，這可引來烏雲蔽天的千萬隻黑畫眉，以及成千上萬從阿根廷避冬北上的野斑鳩、野鴨、草鹿、水豚等禽獸，也引來逐鹿的虎豹與獅子，和逐鳥的猛禽。農耕隊員望穀浩歎！多少公頃的穀子又白幹，餵了鳥啦！

向臺北求助，援助未到，他們到龍店來叫苦！領隊高教授來通知我們出獵。我們父子一行三人攜霰彈槍去，羽翼蔽空飛起，朝天閉目放槍都有霉鳩下墜一堆，但是天黑前飯店上客，下廚該我。拜拜！

農耕隊的三要員竟沒有槍，各買彈弓一付，在冰泥省是卵石絕對難尋，只好雙手搓鐵礬土黃泥丸曬乾在走廊上千百粒，曬乾了竟也其硬如石，乾了裝一口袋，舉起彈弓，連射帶吼。三字經！矇中鳥頭當即昏倒墜地，但鳥多不靈，那能萬石齊發！花錢找幾個人來趕鳥，敲大臉盆，多累呀！白吼。

好，援兵到了。

一：臺北龍山寺螺旋狀線香，架在橫樑上，每隔幾英寸遠的弧香上，綁有引線的小炮竹，可掛不了幾個，就會因重量太多，線香斷了。

二：瓦斯炮是一個圓形鐵筒，裝有電子定時點火，煤氣流進圓筒若干秒鐘就引爆一次。這玩意兒兇猛過霰彈槍！轟一聲！飛禽走獸魂飛魄散，屁滾尿流，甚至有斑鳩空中相撞，摔歪了脖子，但是不死，不出血，所以不怕。

好呀！禽獸們看中國佬響的不是真傢伙！不到三天，黑鴨，斑鳩，畫眉等禽獸們，你爆你的瓦斯炮，咱們照吃穀子不誤，原來他們的耳膜都被炸得長出老繭來了。

這可把夫子們，高、黃、魏三老的七竅氣出青煙，他們來叫苦！

阿彌陀佛！這只有向阿根廷的高吾楚牧人毒死億萬隻斑鳩看齊，也下毒手了。對不起。

來吧！撒上巴拉松香米！向工人們說：人絕對不能偷吃，吃了沒救藥！聽見了嗎？

來吧！啄啄看！黑畫眉，斑鳩，只試吃一粒米，就歪嘴倒在地上安詳的打著滾！發抖亂飛，成千上萬隻死了。哇！下了毒手，大開殺戒。

英國與阿根廷交戰福克蘭島以後，英美列強經濟封鎖南美，玻利維亞經濟大崩潰，米珠薪桂，農耕隊主持的聖加利多兩百多公頃農田，最後收成的稻米以廉價賣給排隊的貧民，救人不少，也算嗎？將功折罪。

庫斯科馬丘匹丘 CUSCO MACHUPICHU

——世界文化遺產

古印加國都庫斯科在今日的秘魯境內。從秘京利馬搭乘國內航機一小時可達。四百多年前，西班牙文盲武士必澤羅，僅以百餘人馬滅了印加帝國，洗劫了金銀財寶、誘殺了末世君王 。在西班牙統治時期一五三三～一八二一年，庫斯科的石頭建築被毀，用作廿餘座天主教堂的建材。僅幾堵被認為拆不動的印加石牆屹立無恙。而這些牆至今仍被用為新的商店、莊屋的外牆：有長達一公里的古宮牆，其中有一塊特別的石頭，在鑲嵌時，古人顯然是故意要露一露手藝，該石共切割了不規則的十二個直角，加上牆裏牆面共十四個面，然後與共有十二塊在周圍的不規則石塊砌入牆中，而塊與塊之嵌縫，無一處可以插入一支繡花針：這不是神話。而僅此「十四面石」單塊的重量，最少也有五噸。

我在義大利靠吃石頭飯二十年，在號稱世界石藝中心的卡拉拉居住，訪問，參觀，採購過上千個貨櫃的石材成品出口。歐、美、亞、非洲各地的買家，見識過了現代科

馬丘匹丘遠景

技電腦控制水刀，鑽石，雷射或手工，面對這印加不可思議的十四面石，實在驚歎！敬佩印加古人，也想不通究竟是怎樣把這塊巨石，絲毫不爽的嵌入牆中，與四方十二面關聯的十二塊巨石組合，不留針縫，在地震帶上的秘魯，竟也安然千古，完美如新，使人覺得只有一句「鬼斧神工」可以用來形容：並也可能是此地球上空前、無後的絕活。說「絕活」是以遍閱天下名廠，名匠，名設計師，無人可以接單，用「手工」複製相同的這一堵宮牆。念了多年石頭經，淺見唯有這一塊十四面石是世界石藝之最美。

庫斯科的海拔是一一三〇〇呎高（約三千四百公尺），現在城裏充滿了西班牙人硬接上來的形像，又為了賺觀光客鈔票，設了無數的特產店。在下飛機到午飯前的兩小時，逛遍了全城，購得唯一可紀念的是一粒粗糙的毛瑟槍彈頭，是否出自西班牙的火槍，穿射印加王之胸、浴印加人之血？

現在是六月，南美洲安第斯山區的冬日，藍天白雲，天氣極美。午後，名叫米構耳・羅培拉說著英語的導遊來庫斯科旅社接我們，乘中巴到海拔一萬三千呎的沙克沙華孟堡遊覽百噸巨石陣。但米構耳卻不忙介紹石頭，要我們車內的四對男女先自我介紹。原來米構耳是學校的英文老師兼任導遊。

司機說：「我叫卡洛斯，今天高興替各位服務，等一下所經各地，各位可以把多餘的衣物放在車裏，請放心我不會離開車子。」我們全部拍手。

在左前方坐的一對愛爾蘭人說：「我從倫敦經巴西，利馬，主要是來庫斯科與瑪邱匹邱一遊。」我們拍手。

右前方的一對，是美國退休博士。太太能說西班牙語：「我先生走路較慢，請各位原諒！」我們拍手。

右側的一對摩登男女，郎才女貌，說西班牙語：「我們從馬德里來渡蜜月。」拍手。

最後輪到我和我在利馬僑居的外甥女了。導遊米構耳看著我。

「我是中國人，中國話說得最好、英語、西班牙語麻麻地！」

是「中國」！這個字把他們震住，竟沒有人拍手，三對男女，都呆住了。知道為什麼嗎？是因為這一天是1976年6月，大陸上的「文化大革命」還沒有結束呢！

他說：「你們是舅父與甥女兒，是我第一次見到的中國人，請問你們從那裏來的？」

「中國臺灣！」我說。

啪！啪！啪！啪！全車冒出最熱烈的掌聲！西班牙新郎倌伸過手來說：「幸會！」開始下車遊覽。

一處泉水，像笛笛卡卡湖太陽島的一樣，從荒蕪的半山浴場的石築中曲折流出。「捧來洗臉涼爽，喝一口可以延年益壽！」我說。

「印加的傳說，正是如此。」，導遊說。新郎、新娘、愛爾蘭人、美國夫婦都有志一同，飲水如儀。周圍的野地上，有一種植物看來眼熟，摘了一片葉子過來一聞！竟是薄荷。抓一把嫩苗放進口裏嚼起來。

在中國這是藥，飲泉沐浴之後，嚼一口薄荷，是享受。在這空氣稀薄的一萬多呎的高處，長途跋涉崎嶇的印加路以後，這些薄荷不是偶然生長在這裏的吧！

「我第一次聽到這個說法！」米構耳說。

印加遺跡都是石頭切割、距今究竟是多少歲？萬年以後，這些花崗石也不會有多少損耗；許多被不明的工具切割，取材過的一個山頭，被任意地不規則地掀了頂，留下的是像現代新潮雕刻！

用什麼力量能搬動十噸以上的石塊，翻山越野？

「用駝馬拖！」他說。駝馬的載重量是五十公斤，爬坡只能三十公斤，因為再重駝馬就趴下罷工，多少駝馬才能拖動一塊？十噸，即一萬公斤的石塊呢？要三，四百駝馬一齊上陣。全世界是否能集合成千駝馬來拖一塊石頭，而這塊石頭要上、下、左、右、前、後去咬合，剛好能與另一塊緊密地鑲嵌在一起，他們又如何升降、移動，鑲嵌、組合呢？

四百多年前，西班牙人滅了印加、洗劫金銀財寶、殺了末世君王。統治時期1533-1821年，因印加遺民的絕對保密，使西班牙人一直蒙在鼓裏；而祕魯1821年7月28日，脫離西班牙統治而獨立，意矇然不知有「馬丘匹丘」這個空中都市的存在。直到二十世紀，1910年，人類有了飛機，一日，某飛行員，在距庫斯科北方約八十公里、海拔7875呎的高山頂上、目視發現一神秘古城；1911年7月，美國探險家希倫博士費了三個月時間，從庫斯科出發，一路問種田的、放山羊、駝馬的，均搖頭說不知。但終於循著僅一人可通，危機四伏的古印加棧道、千辛萬苦找到了廢墟。

今天，有火車從庫斯科出發，我們搭乘七點開的觀光號。早到車站，是星期二的早晨，預料旅途不致擁擠；其實不然，到七點差十分，所有六節車廂，預算得精確，無一虛席，來自世界各地的觀光客足有二百多人，全部集合了，準時出發。許多的導遊，職業攝影家、歐洲某國電視攝影隊，總之幾乎凡是男性均準備了照相機。

火車從山凹裏的庫斯科開始，向盆地的高處爬升，且有兩處因坡度太陡，需要前進，後退作「之」字形行駛，直到高度超過一萬三千呎以後，開始行駛在烏魯邦巴河的岸邊坦途。此烏魯邦巴河來自天然或是人工開鑿的不詳，但沿河兩岸顯然經長時間有計劃的整理過，河道光潔，兩岸的梯田砌石是標準印加手藝，整齊而筆直，岸旁的柳樹隨風搖曳，阡陌中玉蜀黍和麥子在六月的南美吐穗結實，三三兩兩的泥牆茅頂，散落在山麓的陽光下，少數的羊、牛與駝馬在山坡上。從山下到山頂，不時可見到講求直線，不顧坡度插天，必須駝馬拉縴才行的印加路。在田野中有整大片的黃色油菜花盛開。鐵路就在梯田的某一階層上，鋪上枕木和路軌，穿山越野，高山背後有更高的安第斯雪龍，黑色的巨鷹在高空翺翔。無數的鳥群被火車隆隆的巨響驚飛。有一嚮導戴寬簷草帽，身披駝馬毛織的套頭披毯，執洞蕭與小吉他兩物合一的樂器，吹彈起來，迎風響起當地特有的旋律。

車程共四小時十五分，在出發二小時半以後，火車進入了狹谷，依著烏魯邦巴河向山窮水盡處前進，在河中幾次見到野鴨在潛泳覓食。沿河彼岸的山，是灰色花崗石的削壁，在水彎急流處，為求河道直流，部份的突出部份，像是曾被飛機機翅膀那麼大或更大的利刃，削平過，光滑如鏡的岩隙中，長出蘭草無數，迎風吐著黃、紅的花卉。觀光客都各據窗靜觀、攝影。想不通，馬丘匹丘建築距今千年的印加帝國古人，當年只靠兩腿，便找到了這安第斯千山萬水間，柳暗花明的世外桃源。

火車頭放笛吼響，停進了馬丘匹丘山下的車站。環繞山下的河水清極了，和空氣一般的透明，一塵不染．車站前有秘魯少女賣熟玉米，每支四十梭兒，味兒香甜，登山前的車上來一支土產剛好。匆匆的早點以後，五個小時火車下來，這支玉米被我喝采。

成串的登山小巴在站外等客，撕票上車，秩序井然，開車渡水泥橋，車引擎即咻咻然大發蠻勁向上爬，經過了九彎十八拐，直登山頂，耗時廿分鐘。

十年前觀書覽圖，久仰此仙境般的廢墟。三年前舉家遷居拉丁美，越洋航機曾傍此地上空飛過，心嚮往之。今日下得車來，面對經歷了若干世紀的荒蕪，所有用草、木編製成的屋頂和樑柱，已全部化為烏有，眼前剩下的只有石頭牆垛，佈滿了整個山頭，包括導遊說的：大殿、講堂、染房、工廠、天文臺、祭壇、葬台、囚牢、梯田、日晷、浴室，加之櫛比鱗次的房舍，據說能容千人居住，猜測是印加帝國時代的最高學府所在地。

全部石頭：重要的地方如大殿、講堂等，用的石塊愈大，鑲嵌修飾愈精緻，古人顯然瞭解地球上最耐用的建材便是花崗石，幾乎可以直指永恆。秘魯觀光局選了浴泉附近的一處牆垛，裝上了樑柱，蓋上茅屋頂，便可以住人，其門窗坐南向北對赤道，即等於北半球的坐北朝南，以取冬暖夏涼。

屋頂樑柱之固定，照舊採用獸皮繩綁紮，而當年唯一馴獸是駝馬。根據門戶高度，古人身高在160公分以下，卻精於處理大石頭，且玩得十分靈光。吃了多年石頭飯的我，不見不信其有。

馬丘匹丘的水，比現代任何大城市的自來水可靠。這泉水潺潺不停的流瀉了千年。供飲水處為最上層，下來才是沐浴、洗衣、灌溉，全部水道用花崗岩割切出來，至今無損。所謂「滴水穿石」是指大理石，對於堅硬的花崗石卻例外。泉水至今仍依照原設計的流向，涓滴也不浪費，發揮完整的效能。又與笛笛喀喀湖的太陽島、庫斯科浴場情形相同，水源取自半山腰，據當年人口上千，這水源如果一日中斷，所有居民勢必要下山去烏魯邦巴河打水上來，今日的汽車都要猛爬二十分鐘的陡坡，而在當年是無路上下的情況。古印加人究竟是根據什麼來推測，此一泉水一流便可千秋而決心築此石頭城？

現代科學家們，研討馬丘匹丘的「日晷」即太陽鐘的石雕，發現古居民早在兩千年前，便知道地球是圓的，已在石晷的標柱上，精確地修正了基準線與經緯度的偏差：目前只須拉一根駝馬皮的拉索繩，便可根據日影、標竿所夾的角度而知道季節與標準時刻，其精確與耐用，推測古人早就有比我們現代更可靠的文明。最少這花崗石的口晷，就放在露天再幾萬年也絕不生銹！

上午十一點到達，午後三時離開，除去半小時吃速食，導遊先生一邊說、一邊抽煙，卻不吃、不喝水像駝馬。全部時間四小時。

觀光局在廢墟入口處設有旅館，房間要預訂，而我們觀光客三百人中，富豪甚多，臨時願付大代價多住一宵的，大有人在，可惜不能，因為要環保。

上了回程的火車，渡蜜月來的西班牙新郎說：「專程從歐洲來，只停留四小時，又要回馬德里去，太可惜了。」

我拍一拍像機說：「朋友，回去看照片吧！今天是藍天白雲，好天氣。」

「是！是！，我四個小時，拍了五捲底片。」他說完興奮的點頭，握手再見。

大幹之旅

TODO GRANDE（全是大的）

搭乘秘魯法善（AERO FARSSANT）航空國內線，從首都利馬去最南部海濱的達拿（TACNA）城宿夜，再搭汽車南下到邊境智利，得先在利馬的智利領事館申請簽證。照例要先交證件，排隊領表格來填寫和等待。這天卻遇到奇事，辦公室職員探出頭來，向排隊的人一看，盯住我招手，俺有點不信，便回頭向後看，他到底在指誰？

沒想到他老兄走出來「請」我過去說：「先生，您免排隊，先給你辦，朋友。AMICO！」一頭霧水，本老中布衣浪跡天下，竟能受此隆情！提升一級，回頭看後面一同排隊的秘魯等國人，竟也逆來順受，任由本人比插隊更超前的行為，頓感骨頭一鬆，就不怕挨揍！莫名其妙地神了起來。是真的一會兒，簽證便准了一個月觀光，而且免費哩！硬是要得！歡迎中國人。為什麼？

飛機預定早上十點起飛，長住利馬給前秘魯總統治好怪病的著名中醫，也是大富翁老廣的潘僑領，可憐我這流浪老兵，令他的司機，大清早八點就把我送到機場，並一起等到十一點。可是飛機，是不是起飛？天曉得。硬是等到正午，候機人群才開始，隨著一架到站的噴氣機而騷動，都在說：「啊！來了，很好，很好。」

奇事，什麼鳥飛機遲到兩個多小時，竟沒有一個人冒火，居然說好？大概比不來的好。這要是在別的許多國家，誤點兩小時可不得了，抗議、揍人、要求賠償，甚至暴動！拆垮航空公司的櫃檯。而這些得了道的南美人一個個眉清目善，根本不算一回事；這些老鄉們，卻利用了等起飛前的兩、三個小時，彼此交誼寒喧！享受了登機前的候機樂趣。一百多位乘客的大半以上，飛機在滑行起飛前，就在胸前畫十字，意思是一切交給了天主保佑！心寬福大。

利馬的三月，天氣灰暗，但絕對不會下雨，可是來了旱漠水災，是因為南美屋脊安第斯山區，元月起是夏天雨季，東麓融雪的水流入了暴漲的亞馬遜河下大西洋；向西麓的洪流奔濤而下太平洋。秘魯、智利這兩國的所有河川全部飽受山洪；從利馬南下到智利京城聖地牙哥，海岸沙漠綿延七千公里，十年不見滴雨，卻每年嘩啦啦的有洪水。年年此時都修橋、鋪路、大幹救災。傍著海岸線南飛，群山焦赤是寸草不生的沙漠，只有在山洪下游河川的三角洲上，點綴著稀有的綠色，居民們依賴著綠洲種植，畜牧為生。明明大晴天卻有滾滾濁流，又偏要淹沒他們的身家性命。不過習慣了也就不再害怕。

飛機出雲，利馬以南是晴空，愈南愈不見片雲，碧海藍天，沙漠平行海岸線，遙見左翼指著積雪的安第斯山脈如成千奔騰的群龍，機翼下多的是高兩萬呎的尖峰冰雪插天，海邊上是被流沙崩埋中斷的公路，碧綠的海裏不見船隻，有無數點點的白鷗，或信天翁？飛翔在粼光片片的海上，反光著銀色羽翼的太平洋。

綠洲的附近也有城鎮，靠近納茲卡平原（NAZCA PLANO）附近的港口，停著船。《史前文明的奧秘》，一書的作者丹尼肯說：「此一平原上是史前文明的飛行場所。」秘魯本地人也說：「有歐洲考古家，至今仍在研究和挖掘研究。沙漠的大平原上，倒是風和日麗，確是飛行的好天氣，許多史前遺下的地面標示。」依本退休飛行老兵看來：「真像是飛機進場的助航指標，而進場能見度百公里，就算病眼也敢起降。」

飛機降落在二十萬人口的達拿市（TACNA），幾十年前，此地曾與南部盛產鳥糞硝石值錢的亞力加，伊基克IQUIQUI市，同被智利攻佔，後來智利只歸還達拿給秘魯。而亞力加（ARICA）屬於弱國才五百萬人口的玻利維亞，是絕不歸還了。山上由石塊嵌的大字寫著：「永屬我們智利。」

在秘魯沙漠的盡頭，能見到達拿市充沛而澄清的自來水，又在超級市場裏，見到各種水果和蔬菜，甚至有青椒和蔥、薑。市內不見華人，卻有三家中國飯店，其中兩家掛中國招牌，秘魯人經營，只有一個老闆不知是姓鄭或姓曾，他到利馬發貨去了，每間中國飯店均設火車式卡座隔開，賣的中菜，雞鴨魚全部去骨，青菜煮稀爛，研究良久，不知究竟屬什麼口味？好在物價便宜，五元美金一夜的旅館也有清潔的浴室。此一城市的存在，全部是靠魚粉出口，或從亞力加進口免稅生活用品，運入秘魯第二大城亞力紀巴（ARIGUIBA）的轉運站，城郊外無垠黃沙，全是寸草不生的荒漠。秘魯與智利的邊境檢查站，設立在海岸沙漠裏，出去時查蓋出境章，經過了無人地帶後，入智利查入境簽證，如臨大敵。

海洋帶給現屬智利的亞力加港，五十萬人口的繁榮。旅館馬虎也要二十美金一夜，但海鮮，水果和葡萄酒便宜。又向南一百七十公里外的伊基克（IQUIQUE）自由港，是智利領土戰爭時，中國僑民曾經助陣，以詭計多端，且又敢死，立下奇功，至今立碑紀念他們。現在智利伊基克有四分之一人口是中國血統，傳說是清朝末年太平天國洪秀全的敗軍逃到秘魯，有人參加修建到安第斯高原鐵路，有部份南下到這一帶，他們在參加智利與秘魯的戰爭中，幫助伊基克獨立，智利將軍要嘉獎他們一個獨立的小鎮，但中國先人們沒有接受，甘願融入當地社群中；在這個城市的圖書館裏，能找到當年很多報紙對華人的報導。現在2005年伊基克市，四十八歲姓羅的市長兼都市計劃局長，是廣東中山移民；市民從來不叫他名字ＬＯ！或「市長」，「局長」，只叫他CHINO！中國人。2005年4月7日他回到深圳，要去中山尋根拜祖，遵照他父親說過的一句話「落葉歸根」的強烈意願。又伊基克市在1979年新總統比諾切時代，就比照了大幹建設的小臺灣，也來成立加工出口區，這就召來了港、台各國輪船、大小貨櫃源源帶來繁榮。一切進出口貨免稅批發零售，吸引了秘魯和內陸國玻利維亞，巴拉圭來的許多商人和走私客；並在沙漠中建立一條泛美公路，及一條通玻京拉巴斯的鐵路。碼頭上，停了成千近萬輛剛下船的新型汽車，要運到玻利維亞、巴拉圭去。

到廣州樓吃晚飯，老闆姓周，相見握手，他四十年前出廣東上船來亞力加。介紹一種蛤蟆（SAPO）的清蒸魚，加白葡萄酒，菜飯等，免費招待。

晚上受邀，訪問1976年我家五口剛到亞馬遜，在千里達開龍飯店，曾出力幫忙的智利朋友卡戚多（GASITO公貓）家。他回國重操電視演戲的肥缺。

「為何不見玻國老母貓（CASITA）來？是不能抓老鼠了？」我說。

他聳聳肩！不答。大約話長，話多了我也不懂！

拉我去看他花兩千多美金，開回一部全新的轎車，帶我到他位於沙漠新村的家門口下車，他說：「請！」

我們走到門前，黑夜的粉牆雪白，只有一扇門，周圍不見任何窗子，開門進去，尚未開燈，但見屋頂滿天星，心想是天井。燈亮後竟是客廳，露天！屋頂天花板全免了；臥室、書房、廚房，全是露天。「哇！這是怎麼回事？」我指天上。

「這兒已經十幾年沒下過一滴雨了，也許是永遠不下了。」他說。

「哦！這空氣多麼新鮮。」

「還有數著星星不會失眠呢！」他說。

「全城都不用屋頂嗎？」

「銀行有呀！」他說。

南美三月是秋，客棧沒有屋頂，蓋雙層毛毯！瞪眼數滿天星星；天亮特別早，五點鐘左右，全城的人都起來了，在澆花草、樹木、否則一星期就不妙；柏油路兩側，處處花草，忘了身在沙漠裏，而遲起床的異鄉人，還以為早上剛下過雨呢？海鳥比澆花的人起得更早，百萬的信天翁？是億萬年來，製造鳥糞層的大白鳥，列陣向南或北沿海岸線飛行，朝陽從山區照亮波光起伏的汪洋，億萬白色光點編成一幅飛梭織海的奇觀，千萬的羽箭斂翼，向海平面上俯衝潛水覓食，哇哇喧嘩！真是壯觀大幹。

夜出的漁船已在鳥類出海前，豐收入港，漁市場裏的一切，是漁人昨夜的成績。各類鱗介在朝陽下，泛著彩虹般的光芒。漁人的鬍鬚看來已幾天沒有刮過。不知那近南極的海水是什麼溫度，摸一摸魚全是冰涼。哇！早餐時便可以吃鮑魚、鮮蝦、蟹貝等生猛海鮮，加檸檬、辣椒，喝大杯的白葡萄酒，湯裏也全是海鮮，那海的氣味十分濃足，性好漁的我大幹。

去伊基克泛美公路，穿越近兩百公里的熾熱沙漠，巨型的美製舊計程車，車速始終一百二十公里，上坡、下坡，極少減速，山谷裏有翻覆的載貨卡車由黃、紅色的救濟車，正向路上吊掛。也有跟我們乘坐的同型車骸，燒焦陳屍在山坑底，但我旁邊的司機目視正前方，依舊一百二十公里，莫非是頭上的後照鏡上，懸掛著一座聖母像？保佑他們有膽量狠著大幹！

半路智利兵站門口，陽光下放著一個塑膠製的收集水蒸氣，然後聚汽成水滴的裝置，在這永不下雨的地方，據說每天可以得到一公升水，可以讓一個人不致渴死。

伊基克的旅館，最高級一夜五十美金。有一位八十歲的華僑，經營南京旅舍，價格便宜，已幹了五六十年，卻娶有一位智利太太才二十幾歲。怎麼樣？另有中山飯店，老闆大約是華僑二世，已不會說中國話，剩下廚師能說，因為大陸剛出來不久。也有蒸蛤蟆魚，豆芽炒生鮑。這是久違的真中國廚師燒的菜，我也來乾一瓶著名的白葡萄酒。

別處上萬美金的汽車，此地不到半價便可買到，世界各國貨物，應有盡有全是免稅，想買多少貨櫃都行，可以進庫房、貨倉裏去選去搬，出境免稅；如要將貨品陳列在廚窗攤位上零賣，就要加營業稅百分之十，因此許多東西比香港便宜。但人口不到百萬，智利政府正大力宣傳，因為沿海天然的鳥糞層，已越挖越少，必須用新的方法來賺。智利的物價貶值才百分之九，是南美經濟景氣最好的國家，政情穩定。智利以水果、葡萄酒及美女，著稱於南美。現在再加生猛海鮮、自由港。算來「五優」不假，雄貓兄卡戚多回國來上電視台工作，是正確的選擇。

聽巴西佬胡比多向我說什麼西元2005年，聖保羅將是個有兩千萬人的城市。我側著頭有點不相信，心裏說：「你老小子吹牛！」可是到了晚上，從智利坐上飛機，翻開南美手冊一看，竟是真有可能。去聖保羅的機艙像是去趕集，穿拖鞋，汗背心的巴西佬，一路上單口相聲，唱歌的，只差沒全體跳嘉年華的森巴舞；不知是吃了迷幻藥或是醉了酒，口齒不清地引逗得半截噴射機艙裏的男女哄堂大笑！

1554年1月25日，兩位葡萄牙神父，由印第安獵人帶路，到達今天聖保羅市中心，創立傳教站，過了三百年，1854年，這教區才不過是三萬人口。百年後1960年，聖保羅也才人口四百萬。

因為地在二十三度半南迴歸線，座落在一片的丘陵起伏臺地上，海拔標高二到三千英尺，氣溫比七十公里外的海濱山度士港，要低攝氏五度而乾燥，全年極少幾天熱過三十度，夜半鐵定得蓋層毯子，沒有颱風，地震，年雨量一千二百毫米，從每年夏季十二月到次年二月嘉年華節，三天一小雨，五日一傾盆，剛好澆花潤土。蚊子少，怪的是電影院的跳蚤多。尤其愛在本中國腿上成群大幹。

在鄰國；智利、秘魯和玻利維亞人，中午十二點到午後三時休息；巴西是從早上九點一直幹到下午六點，這傳統得自北葡萄牙波圖（PORTO）人，於1500年輸入除葡萄牙文，也帶來了勤勞！四百多年前，初來的探險者，隨船也載來非洲奴隸，先後在聖文生及奧林達建根據地，與當地土著印地安人自由通婚，而不像鄰國滅絕他們。便奠定了混血移民一視同仁；北部森林中，世界第一大河亞馬遜，由西向東注入大西洋，每天的流量，等於英國泰晤士河一年所出。魚類是歐美的廿倍。河口寬二百二十公里，世界最大。不知不覺，八百五十一萬平方公里的土地上，有了一億五千萬人口，成為世界第五大國，且每天增加一萬嬰兒，因為性開放，許多嬰兒是私生子，滿街扒手，也任性大幹。

現在，這個摩登城市人口早就過了一千多萬，是以高樓和無數的大小公園點綴起來的工業都市，下水道完善，蚊子蒼蠅少，別忘了跳蚤，只須戒了電影。出門帶錢不多不少，遇盜皆歡喜；地下鐵的完成使中心區汽車減少，部份街道改成人行道，聖保羅1980年啟用地下鐵，比香港、新加坡、臺北都早，在地鐵馬利安那站的自動樓梯口，涼風拂面而來，清涼！膚色不同的乘客步伐逍遙；地下站的空間寬敞，除了賣車票，不容許其他商業存在，不像東京地鐵的擁擠。同時嚴格禁煙，不見黑花崗地板上有人吐痰、口香糖、車身銀亮，橡皮地毯防滑，兩分鐘一班，電腦及閉路電視控制車如箭發，十秒鐘後時速已達百公里，馬力得自幾座水力電廠，供應工商居民且廉價，現在伊瓜蘇瀑布更大水力的電廠，支援南美最大工業城聖保羅；占地一千七百平方公里，三倍大於巴黎，有公共汽車、計程車、私家車等四百多萬，每月耗汽油外匯千萬美元，現政府全力探油，產量僅有需求量的百分之二十五，1980年起發展酒精汽車，又在汽油中對入酒精百分之二十五。在全力的減縮外匯，避免再百分之千的通貨大膨脹！但排出的廢氣叫人如眼睛吃辣椒，淚眼汪汪！

從耶誕節前，成千上萬的摩天樓便在製作世界最大的人造雪，從頂樓剪紙機迎風飄下，全部黑柏油路蓋成白色。當歐洲，北美今年真的下雪，零下幾十度凍僵人畜；聖保羅人卻許多男的打赤膊，女的比基尼，咖啡奶的膚色，傾城而出，千萬人空城回鄉；但也可能是擁向外港山度士四十公里長的白沙海濱，張燈結綵，鞭炮、煙火、跳舞、戲水、踢球！除夕夜，袒胸露背，通宵不睡，大幹！一個個非等到太陽從他們的大西洋上升起，吃喝，唱跳到海平線上成為「旦」的形象，連看三，五日才算過足了癮，又百萬車大排長龍擠回聖保羅上班。

聖市自稱人口二千萬，工人占一半，工廠十多萬：紡織、化工、電子、橡膠、機器等，僅汽車每天產量有五千，除部份自用，也外銷。國產汽車免稅，抵制外國貨。自產的酒類免稅或低稅，進口的洋酒重稅。電子器材也一樣。此地像歐陸的產銷一元是（FEIRA）叫做費拉，即是趕集，中國的赴墟，每星期一、三、四、五、六、日，在不同的街道，地段，高架路底下；農人、家庭產業，小手工業主人可以把自己的產品陳列，比價買賣，不受中間商剝削。中國人賣中國貨，日本果農自銷水果，除不見越南榴連，卻有菠羅蜜，攤位有幾百個。魚的種類以海魚多，蟹更是經年不斷一律標價，主婦可按鮮度選貨選價，說真的，天天砍價太累！

軍公教每週一到六上班的家庭，星期日也可以辦貨趕集賺外快，這天上午應有盡有。地下鐵「李伯達即」廣場則是下午，日本移民產品大公開，專賣日本料理，記住多帶錢才能盡興，但又千萬莫帶太多大鈔，以免遇上打劫，賊多如跳蚤。同鄉拜年多問去年被搶，我最少，才三次，是因膽小如鼠整夜躲屋裏。也幸運是「合作」，翻袋總有不少不多，奉送，彼此笑瞇瞇，似曾相識，從不挨刀子，很少殘暴大幹，也絕不握手，互說再見。報案是白報，一百家銀行，每年過半被搶，我的褲口袋裡的皮夾子是全天候放買路錢的地方。

博物館約有二十個，全部是午後二時到六時，除了我，沒人看。美術館收藏了世界名畫如喬凡尼、林布蘭、戈耶、塞尚、梵高、高更、米羅、畢卡索等在二樓，一樓則展出現代作品，地下室展出攝影，再下層商業廣告海報設計及現代雕塑大展，規模小，巴西出名不靠這些玩意，路過一次便夠。

城東南的動物園，佈置在三十五公頃的自然森林中，鳥類被網在天然的樹林裏，水牛和水野豬（CAPIVARA），圈在相同的湖沼，圈子大，步行兩小時才走一半，可以改乘遊覽拖車參觀。水禽湖有黑白天鵝上百，多半右翼尖手術截除，飛不起來，引來無數野鴨，就地繁殖許多小野鴨飛來飛去，加上北美的野鵝及幾十種野禽，和平擠在一湖興旺。北鄰植物是每年十到十二月數量多達三萬盆的蘭花。城西南依貝拉圭拉公園占地兩平方公里，園內有湖。六個博物院是現代藝術、航空、天文等。聖保羅大學在城西，占地七平方公里，許多研究院及博物館，其中的蛇園每天上午十點，穿白衣服的工作人員開始製造血清，使巴西被蛇咬的人百分八十得救。擠毒後餵飼白鼠。大蛇則放入大天竺鼠，一進屋，就被一口咬住，蛇並不粗，一口吞下肥大的天竺鼠，圈身一纏，斷氣就吞下。也有白鼠爬行在籠內昏睡的蛇身上。中院深草中有鱷魚，餵以群鼠和牛蛙，許多隨父母來的小孩，見弱肉強食，個個嚇得尖聲叫！

午後，街街巷巷沒事的閒人比上午更多，尤其是六點鐘下班時，酒吧爆滿，找不到位置坐，站著也行，只要能喝上兩杯，多半是悶酒，喝醉了逢人便胡天胡地亂扯一通。奇怪，竟見不到半個趴地的醉鬼。難道全是海量？乾淨俐落！用一分鐘，車在吧門口停，跳出車，赤膊跑進吧門，錢往臺上一放，酒來乾杯，調頭便走，絕不流連，因為此兄正在加班，也可能是偷車賊，或是值班偷閒，上廁所時從後門抄近路來一下子。兩千萬人口的聖保羅市，平均每條街道有三間酒吧。許多較重要的街道，三丈一小，五丈一大，多到使人驚歎！誠然李太白的天堂！酒吧內部全部裝有拳搥不垮的不銹鋼臺面，桔色櫃檯，透明廚內整日有酒菜，鹹、甜點心，另備廚房供應早、中、晚餐，也備三明治、熱狗和各式汽水或果汁。或本地釀造，每瓶美金一、兩塊錢的烈酒，一杯是十六份之一瓶，酒保出手大方，也可以只斟十二、十三杯，每杯賣一毛五到三毛美金。袋有十杯的錢就大幹！

記得當年在臺北上學，路上也見到酒吧，玻璃門後有籬屏，猜不透那裏面搞些什麼名堂！不過校長賀老宣佈，任何學生膽敢進酒吧，以探究竟者開除！如今年過半百，住日禁令已嚇不住我。看聖保羅街頭有太太、小姐，大大方方扭進門戶敞開的酒吧裏去，照乾杯不誤。在下是豁出在江湖的人，進來也坐下，揮手指一瓶啤酒！喝起來，葡萄牙語不會，有口難言，這時，酒保大約是午後五時，悶極無聊，自動上來跟我胡扯，他說他的，我說我的洋涇濱西班牙語，只要帳不算錯，誰也不會吃虧，畢竟聽懂他吹說去過澳門，才曉得那邊有個本老廣也沒去過的「孫中山博物館」哩！

巴西盛產咖啡，號稱「世界盃」，濃烈一流！因為杯大，量多，糖也要比翡冷翠咖啡放多一匙。濃咖啡呀！入口苦不堪言，醬黑的10ＣＣ，要放三匙巴西糖，才能喝下！掌櫃的舉酒瓶，見我一舉杯，就免費給多斟了一杯巴西白蘭地！哇！「美酒加咖啡」，正想要喝一杯，又剛好失戀！何妨再來一杯，這就保證了今晚大失眠。正是：泱泱大國，火藥發明人的後代被炮轟！

失眠起來！摸來酒吧，手顫腳抖，咖啡怕怕！來八個橙才擠一杯五百ＣＣ的TODO GRANDE！乾下去，加兩個大美點，醒了大腦。清早除了咖啡必喝的人，又舉來大杯啤酒了。但他們都不忘舉杯向陌生的我，說一聲：「早！」來吧！喝完了中午就吃烤全牛。大吃！TODO GRANDE！（全是大的！）

足球嘛！雖說是英國發明，但中國人說古時高俅早已在踢！可是誰玩的全民化，拿的世界盃冠軍多？不好數說。嘉年華更不用說！來跳七天通宵不睡的森巴舞，有心臟病的人也上！也猛喝！降血壓藥當花生米下酒；每逢嘉年華，誰跳的久，誰跳的人多！誰的癮頭火，場面大？比賽浪漫，三百天，九個月另十天後小娃娃誰生的多。如果你號稱不吃！不喝！不跳！不踢球！不風流！就別浪費錢買機票來巴西。

酒吧不能逛的時刻是「足球世界盃冠軍賽」，這時刻酒吧已成了「火山」滿巴西，球迷在媒體的大事渲染下，步向瘋狂，毋須解說便可想像！想不到的是半夜，常有人橫在酒吧大門口，原來輸了球，也賭光了錢，砰一聲！買槍比美國邁阿密更便宜。槍大彈也大；贏了球！全國男女上街飆車，人車也跳森巴，按死喇叭！叭！從天黑到天亮，請原諒！因為每人的嗓子早都啞了。

巴西喲！大幹之地！吃超飽，喝超足，上廁所便秘！該用灌肛劑，也該買大號的。TODO GRANDE。

「車起一陣風，風去塵便落，風塵本無緣，只因車經過？」不！俺進出五年，跟著巴西人大幹，青出於藍，幹出了一張藍色的巴西共和國RNE1142194號永久居留証。

1986-2008 南歐

百歲導遊

難得來到義大利北部，久仰的歷史名城威隆那（VERONA）。早上剛去看完一間石材廠，採購當地特產的紅雲石ROSSO VERONA完畢，廠主人盛情邀飲著名的紅酒，吃玉米糕，又〔羅密歐茱麗葉披薩牛排〕的午餐後，送我回宿位於古羅馬石築的圓形亞林那（ARENA）露天歌劇院附近的旅館，明早飛羅馬。

放下行囊，看時間還早，走下樓來打算逛街，出門向右再向左一拐，就見到大得驚人的兩千歲石頭建築的露天歌劇院亞林那，剩下一周圍牆內的拱門外，幾條人龍在排隊，走過去一看！竟是義大利帕爾瑪城作曲家威而第的成名歌劇「LA TRAVIATA」呵！茶花女，今晚上演不假。原小說本是法國文豪小仲馬，他的天才大作，曾在多年前賺得我 先父 浩懷公一哭！過後向我們介紹為必讀，也害我少年時熱淚盈眶的故事，竟有緣被走運的我偶然矇上。

不必可惜前排的雅座，早在半年前就已經有歐盟的闊佬們訂購一空，現在幸運有剩下最後排，適合我消費水準的位子，最高層不過才十歐元的位子，一看票，又剛好今晚九時開演，好在本

人又是老眼昏花了的遠視眼，加上驗貨包裹有一個看礦山岩石的廿倍望遠鏡，會對焦把女主角的眼淚也看得一清二楚！

時間還早的晚晴，七月初的夕陽暖暖的醉人，狹窄的步行街兩側，家家戶戶的樓臺上的盆花爭豔；嘿！我想趁日落前去看英國文豪莎士比亞筆下弄假，義大利人卻順水推舟，使之成真造出來羅密歐與茱麗葉的故居。

我手執地圖東張西望想起員警，一位抬頭挺胸，腰桿筆直，有正規將軍派頭的紳士，向我走來，舉起右手點了一下他的禮帽，說：「午安！」

我受寵若驚！眾所周知，義大利賊多，我親身體驗已三次了，但您不像扒手！想要幹啥子？但也舉起右手，向他說：「巧！（CIAO！）午安，您不是導遊吧？」

「NO！我有時間。你要去哪裡？」並伸手與我一握。

「茱麗葉的家，遠嗎？」我說。

「容易，跟我來！」

我們就在老街的厚石板古道上開步前進，他問我是哪裡來的。

「臺灣、福爾摩沙。退休機師。」

「蔣介石，頂好！」他說完翹起右手大姆指說：「我是騎士老爺弗朗基尼。」

「哇！您是騎士老爺。」我舉手敬禮。

「是亞米哥（AMICO）朋友，你，小夥子？」他說。

「我快七十歲了，跟您一樣吧！」我說。

「我？一百歲了。」他側瞄我一眼，揚了一揚眉毛，用左手扶了一下他的氊帽。

哇！弗朗基尼先生，要是按我們老式中國人年尾出生，過了年就算兩歲，再加三年一小，五年一大，閏年閏月來算，您起碼算成要一百多歲了。

「是嗎？謝謝！」

我的媽呀！這位二次世界大戰，是歷史人物義大利首相墨索里尼手下的老兵，真的有將軍派頭，也必然是了不起的祖父，莫非是小孫女兒在他上衣左上口袋插有一支能寫的水筆，加一支原子筆？西裝筆挺，黑皮鞋晶亮，頭戴黑氊帽，刷得纖塵不染，帽沿下戴一副廣焦點，估計最少值得一千歐元的金絲眼鏡。從禁止車輛行駛的步行街勁步走動。我忍不住停下來，上前一步擁抱他說：「真的高興喲！老爺，榮幸能跟您走在一起。」

輕鬆的腳步到了茱麗葉家門前，擠進去，他先指給我看那著名的樓臺，下面是茱麗葉銅像，要我按照多情兒女的禮貌，去撫摸那已被無數人，摸得金光閃亮的右乳房。照書上說她死時才十五歲，長得如此豐滿！真好波。

「NO！不敢！」我說，這在臺灣叫做性侵犯！亂摸波，要坐牢的呀！

「NO！」他說：「這是義大利，就應該依照義大利款式，來！」

是的，老爺。他又請了一位小姐來幫我們照相留念。

走出拱廊！要我在牆上簽名！

「您簽過嗎？」我問。

「是的，年輕的時候！那個角上，現在裏面找不到了。」，他說。

我該簽嗎？簽一個，看下次來能找到嗎？

石牆上的名上加名，密密麻麻。看得出已億萬男女不停向永恆簽名，牆在變厚。

走！他引我出人群說：「去看她的墓！要搭巴士。」

巴士？真懷疑這當年是走馬車的石板古道上，現在走計程車也剛好，來公共巴士太勉強了一些吧！

有，且免費上車，又有他老人家的專用位置在左前，司機正後方，清潔明亮，四平八穩，司機一流技術。老人不搖不晃。且他凡見八、九十歲老人都打招呼，像全都認識！我也坐他後面跟着打招呼。

下車看完茱麗葉墓，他仍然興致高昂，要再上羅密歐家。我說不去了，想想晚上要看茶花女。

他站定了像檢閱士兵盯住我看了一會才說：「那也好，你陪我回家，好認識我太太。」

又上巴士，近火車站下車，出來拐了兩條街巷，來到綠蔭濃處有幾幢寬敞的四層公寓樓房，沒有電梯。

大步直上寬敞的四樓。是臺灣的第五層樓。他一口氣領先從地下直上一步也不停，氣定神閒，慚愧我幾乎追不上，見他已抽出腰上的鎖匙鏈，扭開了門，引我進到寬敞的大客廳裏指著沙發。叫我坐。

對面櫥內掛了八個勳章。哇！真的是老兵不死。

「坐！不要客氣。」他說完向屋裏叫。

「瑪利亞！我介紹中國黃河來的比洛多（PILOTO）朋友給你。」

八十九歲的夫人，從躺椅上起來，跟我親臉，說她的腿有點不便，過來太慢了。

「那裏話！」我說。於是扶她坐下來。

他的名字叫麥可！他向太太說完，到酒櫃裏取出三個水晶杯，再到櫃內掏出一瓶葡萄酒來開。

「這怎麼好意思？」我說。

夫人問我來威隆那幹啥子？

可惜！我的義大利語夾雜著南美洲住了十年的西班牙話，她不懂！

他幫著替我回答：臺灣退休，來這裏採購石材，今夜要看茶花女。

是的，舉杯謝謝好酒。今夜會聽到茶花女的飲酒歌，要和兩萬多位觀眾一同燃燭，等候盈

盈夏月升上圓劇場的東天。維奧列達忍死苦候心愛的阿芒前來臨終訣別。

「好吧！我要打一個電話到羅馬。」他說：「我的孫兒在義大利航空公司工作，明天安排人到機場迎接你。」

「呵！不用了，帝伏尼（TIVOLI）羅馬洞石礦廠有車來。謝謝！」

但他接通了，英語一流的孫子說話：「盼你得空，陪祖父祖母吃晚飯好嗎？他們非常歡迎你。」

「可惜！我已買了茶花女的門票。抱歉！今晚不能了。」

「好吧！那麼下一次到威隆那來，不要忘了我們。」

「一定，一定再來。」是的，我舉起名片，「我一定記得。再見！」

三色箭特技

五月的南歐海濱，小園裏幾棵果樹已花殘，籬邊幾色玫瑰盛開，夜鶯和知更鳥專門在夜間囀唱久而不覺！此刻午後，只聽那雀鳥在木蘭樹上吱喳！

我在陽光下鋤地、拔草、篩土、播種了莧菜、芫荽和苦瓜，作為八月暑假腦滿腸肥時的解藥，也想請隔院裏九十歲的岳父母品嘗一下，中國時菜。

烏鶇在柑欖樹梢練唱，我大汗滿頭，幾根煩惱絲早已變白；乾脆刨光涼爽，再回頭看來會像年輕和尚，妻也必冒然吃驚！現在她看我抹著頭髮是決心的手勢，說：「天已不早，理髮店七點半關門，快去吧！」

才出巷口到橋頭，忽見鄰居做了三十年煤氣爐師父的喬，向我招手。

「午安。」我說。

他把手向海的方向一指說：「看！三色箭特技！」

喲！是看見什麼在天地線上像一群野鴨在低空飛，可惜轉眼不見了。

我把車在路邊停好，怕是眼花症發作蚊群編隊！搖搖頭，看手錶又明明指五月四日，午後五點多。

「喬！有沒有搞錯？什麼三色箭？這裏是小地方吧！」

「沒錯！今天練習，明天星期日下午，在青卦機場，航空節演出，報紙登的呀！」他說。

那個CINQUALE（青卦）嗎？只不過是鐵線籬笆裏，一條僅七、八百公尺長的泥巴跑道機場，也配得上航空節嗎？

他伸手過來抓住我的膀子說：「明早九點正，先有螺旋槳單引擎機特技，再就是直升機，完了再加跳傘表演，最後是三色箭，到時我來叫你，一塊走，你看了才相信。」

晨起坐在後院樹下，歎航空版頭條，臺灣國會又上演鐵公雞，令人想起是前幾天才看義大利電視一號RAIUNO台轉播的情景！妻叫我快看！臺灣！臺灣打架現場的鏡頭！叫我老臉在朝陽下，忽冷忽熱！

突然長聲的門鈴，響徹雲霄，大狗、小黃一同吠出去，真是亂七八糟！我說：「這又要吵醒寶貝義大利孫女潔西嘉。」

妻從隔壁我的洋岳父，岳母的後院籬笆探過頭小聲叫我：「喂！喬在門口說等你呢！」

呵！這才恍然他昨天是說了真話；我已穿好衣服，原想和妻出門，去選定的酒吧，每週才喝一次的咖啡。我快步繞到前門。

「你怎麼還沒穿鞋？」他說。

「你如果不來叫我，真的是忘了要幹什麼？」我說：「沒有想到你真的來了。」

喬叉著腰，臉向陽光！歎了一口氣！盯著我的光頭看。

我只好急忙回頭找鞋穿上，省卻再去隔壁找妻吻別，就直出門來上了他的車，飛快上路。

他指著表說遲了，開始搖下車窗，向天上望著說：「看天上有飛機嗎？我已經聽到聲音了。」

「呵！喬，你說九點開始，為什麼現在才來叫門呢！這是你的不對吧！」

「唉！是我遲了，沒想到特技這玩意兒，一定是準時開始的。」他說。

「到青卦的路很近，奇怪事，今朝星期天是睡覺天的早上，竟然塞車！」我說。

「當然要塞車，今日晴天，是看三色箭的好日子。又不一定年年有得看。」他說到此時車已擠到高架橋頂，他大叫一聲！「嘿！你看！」他用呶動的嘴向上指！

真的，一架低單翼活塞式單引擎的小飛機，好像是博物院裏請出來多年不見的古董，在晴空裏一頭栽進螺旋，引擎，叭！叭！兩聲熄了火，翼尖！唰！唰！的聽得見翼尖的旋風，到第四圈才改出來；回火的引擎咳嗽了好幾聲才重燃，螺旋漿得速度的那種嘶裂在頭頂的要命聲音，直衝下來低空才拉平飛，實在是好險！也好小子看準了最高是三層別墅，沒有高樓。

我看呆了！這不是小城加住宅區上空來特技嗎？絕對是違反了飛行法規？咱幹了幾十年飛行，卻一次也沒敢搞過這一招！

「好！好小夥子！」我說。

「是好手吧！」喬得意得很。他的義大利特技。

停在橋頂看表演，跟在橋下、後面許多看不見飛機的人，按喇叭！不好意思！喬把車子拐進小巷，穿出到青卦，搶先找到車位，再找縫隙擠進人牆。

原來青卦位於半島阿平寧（ALPI）山麓與海岸間，寬度不足五公里的平地上，向山的東跑道頭，是一條來自南方那不勒斯，羅馬經過此地的威西利亞。北上熱內亞，進法國的超級公路，車流日夜不停。西跑道頭就是海濱渡假區，剩下只兩百多公尺陸地上，規劃出再兩條平行的內外濱海大道。是著名的黃金海岸，面向第勒尼安海，隔海便是拿破崙的故鄉科西嘉島。在這不打眼占地長度不足一公里的機場，好比中文「工」字中間的一豎在兩線要道之中，一直是泥巴地，柏油跑道。枕山向海，傲然許多飛行，滑翔，跳傘的俱樂部的旗幟飄揚！

靠山的吃石材，石區叫卡拉拉，三千年來即以大理石馳名於世，近五百年從文藝復興時代，著名的石雕多半取材於此。米開蘭基羅及倍利尼當年便是此地取材。

靠海濱的陽光，引來每年幾百萬北歐人來渡假，幾百年前英國詩人雪萊，濟慈和拜侖都來此長住，且附近也是古詩人但丁寫《神曲》的地方。

累積了千年計的經歷，推展著整年不斷的節慶。另加上嘉年華，石業展，車、船、食品、雕塑、歌劇、焰火、單車等名堂甚多，今天這航空節引來各國、各省來的汽車牌照，地區字母代號。例如：

D——德國，E——西班牙，F——法國，I——義大利。

總之合興乎來，凡昨夜可以先進駐的渡假營區，旅館多已爆棚客滿。

三色箭特技要下午才上場，此刻才傍午，過半的各路人車已經就位，海岸線上萬頭鑽動，十里長灘上密佈的面海雅座，躺椅，大半已有了主人，開始入席。

我們擠進機場，小飛機特技已結束，接著跳傘表演，從高空蹦出三個黑點，直線下墜噴出，綠、白、紅、三色煙箭，代表義大利國旗三色，快到地之前，開出三朵美麗的降落傘，一個跟一個，降落到大看臺前的一塊白色定點上。

我說：「這要是跳歪到東兩百公尺，就可能落在超級公路的貨櫃車上，不是南下羅馬便是北上米蘭。要是跳歪到西，兩百公尺就下海。對不對？」

喬說：「不可能歪那麼多，歪到機場附近的松樹上，或掛在電線或TV天線上就慘了。」

再來是直升機表演。又吊一個大水箱灑水，救山火，救人！救誰？看不見！笑自己老來縮成五短身材，偏又第二圈不縮反突！夾在人牆裏呼吸困難，不要擠成腦溢血。

「謝謝！喬，我們看好了吧？」喬聳肩說：「好！下午有三色箭吧！」

妻說下午三點出門，我說，五點才開始，去青卦才幾公里？用一個鐘頭南下，輕鬆可到比薩斜塔，到佛羅倫斯，北上熱內亞去哥倫布家裏參觀都夠嗎？

「先生」，妻說：「你至今不明義大利人，今天是免費看特技，剛才電視新聞說已經有十好幾萬個人到了海濱，你看著吧！一級塞車。」

我的媽媽！這情況，把車匙交給地頭龍喬，他操盤是對的，我早也拜服我的她、他們蛇形駕駛法，穿冷巷，抄近路，受白眼；在四方八面來的車潮，擠到還差一公里才到青卦，已路路不通，幸虧我有老馬力，能抬動一台摩托車，推前兩步大垃圾桶，車突然卡進位子，爽！有如中獎。向一望無涯的人海，妻要去機場。

「不行」，我說：「寶貝，這機場近山，空域狹窄，這上空肯定飛不得特技！你跟我來，不要東拉西扯，看特技向海濱沒錯！我說，不是蓋的，咱飛行過幾萬小時，航程可以繞地球多少回？所糟塌的汽油，有前面的第勒尼安海水快一半多，相信嗎？來！看我滿臉交錯的跑道！明早，我也來青卦租一架機仔，露一手特技你瞧瞧！但要先買足保險。」

妻抱我親了一個說：「你過了六十歲，人家已不受你的保險了。」謝謝 聖母瑪麗亞。

廢話剛完，轟然貫耳的雷動聲響過了頭頂，一排噴射機，從山的方向衝來過去了，向西出海。三架一組，噴出三組綠、白、紅煙雲，高度低，三色煙下沉著煤油味，味兒令我夢醒，訝然被這第一秒時震撼而唬住的豈止我一個，妻抱緊我的膀子，大約也是怕被這一陣威風，把我們刮下海去！

人字形十機編成的彩帶拉升入晴空解散，進倒飛前換成鑽石九機隊形，另一機倒轉時脫隊北飛回轉順海岸線，噴一條白煙低空側翼坡度九十，像一支白色十里長劍，削過剛才剩留天地線上煙幕的彩帶！

「有意思！」我說：「老婆！這算開幕剪綵吧！用劍。」

九機小轉彎到了頭頂，以海岸作參考線進入桶滾，完成後俯衛加速拉上天心，九機同時反轉從倒飛改平，記得這三合一英夢曼，此乃當年山東老毛子劉教官傳授（註）我們超考試課目的絕活，俗稱：「豆漿燒餅油條一套」。有豆漿小轉彎。燒餅桶滾，油條是能反正的英夢曼，俺五十年前就會了。

「耍單的又來了，幹啥？」

鼻、主輪、襟翼連減速板全放出來慢飛海面作降落狀！同時大力蹬方向舵，飛機軌跡蛇形S前進！

老兄你不想活了嗎？從南向北一路扭扭舞過去，咋！這搞法是最容易出錯的，一舵蹬過了頭，飛機立刻失速，翻下海會清燉王八呀！

想當年在虎尾、岡山飛行，鄙人若以這款式通過跑道，小鬍子鄧老教，毛子劉大教都肯定派出停飛紅條，廢我武功，冷板凳、禁閉室蜂擁而來。

雁陣又拉煙上升，開成三相三色環雲，低空會合交叉，雷聲三面而來，定點海上會焦，轟然而散！不料第一架單機應時低空到交會點一杆標起，直指外太空左杆進入反紋螺絲釘，其速如箭，俐落如鏢！

可惜在鑽升到太空之前又之前，馬力已耗盡，突然失聲，失速，引擎熄了火，啞然的翻進螺旋墜落反轉！像中了槍子的小鳥從半空下落，一、二、三、四，哇！五圈才改出成俯衝，最後，嘶！一聲！引擎重新點燃，金屬嘶裂的吼聲！全油門加速飛一圈回頭再來。他大約擔心剛才許多人沒看仔細，以為他在耍詐，不過癮，好吧！再露一手。

九機炸彈開花一過，他又來了，不同的是，垂直上升順時針紋路螺絲釘，他在駕駛艙內維持拉升，同時拉杆向右的動作。身體與機身一體循彈簧形離心軌跡，反地心高G壓迫，血液下沈，腦袋瓜弧線甩出，可能的紅視難免。今天，如本老在座艙裏夠腦充血條件。

到了鑽不上去失速倒轉，熄火墜入一次外螺旋，有幾秒鐘不上、不下失重，猜他可能難再改出來了，很好竟能進入正常螺旋，可想像他在熄火，收油門，改螺旋，得操控重新得速，溫度，轉數表等，在已近海岸，人群上空前一剎那，祝你點燃引擎成功！因你已缺時間跳傘！

沒事！這班小夥子，再一次贏得生與死挑戰的探險，完成機械和人的心意，但切合正確的平行極致，在空間的畫板上畫上你們的色彩，達成終身追求的美好合作！融和了銀翼下的浪濤！我與岸上的人潮一同盡興的鼓掌。

一位路客說：「這特技小組得到過幾次國際金牌，並且經常出國應邀到各地作表演，只要你付得起，噴煙要清一色，雙龍抱到混幾色全行，照幹到盡歡！」

那難怪你們這空軍不是在做買賣像馬戲班子？

他向我搖手：「不！他們是退役的空軍或現職的民航機員，共同組成的：『特技俱樂部』。」

妻搖手說：「明天我們去買獎券吧！」

「是呀！必須中獎，請這原班人馬來，拉煙！噴你的顏色滿天十全紫！好不好？」

「我聽見了！」她說。

剩下是掠岸的潮聲和人群尋車去的碎步。

「嘿！喬，今天表演的確不錯，可十年前在空中互撞的悲劇也難忘呀！不也是三色箭嗎？」

喬，繃著臉答不上來！

註：「老毛子」是我1955-56年劉抑沛教官綽號，他的女兒茱麗，像洋娃娃，現在2005年，該早也結婚做媽媽了，我們同組四人，都怕吃他的紅條子停飛，我直到幾十年後，今天才不怕的，敢老遠隔太平洋，大西洋叫您一聲；毛子恩師！您好？

恩師鄧從綏是1954年虎尾教我飛行的啟蒙師。我實蠢才，他堅持放我單飛。並不提我們是同鄉，他跟別人講廣東話。到結訓沒跟我說過半句；他的一小鬍子，朝朝有威！

張先達恩師是我的高級儀器教官，使我在軍刀機及民航IFR ATR又越戰十年中的GCI/GCA UHF出盡鋒頭；且當年曾從他低微的收入，帶眾師兄加歹徒我，吃高雄「致美樓」的烤鴨。

我飛戰機及民航，穿航台海與大陸，東南亞，南美亞馬遜雨林蚱蜢機釣獵，前後三十年！至今能健在執筆，儘是各位恩師之賜。

鬥牛三章

第一章

路過南美洲秘魯國，首都利馬市，懂得半吊子西班牙語看《利馬時報》，星期五的大幅廣告，吹噓明天星期六下午，說新到的女鬥牛士是西班牙國寶，另兩位也是秘魯全國的頂尖高手，逞狂言：「如海明威今日如仍健在利馬，也決不錯過機會。」又說：「在南美洲看利馬有三百多年歷史的西班牙式鬥牛，省了一張去西班牙首都馬德里的來回機票喲！」，說得人家心動！土包子我想去開洋葷！

甥女兒小平剛陪我去訪安第斯高山上的印加庫斯科古城觀賞奇石，又坐爬山火車去古印加花崗石廢墟馬丘匹丘，昨夜才回來，她搖頭帶擺手說：「對不起！這個鬥牛不能陪了。」

甥女婿說：「什麼博物院人乾木乃伊，跑馬場、賭馬、庫司科，你都陪老舅去看過了，鬥牛就該陪到底！」

平甥說：「你也該陪一次了。」

他說：「明天週六，五金店裏生意旺，走不開呀。」

她說：「那麼我看店，你陪老舅。」

他說：「妳剛小產，身體不好，怕累壞妳。」

她說：「你忘記了！我要是見到大公牛被那長劍一刺，就大口的吐血，哇！就又會昏倒！」

「哇！」我說：「這麼刺激嗎？我這老朽倒偏要開洋葷看一看了。」

女婿一聽到「昏倒」二字，站了起來，安撫她說：「可他老人家是天上雷公，地上母舅公呀！玩命也要陪的，怎麼辦？」

好吧！為了寧人息事，本母舅公決定自己去冒險！我說完，背著照相機去買兩張票，請家裏的司機路卻先生作陪。但他也不要看，說情願在場外等我回家。

嘿！心想你路卻也看不得殺牛，難道秘魯也有吃齋的佛教徒？

特等位置的票，算算天文數字的秘魯錢，折合十美元，才夠吃十分之一塊日本的神戶牛排。在這裏，卻要看活殺六條牛呢！二個鬥牛士、一個牛妹共三人各殺兩頭。

好了，赭紅土色的鬥牛場，四周車水人龍，男的多，女的少。陽光灰朦而慘澹！碰到難得一年才三兩次的大陰天，雨是絕對不會下的，這是秘魯。

場內在奏樂，位子居高臨下，遠近適宜，不怕牛被刺痛到發瘋，跳到觀眾席人堆裏來，尖尖的牛角挑到我的「O」型肚腩。

開鬥還早，我問員警：「現在牛在那裏？」他指向下一道門說：「可以去看！」原來這些倒楣的公牛，都已卡住在特製的窄巷裏。

說時遲，那時快，號音尖吹一輪喇叭，冤家路窄，牛沒有出場，巷頂有一凶巴巴的雙手，拿起一棒狀物向牛的左前肩背脊，也就是板筋要害處一戳，一個兩英寸長的大鋼刺，刺進牛背脊！破一聲。牛身一震！跳起來，中氣十足慘吼如虎！連我也感到刺骨的痛。海明威仁兄當年在馬德里，閣下可曾見到這一幕？

深可及骨的倒鈎，鈎出的鮮血立即淌下如泉，鈎上更燒焊了一個一吋多厚，直徑有半呎，總有五、七、其至十磅重的鐵餅，餅上有一環，環上穿有紅、黃、綠色的彩帶。牛在牢籠裏掙扎搖頭，越來越沈重的鐵餅，在扯動倒刺鈎，呵啦啦！阿彌陀佛。如本人類挨這一下，必立刻倒地，下陰間見鬼去也。

一刺的重創，牛頭頸便抬不高了，而且是特別不能靈活轉身，這對鬥牛士大大有利，否則今天是專門來看牛角殺人。

柵門開了，號稱西班牙牛種的公牛衝出去，萬眾歡呼！

鬥牛士已站在中場，向高高在上的裁判席脫帽，一揮手把帽子向場外觀眾席一甩，大概是他美眉小蜜的方向。記得她的名字叫卡門（CARMEN）？這一幕在法國比才的歌劇裏早就看見了，咱家裏還有ＶＣＤ呢，但此刻的音樂和歡呼！全不像是卡門組曲裏好聽那麼一回事！是刺耳而蒼涼的小銅喇叭尖吹。

牛挨了重磅鐵鈎開始，現在再來成雙的帶鈎鏢槍，由蛇步飛身而來的鬥牛士刺在肩背上，鮮血雙面成片淋下，成了前半身血牛。

自古以來，牛是野獸之一，是進化的人類把它馴養了，現在為了玩牠的命，也玩鬥牛士的命，才計謀著把牠刺痛成發瘋的狂牛，但已是廢了七成武功的殘牛，牌示牛重四百公斤，又加捱了四鏢，一百公斤一鏢，想想我們人類，半鏢也受不了。

高舉牛劍的鬥牛士，身穿五彩錦緞的緊身衣褲，動作力求瀟灑表示膽大，不怕，逗起那牛真的向他一追，只一秒鐘他便成功飛跳出木圈板。

再來，是騎馬的持矛刺客，跨一匹蒙眼披厚馬甲的大馬，又是當年滅印加帝國，西班牙文盲武士必澤羅座騎後裔的馬馬子，玄玄孫，馬背上的刺客用七尺長矛再刺牛背脊，一、二、三。公牛也不示弱，拼命抬頭一頂，馬上人仰馬翻滾地，刺客拔腿立刻想逃，幸運有其他鬥牛士趕快用紅氈巾把牛引開。

觀眾席裏噓聲大作，一是長矛客狠而不帥，二是牛已重傷，殘牛半死沒看頭了。

那西班牙女鬥牛士的劍術，卻比秘魯的男鬥牛士更差，劍刺不中又跳脫手，可能震開了虎口，跑到場外換短刀戳牛頭心，可能已重傷了的公牛看清她是一個母的吧！才給面子倒下，拖拉機來拖牛屍出沙場，觀眾大噓！

第二章

好吧！告別利馬探親，趁香港買家要人家環球採購石材，公私兩便，買便宜的哥倫比亞航空機票，先飛波哥大看白玉礦（BLANCA ONIX），次日直飛馬德里看白珍珠（BLANCO PEARL）花崗石，早上降落，投宿帆船酒家，酒店櫃檯便可預定明日午後三時看鬥牛的頭等票，而且說明是海明威光臨的地點，卡洛斯國王也來看過的老地方。我就冒昧問一句；你們

馬德里有鬥牛，下禮拜我要去印度新德里，買紅花崗石（NEW IMPERIEL RED）也能買票看一場吧！櫃檯經理瞪大眼說：「到印度去買票看鬥牛？我想你可能會挨揍吧！」

「真的嗎？」我說。

「牛是印度人的神哪！」他說。

「先生！我很土呀！能再請問義大利出產白色大理石嗎？」

「是的呀！你看足下的地板就是卡拉拉來的特產。」

「那你一定知道羅馬城的鬥獸場有人鬥公獅子，好看吧？」

「先生！你是在說兩千年過去了的事。」

「那怎麼我天天還在家裏鬥母獅子的呢？」

「一定好看吧！」他兩眼從老花眼鏡上方瞪著我。

秘魯、智利、哥倫比亞、玻利維亞等南美十國，四，五百年前全是西班牙的殖民地，是後來玻利華將軍造反，才脫離統治獨立的。今天來到大老闆國，一看牛場氣派，比利馬大，磚也紅；且進場觀眾真的一個印度佬也沒見到，記得利馬牛場外賣零食的，只有賣比斯可（PISCO）燒酒。而馬德里的燒酒叫亞誇廉得（AGUALENDE），又零賣花生、瓜子、核桃仁等近十種核仁類下酒，就好比在寮國永珍看李小龍、成龍電影，可以手持一把暹粒湖盛產的吳哥窟鮮綠甜嫩蓮篷進場去剝；進美國電影院吃爆米花，臺北的電影院裏，太太們左手一包黑瓜子，右手一條大毛巾，因為是三十年前舊影片「梁山伯與祝英台」的樓頭會重演，要用它來擦眼淚。

再有老闆國的牛肥大，黑精發亮，重五百公斤。衝出場來口中白沫直噴，怒沖晴空，肯定背筋上的鐵鉤釘奇痛夠受得發麻、發毛、發辣冒火，見人就追，五個鬥牛士四散飛逃。

每刺一條牛，成千上萬的觀眾齊聲：「ＯＬＥ！ＯＬＥ！」奧來、奧來！不懂這個字原來是：「好極！好極啦！過癮啦！」不知兩千年前的羅馬鬥獸場上，五、六萬觀眾是如何吆喝著在場上拼命的奴隸們！像啦啦隊在今日的足球場上乾杯？

款式比利馬更兇狠，黃沙上的牛血更多，三小時內，在烈日下，一輛牽引機拖了六次，六條牛屍出場。我是每見長劍刺入牛心肺，牛低頭大口吐血時，也真看不下去！就原諒了不孝順的利馬愛昏倒的外甥女，便也抬頭看青天白雲悠悠。

第三章

好吧！印度人不鬥牛，羅馬人已不鬥獅子，那就去葡萄牙有機會看葡萄牙款式吧，從馬德里起飛兩小時到里斯本去，採購貓灰色花崗（MONCHEQUE）又曙光紅（ROSA AURORA）大理石，順便看葡式鬥牛，聽說這要文明一些，也公平一些。因為當地傳統不准用劍刺牛，曝血黃沙。只是也要殘到了最後，五百公斤的公牛已口噴白沫，身上的大釘鈎在背筋上痛徹心肺，刺客卻是跨著快馬，矯健的行刺，四支鐵鏢也鈎在浴血的牛肩背上。

最後八個穿戴紅綠尖長帽，像聖誕老人的鬥牛真勇士，赤手空拳！對正牛頭站成一列縱隊。為首的勇士雙手叉腰吆喝，剁腳，揮手引牛起步。來！來！說葡語！汶！汶！中氣十足，汶汶汶！來呀！

果然那半噸重的狂牛衝了過來。為首的牛郎縱身跳起來，雙手穿越雙角死抱牛頭頸，好在尖如匕首的牛角上包了些東西，否則牛頭向左右挑甩，人死不在話下，且必肚破腸流。

其他一個個肯定是吃牛排長大的鬥牛士，也個個力大無比，立刻蜂擁而上，合力把牛死死抱緊不讓動彈，一位大力士用力拉牛尾巴的馬步穩如泰山。可是第一個上去的先鋒被牛挑飛起來像條火腿著地，又被牛在胸口踩一腳。兩付擔架飛跑過來把已被擺平的抬出去，然後七個人把擒牢的牛大喝一聲，放了牛。連鬥六大公牛，擔架用了三次，只有三個先鋒是自己走出場的。

啊！這才明白，剛開鬥以前，全場人起立站著聽三分鐘奏樂，是向昨日被牛角鬥死的鬥牛士致哀。

距里斯本北六十公里的沙拉孟格（SALAMONCA）牛場，是全葡國鬥牛郎最勇敢的地方，他們以英雄赴死的精神與牛搏鬥，在夏季每晚各鬥六條牛，無一牛死，只有人亡。每年裏必有烈士十個八個；仍樂此不疲，大約也算雖死猶榮。

牛鬥完了，不少男女在門口等牛郎英雄牽著手出來，有成群崇拜狗熊的觀眾圍上去，請求照相留影。

莫非這是古羅馬人用囚奴鬥獅子的遺風？

喜鵲也賊 GAZZA LADRA（PICA PICA）

從來也沒試過從深圳打義大利長途煲電話粥，但跟我的義大利太太CLAUDIA克勞迪亞，祇敢說一句就關機，卻是夠她高興得一跳的話是：「我已經訂好了香港後天來義大利的機票。」

當真嗎？你去大陸一年才回來，別說我高興得一跳，你的山友喬喬知道了也要跳來找你，再爬阿平寧山，炭烤牛排，美酒加咖啡，半夜數星星。記得嗎，你抄寫過英國的雪萊1818年寫的詩：

光天化日下　阿平寧是灰暗
雄偉的崇山峻嶺
綿亙在蒼天與大地之間
到了色彩褪盡的夜晚
映著矇矓星光　展開一派混沌
伴同風暴　阿平寧四出巡行

還有呢！要謝謝我們的後院裡來了鵲賊GAZZA LARDA唱得好！CHA！CHA！恰恰恰！就像巴西嘉年華舞森巴。

喂！我已多年沒有見到過喜鵲了！想當年住湖南時的奶媽教我唱童謠：「喜鵲子叫得好，爸爸得元寶，媽媽生弟弟，哥哥討嫂嫂，姐姐抱娃娃，妹妹看人家，看得人家好，有酒吃，有魚吃，有肉吃！吃得嘴巴子油滴滴。」

還有啊，江蘇和安徽省泗縣等姓：劉、羅、龐、徐、許、李、花、牛、張、周、韓等的祖先相傳來自「山東喜鵲窩」。連雲港一帶還流傳著喜鵲教會人們種田的話。今天怎麼義大利的喜鵲是賊LADRA？我問克勞迪亞。

妻說：「才不是你遇見的賊，喜鵲祇有貪吃癖。這一窩大鳥是我的孩子Mio bambino！再不好好的餵也要『絕種』。你快來，看她飛到廚房裡來吃東西。」

我相信！就想起去年應奧地利男高音，兼天價為奧地利元首、俄國葉爾辛、義大利貝盧斯、台灣李登輝延壽，卻免費為兒童及華僑到維也納治病的神醫湛乾一，邀我遊維也納去拜貝多芬墓和第九歡樂頌的產房。路過多瑙河畔喝咖啡，竟有麻雀來吃我盤子裡剩下的蛋糕。好！去年才見到我們後院有黃嘴烏鶇凍僵，現在卻有那怕餓死的喜鵲子來廚房吃東西。

行！今晚八點就離中國深圳的海濱廣場，搭計程車赴皇崗口岸，天氣悶熱，付150元上空調小巴過落馬洲到香港機場，托運出行李，辦好登機證。我住港島愉景灣的長子來送行，他是國外的空手道冠軍，回香港來安家，做了多年生意，很有孝心地說：「爸！我想先請你吃宵夜。就在樓下一家賣台灣牛筋麵的速食餐廳。」

我一聽有理，搭德航漢莎夜航，得熬到半夜才登機。不知要再過多久才起飛向上爬昇，又多少分鐘到達高空平穩，機長才廣播把人吵醒說：「此刻高度三萬呎，窗外氣流是零下攝氏四十度。」空姐跟著送來一杯冷飲，半小時後，來一份洋餐配冷麵包、凍奶油，她是洋妞不知生來怕寒涼的老中容易中標。別撈本吃冷麵包、冰奶油下肚。完了！客艙裡黑壓壓幾百人才幾個便所。

沒事！養兒防飢。歸功他知道我掉了牙，叫我趕一碗ＯＫ的牛筋麵，剛好頂得住徹夜的風寒，通宵十三個小時直飛德國慕尼黑。免了我在八天之上跑不贏廁所。乘客有男有女，有老有小，有胖有瘦都要聽話，一律憑票對號，用美其名的安全帶綑綁，實在是叫「沙丁空牢」的卡座，一張來回票花掉上萬元來買罪受。佩服左座胖妹，她雙臂垂如企鵝睡得著，右座六呎多高的德國佬兩百磅以上，飛機載他也最費油，卻也才花臘鴨型我一般的票價，在抱歉雙膝頂得前座的女人一再回頭看，通艙滿座來消受這比通宵失眠，再時針倒慢七小時的時差，眼乾鼻塞綁到德國早上五點，天色漆黑，機翼下的燈光才照亮地上的積雪，到慕尼黑首先解放的德佬獲釋歡笑；而我是腰背如弓，僵腿暫時伸直再挺進西方候機室，得再苦等五個小時後的九點半起飛，過了正午才到義大利的比薩斜塔站，吾妻克勞迪亞才能開車來接我，到實在是她媽媽的家。

好在慕尼黑候機室有免費熱咖啡可喝，難忘來回票付萬元人民幣是省吃省喝來的。行！再撈本一杯燙嘴的，如能再加美酒就能升血壓提神不昏厥。最提神是不要像去（2006）年通香港反恐關，隨他從禿頂到鞋底都查遍，到羅馬通宵沒睡出來矇喳喳，又被反恐員警叫我過電子門進出三次搜身，耗十幾分鐘才放到X光驗放行李的出口。我裝有證件、手機和五千綠背美鈔的提包不見了，去報警，竟叫我放心。半個月後祇寄還我的護照，不見了裝有年來吝食、嗇穿加上孩子們祝我與妻共用什麼的五千美金，在大陸是價值一輛ＱＱ空調新車。害我長夜從香港憑萬元機票，被動彈不得的安全帶一路綁到雙腳抽筋。剛跛著下機進反恐賊關就一貧如洗。賊！真的已滿天下，第一先數羅馬吮過狼奶的後裔。

從1976年坐火車初進巴西聖保羅，提包上地鐵就悲遇穿西裝割皮包的酷賊。害我要在巴西他鄉慘跑大使館進出半年補辦新護照，不過順路也辦了巴西的居留藍卡。才遇見住得多年下去的老僑們過新年欣逢互問：「你去年被打劫幾回？」

1978年到南美高原玻利維亞京城拉巴斯，剛出旅店，一群少年賊川來搶我三個孩子補習中文的課本加唐詩、四書五經、水滸、三國、西遊記等一大書包，飛跑速度可代表玻國參加奧運400米低欄比賽。就怪不得今天我的三個寶寶都不會看中文，包括您眼前這一篇末世遺作。幸而在亞馬遜十年文革年代的龍飯店櫃臺牆上，掛了單節棍，上有毛筆寫的兩個字「家法」——是用來伺候眼牛牛敢在店裡說西班牙語的孩子。終於一個個美國大學畢業說國語進中國，也感謝深圳卡拉ＯＫ的女老師們都身高165以上，上過學，絕對比法國文豪盧梭的媽咪祇認得鈔票的強。面對ＤＪ電視機的液晶屏上的中文字幕隨唱隨認，再吞雲吐霧提神三包煙、威士忌幾斤漱口。十年下來，已能看清「南方都市報」的頭條新聞，爽掉了他們的幾十萬美金學費。

1979年 過秘魯利馬到機場取行李，穿制服的海關關員，否認我的提單真有行李。我祇好改延行期，親自鑽進行李房找。但剛提包過利馬市中心的聖瑪可廣場進酒店，包被奪跑。

1986年的米蘭機場內平時有代售去翡冷翠的火車票，但這天櫃台罷工，我必須拉衣箱、提公事包上巴士到火車總站排隊買票趕車。雙腿夾緊衣箱、雙手數錢取票、再低頭公事提包被人魔術變走了。問身旁三個男女員警都聳肩不理我。完了！我愛義大利，賊睡床鋪我睡地。

1988年從羅馬車站搭64號巴士被四大漢夾持搜身，幸我死抱提包不放，大吼三字經下車，改找計程車去梵諦岡。如果是禮拜天，聖彼得大教堂前廣場有世界各地來的幾萬天主教徒，且有信徒被輪椅推來，向東廂高樓紅氈窗口的教皇招手接受祝福。1980年我初見的是波蘭教宗若望保祿二世，如今2007月12月21日換了德國教宗，妻小聲說：「是因為義大利自從墨索里尼被吊死七十年來，政客上臺至今在輪班爭權，這個月內就有國會議員抗稅、民航機長與陸海空運輸總罷工，義航已棄權羅馬香港航班，再加油站，工、農、商、學、兵全部停擺。要義大利人再當教宗，梵諦岡的彌撒必也有罷工。」

1989年在千萬人口的葡萄牙，百萬人口的京城里斯本超市門前停好車，回頭見一人肘破我右車窗奪包飛跑，我急追不上。突見另車轟油門追上攔截，一大漢下車飛起葡式足球員衝鋒的射門腿，把賊踢翻在地，拾包還我，他名叫羅賓漢•葡。

1992年我這回去的是廣場另一側，是來「耶穌會總院」看癌症康復卻從不罷工，原籍中國上海的現任朱勵德院長。他曾在1969年來越南戰火連天，照明彈如繁星，槍、砲、炸彈傾盆的西貢，和我擠上烏龜計程車去唐人街堤岸的八達酒店，要我用他的聖名MIKE在空中飛行消災，任越共的森姆27型地對空火箭、機關槍砲，精瞄對準。晚上睡床，盲目火箭八方爆起，屋頂夜夜如冰雹，粉碎的落下一切，竟有食肉的鷹鳶來吃早餐，剩有飛來人腿，因為狗上不去屋頂！居然這般過了十年後的1975年，任瞄不中、飛機中彈也沒事的我，攜孩子從臺北轉南美，開飯店兼營空中的哥，自由釣獵十一年後，四肢齊全，不瞎不聾，五官仍在的1992年攜孩子們來到了聖彼得大教堂耶穌會總院遞交本MIKE CHU名片，找本宗院長MIKE CHU。門房修士點頭微笑說：「院長在樓上等你們了。」但我命不算硬，因先父到七十五歲時已有四位女性：

一、童養媳十二歲早逝。

二、先母生五男二女，算不算是二奶？三十五歲死了。

三、潘繼母，生五女一男，五十歲走了。

四、施繼母，不到六十歲走時，父親才七十五歲。

往事甭提了克勞迪亞。也不知天上宮闕，今天是何年？就算是我倆的情人節，正好比牛郎織女七月七，渡銀河，橋頭喜鵲子叫：「巧、巧、巧巧巧巧巧！」而且好在德航漢莎不罷工，我才能到比薩著陸。接機的妻瞪大眼高興的吻我說：「先去麗拔教堂拜謝聖母瑪利亞保佑！這次過境成功，行李齊全，平安不招偷。」

是的，妳信耶穌將來上天堂，我敬神，乞妳來世少折磨。高興到家，院子的鐵籬上掛了一排買來迎我的盆花，草地新剪過。都是妻百忙中動手，為了我做生意跑中國大陸回到義大利。也想這古早有名的托司卡尼省曾經是「神曲」詩人但丁，天文家伽利略，發明家兼畫家達文西，藝術家米開蘭基羅，譜蝴蝶夫人歌劇的蒲契尼等名人的故鄉。海濱乃是北歐人夏日南來度假的勝地。才離家幾公里可以爬亞平寧山，從山上遙望西海是拿破崙故鄉的科西嘉島，又法國大仲馬寫基督山伯爵的厄爾巴島，就在黎伏諾港上船渡海就到。2006年9月9日足球世界盃冠軍義大利足球隊的銀狐教練利皮LIPPI及著名的冠軍杯裁判「光頭名哨」柯林拿COLLINA也都能在早上喝咖啡的酒吧裏遇見，他倆就住在VIARREGGIO威耶利喬港。

我們家在不遠的QUERCETA歌恰塔村，後院裏的洋木蘭落葉滿地，玫瑰，薔薇在爬籬笆。吾妻克勞迪亞‧山帝尼（SANTINI CLAUDIA）乃二次大戰，隨雙親在東非洲衣索比亞出生。十七歲專科畢業結婚，廿歲生子名羅貝多，當年回她的祖國義大利盧卡省（ＬＵＣＣＡ）掃墓觀光，南上北下，哇！吃驚滿街全是白種人。廿五歲衣索比亞赤化，她全家人掃地出殖民地回義大利，丈夫的爸爸得帕金森氏症臥床，便開始像女護士侍候三年到下葬。她丈夫弗朗哥是義國駐東非洲修路、造橋、建房的工程師。到1992年回義大利探母病，在醫院裡一緊張忽然倒地，而醫院急救延誤，心臟猝死，他如能多活半年足五十歲，遺孀便有保險費可領。不料第二年，她卡拉拉著名的石材專科畢業的獨子羅貝多任職SAVEMA石廠，一表人材，有汽車及800CC大摩托和希臘裔的妻子以及才三歲的女兒JESSICA潔西卡，卻被人邀去吸毒，才28歲也走了，剩下克勞迪亞和寡母、媳婦桑尼亞和孫女，四個女人三個寡，住三層的別墅，剩一層加地下空房出租，靜悄悄！。

我是先後每十年一次，兩次被賢妻提出休書的「劣夫」，被評為：一臉呆氣，兩句歪詩，三杯老酒，四季舊衣，五不來電，六神無主，七崇拜自由。自1964年從臺灣空軍退役，赤手空拳，飛東南亞十國民航，到1975十年從槍林彈雨的南越、老撾、柬埔寨各國淪亡，倖而刀槍不入。攜妻兒飛南美洲亞馬遜，以絕對的外行開飯店、釣魚、打獵兼飛空中計程車。

到了1986年，為三個去美國升大學的孩子們的學費改行，搭巴拉圭航空頭等艙飛葡萄牙、西班牙，再以絕對的外行經營世界聞名的義大利卡拉拉石材，出口港、臺、歐美，並把握大陸建高樓如冒春筍的良機，入巴西為香港探黑麻石，在玻利維亞的ORURO, POTOSI 6000米高峰探綠玉。經利馬、哥倫比亞波哥大選白玉石，入葡萄牙出口幾百貨櫃，曙光玫瑰紅及貓灰石到香港和台灣。接單從義大利卡拉拉直供最少也上千的石材貨櫃，給海口金海岸五星級酒店石材及列柱裝修、珠海京宜酒店雙拼門柱、深圳農民銀行及和電子科技大廈、上海羅馬夜總會、羅馬花園四大堂、友誼商城、浦西電視台、虹橋廣場及直徑17呎，高170呎等列柱44根。浦東、大連、煙台海關又南通酒店、寧波東港酒店、吉林名門酒店、長沙郵電總局、通程酒店、天津工商行設計裝修四十層石牆加一、二樓大堂，廣州中旅商城設計裝修。以絕對的背水戰術流竄七十國，口袋裏出現了多國身份證。此刻又絕對的瞎矇到人去樓空，守寡兩年了的幫手，克勞迪亞的廉價屋入住。稚兒宇光與我一同驚奇他洋乾媽的麵、菜燒得一級棒，有魚吃，有肉吃。烤牛排厚吋半，一公斤一塊，極合好吃又愛笑的吾兒胃口，吃、吃、吃吃吃、吃得嘴巴子油滴滴。於是我的小兒子撞見他老爸又和房東睡一張床！不分天上地下，便撮合本劣夫又歪配她，1994年8月3日飛到臺北永福樓請親友見證，中義連姻。說是再嫁總比同居偷情的強。

馬利奧・山帝尼岳父是二戰墨索里尼與德國的「沙漠之狐」隆美爾，同時出征北非阿比西尼亞〔今衣索比亞〕駕駛士，因錯路進了英軍俘虜營煮飯四年。他的評語是：「一個英國人是朋友，面對三個英國人要千萬提防！」練西拳出身的英兵給體弱的俘虜對心一拳！收屍。他，馬利奧，憑當年是托司卡尼區狠踢毛波的足球員，慢火煲出一鍋綠色偷來的怪味雞湯，祇因為忘了破肚開膛，捱幾英拳不吐血。戰後在東非經營汽油站，也因為原殖民地赤化回歸義大利退休，買紅跑車拉風，八千美元買金軸單車，流線型頭盔，酷極牌GUCCI黑眼鏡，波羅牌POLO騎士裝，早上八點上班時刻出車，八十多歲了還跟小夥子們的車陣並駕齊驅百公里。北上到LERECI

詩人港，是當年英國詩人拜倫和雪萊寫賞月篇的第二故鄉來回。也跟人多次闖紅燈，被汽車撂平送急診，第二天我與妻入醫院探看。他說：「報紙登我的新聞了吧？」

妻答：「和上次一樣，沒有登，但是闖紅燈，員警罰了120歐元。」

「差一點沒死，他們就不出新聞嗎？」他說。

「是的，他們說一定要出人命才上報。」我說。

不久出院，新單車，第三次嚴重撂平，又被救護車叭叶！叭叶！叭叶叶！拉去醫院，我去看他還行嗎？

他說：「唉！又是一個女的，不讓我闖紅燈，害人又成這個樣子也上不了報紙。」

好吧！他一出院就急著替比他大兩歲，現在九十歲的義大利植物太太，麵不能煮，菜不能燒，也不烤牛排；原本愛花如命，如今見花就折，花瓣一地。同床七十年的老公不認得，判定她活不長，便趕女兒快送她媽媽去照墳頭瓷像，以免隨時走人來不及。

他說：「我嗎？還早，小她兩歲，又沒有病，不忙照瓷像。」誠然，夫妻恰似同林鳥，正是像那喜鵲子唱得好，大難來時各自飛，了！了！了了了。

她，我們的媽咪達，八十年前是歌恰塔鎮上花樣年華的富家女，家門前便是阿烏雷尼亞VIA AURELIA從羅馬直通巴黎的古驛道。雪霽天晴朗，她，巴拉蒂尼小姐駕蹄聲響的答、的答、的答的小馬車出門上路，發現比她年輕兩歲，戴墨鏡的馬利奧少爺有汽車，而且打鳥的槍法精準，有飛靶冠軍銀盃在客廳裡，牆上非洲斑馬皮炫著，牆角一根超級大象牙。足球踢得野，會懸空倒掛金鉤射門絕技，滿牆是當年參賽的放大雄姿照，憑優點得她青睞。如今成雙活到了七十年鑽石婚，這一次，馬利奧自掏腰包，登年輕時五十年代舊合照上報紙廣告，問我看見了嗎？

我說：「應該來一張真正年齡的鑽石婚全家福合照給托司坎尼人見識一次才好？」

ＮＯ！不要花錢找難看了。並交待我里斯本高中畢業，嘴巴子油滴滴的愛笑兒說：你去了美國教會辦的肯塔基大學，快幫我物色兩位廿五歲思凡的修女來陪我。

嘿！他是忘了才九十歲的太太，我們媽咪達姓PALATINI，綽號為「不銹鋼ＤＮＡ家族成員」，還早得很呢。剛過不久，勝算的爸比多馬利奧突然發病，才拖了四十天後一個早上，我見他臉蠟黃，戴新假牙，在自斟紅酒，自己煎牛排進補。晚上就八十九歲先走人。便用我給他拍的騎單車雄姿照，放他墳頭。他甩下照顧老太太的擔子，落到女兒肩上。從此屋裡計開：奶奶、吾妻、待業的媳婦、上學的孫女、四代同堂。四女三寡婦，祗我一男，陰盛陽該衰。

如今她不僅免了我的房租，還要為我下麵燒菜燙衣襪。又曾經幫搶生意通譯義大利、阿拉伯語跑天下。且她家也因三十年前從東非衣索比亞赤化，掃地回歸。才也同情我驚毛背井，全家腳底抹油，背粥鍋，頂腳盆跟爸媽跑台灣，才不像叔伯親友，吊頸跳塔加打靶。家鄉的慘象可用下面兩句來形容：「古松煉鋼泉水枯，書院家墳連根挖。」我卻一天也沒能幫襯她，且她家好景不常！先是隔裏活得好好的媽媽，說是肝囊腫入院開刀，麻藥過量，整月不醒人事！搶救出來便耳不聰，目欠明，需要全天照料娃兒餐。吃！吃！吃吃吃。幸運她有政府給每月一千歐元，扣稅剩八百的養老金，另房產租金和銀行存款利息，支付昂貴的開銷。且她真是巴拉帝尼 BALADINI血統，我到墳場看她的家族墓碑，祖父母和前兩年98足歲半才走的姐姐，都是長壽牌。吾妻獨挑苦擔，陪植物媽咪達長征已超過十個春秋；她自己一動就喘，晨飲苦咖啡，午晚也沒吃啥，就難怪血壓也高到兩百。

不信教也祈禱！聖母呀！瑪利亞！我真怕，怕她累趴下，堂上媽咪達足一百歲，做了一個特大蛋糕，請家庭醫生山塔雷也來參加，他說：「你們的一平方公里內另有退休下來的男女七八九十了的上百個要照看，比新生娃兒多得多，幼稚園也一年比一年冷落。你媽媽是健在女性第四個過一百歲，另外一百零二、零三歲。廿年來男的才一個活到九十九，我在等百歲男人的蛋糕！」

是的，媽媽高燒幾次過卅九度，一息如絲，該叫叭布車急救進醫院！但山塔雷醫生不急，隔日才過門來看，是準備來開死亡證明書。卻訝然老太太沒吃藥，祇用5ＣＣ針筒餵涼水退了燒！量血壓120/60/心跳六十八！安坐西窗簾下。無言的說明正宗不銹鋼的巴拉帝尼血統。但嚇得克勞迪亞，媳婦，孫女，和付歐元請來的保姆通宵不眠。但她姐姐是夜夜和衣索比亞前足球國腳的年輕老公安睡，一年來看一回她媽媽怎麼老在，祇盼老奶掛了好收房地產。

克勞迪亞每天祇請得起早上九到十二點，三個小時來保姆，幫胖重的媽媽翻身消褥瘡，扶起床洗澡，吃喝、換尿片、扶起身坐桌前，媽媽左手半廢仍有勁，按住親友送來的一堆舊雜誌，運動右手撕扯一本、兩本；傍午要左右扶持出門散步，天黑又來人一小時幫忙清洗上床，一共才請保姆四小時；其餘的廿小時，星期日是全天，由妻一人載她出遊，仍目視前方，明白是坐陽光車兜風；母女二人都在胸前劃十字，是表示旁邊有教堂，甚至經過橋下是五十年前的古墳場，照常劃十字祝福！年前，老狗仍活著的時候，我問她：「我是誰？」她說：「小花！」我的媽！這可是狗的名字呀。現在，包括待候她已過十年的女兒也不認得，但依舊午餐要半杯紅酒，要不，她會伸手拿我的酒杯就喝！扶她上床就能呼嚕，說口齒清楚的陳年，有關二次世界大戰的夢話。夜深了，妻側臥守媽媽床，夜握媽媽手，協奏著此起彼落的鼾聲，鄰舍的狗吠，窗外夜歸人的車轟，在陋巷的靜夜裏交響。

妻宣言要侍候媽媽到去世了才再來中國，就嫁豬（朱）隨CHU，嫁狗隨狗，嫁個狐狸滿山跑！跟你回老廣鄉下去逍遙。但也擔心熬不贏她能吃、能睡，不用藥可能活出新世界記錄的媽媽，卻自己先走人。是的，五年前妻來大陸喘息個把月，接受我的建議去深圳有名的福田中醫院，花人民幣七元掛號，請女的內科主任為她把脈，祇費幾分鐘，那位白衣、白帽的主任便滔滔的說：「你的洋太太有哮喘及心臟擴大等症。」

「是的，我知道她有困難爬山，其他的也嚴重嗎？」我說。

心臟情況嚴重，最好趕快開刀，照說她已有中風突發的危險！又像你們臺灣女歌星鄧麗君，飛車渡黃河壺口的柯受良那樣的哮喘病，而且六十歲了，要千萬當心。

哎呀！我的媽！出了醫院我翻譯了主任的說法，妻說：「醫生不應該全盤告訴你，有關我的隱私。義大利的醫生山塔雷，早已建議我心臟開刀，但我的前夫弗朗哥猝死，還有媽媽被麻藥麻成半植物人的結果，我怕萬一手術臺上就死，活不下來就沒人照顧媽媽。」

我說：「妳年輕我十五歲，媽媽姓巴拉帝尼，妳起碼也有再活二、三十年的老招牌。該擔心的是我，從小就有人罵我是剋母該死的短命鬼。在抗日戰爭轟炸時，母孕病瘧無藥救治才卅五歲就乘鶴西歸！難忘道士在靈堂唱：『人有三十者死，四十者亡，彭祖年高八百，張果老二萬八千歲，如今何在？』我萬幸捱過槍林彈雨打不中，中也不死。混到了古稀歲數，正在受用周身神出鬼沒的病痛不好說，又有高血壓腿腫，證明確是祖母之孫和父親之子遺傳下來的腎虛腿腫，真是風蕭蕭兮易水寒。二鍋頭的酒量從一瓶以上，去年改半瓶，如今新印的名片，妳看：『空瓶。』唉！尊崇我的侄女兒霓霓，從廣州來電話驚叫：『戒了二鍋頭，您還像大伯伯嗎？』」

克勞迪亞！我老你十五歲高血壓。到了散夥的前兆，多半要麻煩你們先把我燒灰，一半先去西門得柳墳場慢慢等妳，另一半請寄廉價的海郵去中國陪我的先父母們，還有香港車禍早死的弟弟。現在是妳的愛心感動了閻王爺要我來陪妳、陪媽咪達多個一年半載。就陪吧。想起年前去紐約，老友張迪邀我參加他的好友猶太老奶奶的生日宴會，我問壽星公，太太幾歲了，他說：「結婚五十年了，祇知道陪她過生日，沒有偷看過她的護照。」是的，我結婚兩次至今忘了為何被休，帶三個孩子認命，也沒有看過她倆的護照，祇聽說：女人四十一枝花！也沒開過她們的手提包，也沒要臺灣空軍配給保台立功眷舍來改建成出租屋，沒有討退休俸。江湖流浪賺房產，飯店，全歸南美洲和葡萄牙休我之人，但我也活著。猶太壽星公站起來拉我擁抱。

但不追究我是歹徒的妻說：「山塔雷醫生說我現在需要換心臟了，但排隊要等十年。聽說在義大利境外，有的地方換心臟就像換電燈泡，祇是價錢高。」我就建議應該照中醫李時珍說的，先進行便宜的食補最重要。像我廿年來從義大利供應過不止上百家高樓大廈的石材，像在天津伺樓蓋工商銀行大廈的工地宵夜，人民幣60元買兩隻貓，一百廿元兩條毒蛇，整一大煲「龍虎鬥」進補，雪夜冰晨不發抖，四十層高樓乾掛石材不怕死，超前完工得「魯班獎」。妳早寡喪子拉拔孫女，還陪我混飯跑遍歐美亞，偏有鄧麗君、柯受良的病，晨飲苦咖啡，午晚也沒吃啥，該補韓國狗肉、港式三蛇，妳卻絕對怕怕！

再說1940年的二次世界大戰，我十一歲。日本飛機從長沙到廣州追著扔炸彈、掃機關槍到我們梅州鄉下。我看到和日本結拜的納粹希特勒的書〈我的奮鬥〉有他坐在草地上，削一粒蘋果長皮到地的照片，曾請問我的父親，為何希特勒能一條龍橫掃歐洲如閃電？父親說：「因為他愛吃狗肉！」希特勒也怕冷，再拿破侖也都不服氣元朝的鐵木真，能在冰天雪地完勝俄羅斯進出如後院，是因為蒙古的冬天才算冷。

又漢武帝劉邦的首相樊噲，本來是狗肉攤主，被後來才成為皇帝的劉邦，白吃過許多香肉，才一同打天下成功。

說近的還有2006年6月18日晚九點的德國世界盃，天下球迷有目共睹，法國隊極驚奇愛吃白切加清燉紅燒大鍋狗肉，喝慶州燒酒當礦泉水的韓國人，個頭不高卻跑得風快！害得名腳齊達內和亨利，雙雙喘得跑不贏。齊達內得十二碼開門機會，也一腳砲打星空。再過廿天的2006-07-09決賽夜他倆齊、亨二將又敗給冠軍義大利，齊達內逞牛頭功頂人倒地，吃紅牌罰出場，是因為他們多吃蠻牛，缺乏生大蒜掛羊頭的香肉，加泡菜，用南韓慶州燒酒或北京二鍋頭漱口！

我說呀！敝萬年古國應該選四條腿的除板凳不吃；長翅膀的，除了飛機一律下鍋。像當年最後滅吳王夫差的越王勾踐，狗屎敢吃而生聚教訓，生女獎豕，生男賞犬，最後滅了吳國報仇。也學被炎黃二帝打敗的蚩尤五、六千年後代，今日的廣西龍勝縣的苗族娃娃，生下來一百天，便是香肉開葷，便不腎虛尿床，才可能吃出跑得飛快的兒孫，代表中國踢冠軍杯。

妻說：「好！向韓國學習大塊ＶＯ！ＶＯ！ＶＯ紅燒、白切！吃生大蒜，一個個口噴毒氣！讓對手一個又一個立刻缺氧！跑不動，包括蚊子，蒼蠅也順帶滅了，你回去就向你們貴國務院報批特級食品，申請ＦＩＦＡ專利廿年。」

不吃香肉的歐市成立，貨價翻倍，成本高、收入減；中國製品才五毛歐元一株的塑膠聖誕樹，貨到義大利市場，賣得卅歐元，是六十倍。拜改革開放廿年的中國人來歐洲賺十萬歐元，換匯回溫州青田便是爽成百萬、億萬家財。害此地人知情了，在RAI ITALIA電視上瞪眼！叫賊。

廿年前義大利先進的石材機器，大量賣向廉價勞工的中國，而中國工資，十年下來，吾鄉土造機器，價格不到義大利的十分之一。今天義大利一杯咖啡奶CAPPUCNINO歐元一塊二，是人民幣十二元，在深圳能喝十二杯豆漿，如到我故鄉廣東平遠是二十四杯；九毛歐元一件的甜點，可買十八根油條或包子。這便成了世界百國的超市內50-70%的百貨是中國來的，是東亞病夫的聯軍。

像滑鐵盧當年砲戰威靈頓的拿破侖兵敗，有法軍新兵要穿從屍體剝下從英國進口的制服。此地員警夜戰，也猛抓超速，違規開單。在我晚上漫步的聖石海濱大道，某夜見到了有兩個常向路人招手的非洲妓女，欣然上警車。個把小時以後，又見她們被送回原地，再見親嘴！假如我是員警，完了必須用酒精漱口。

良宵醒來，天剛亮，鳩群就在窗外兩棵大洋木蘭樹梢上咕咕嚕咕！和黑羽的烏鶇鳥爭唱！完了才從橄欖樹梢，降落到後院水井蓋上，有一堆是妻專供鳩群和麻雀的穀子，烏鶇也下到草地上，覓蟲，拔蚯蚓。烏鶇雌的咖啡色，黑的雄烏鶇已毛色蒼灰，也像我禿頂，吃飽飛走。看官注意：如您到海濱觀光地帶餵海鳥，違警就罰103-619元。教堂前廣場餵鴿子，罰25-300元，請先登高轉身360度提高警覺。

我從深圳來，妻早起仍是喝一杯苦咖啡，侍候老媽媽，還要幫我開院子門探看，看清沒有警車才放我出門。怕山上有雪，輪胎沒上鍊條罰62元。貓狗食袋鼠肉罐頭、龜鼠糧也要開車上超市買，從保姆家分來的老鼠咬人，應該是老貓的晚餐，卻刁嘴像小皇帝不吃殘羹。大院子裏還供養著花草，今年缺雨傷農。誰要是用自來水澆花被員警逮到，罰50-150歐元，是人民幣500-1500元，幸運我家岳父馬利奧掘了一口卅五年還滿滿的井，用不到偷灑。

身長30-45公分的喜鵲貪吃後院的廚餘不飽。被餓到窗前來，是窩中雛兒飢寒快斷氣了？還要怕不到三十公分身長的斑鳩和整日穿梭的麻雀吃飛醋，追啄恰！恰！叫的餓鵲子。我說：「取消那井蓋上給斑鳩、麻雀的鳥食，不是可以方便喜鵲子的來往嗎？」妻微笑著說：「院子這麼大，你也常不在家，剩下龜、兔、老鼠、貓、狗等都缺乏愛，我要牠們都吃飽喝足。」我白天忙完上床早，夜鶯半夜在唱我聽不到。吱啾的紅襟魯賓兒（RUBIN PETTI ROSSO）只有春天的清晨來啾唱，最像我兒子生前的口哨，就叫他羅貝多。但一年只給我唱一次。唉呀呀！我心想，好在你只聽見他唱一回，要是夜夜夜半啼！難免淚沾襟，聲聲如訴未盡反哺心。妳受得了嗎？

好在妻說：「還有白腮的小鶺鴒鳥（Bllerino）呢，也會唱的。」

有的，我就站在妳身傍，早上剛剃過白鬍子啦！又我今早也見到紅魯賓兒回來和六、七

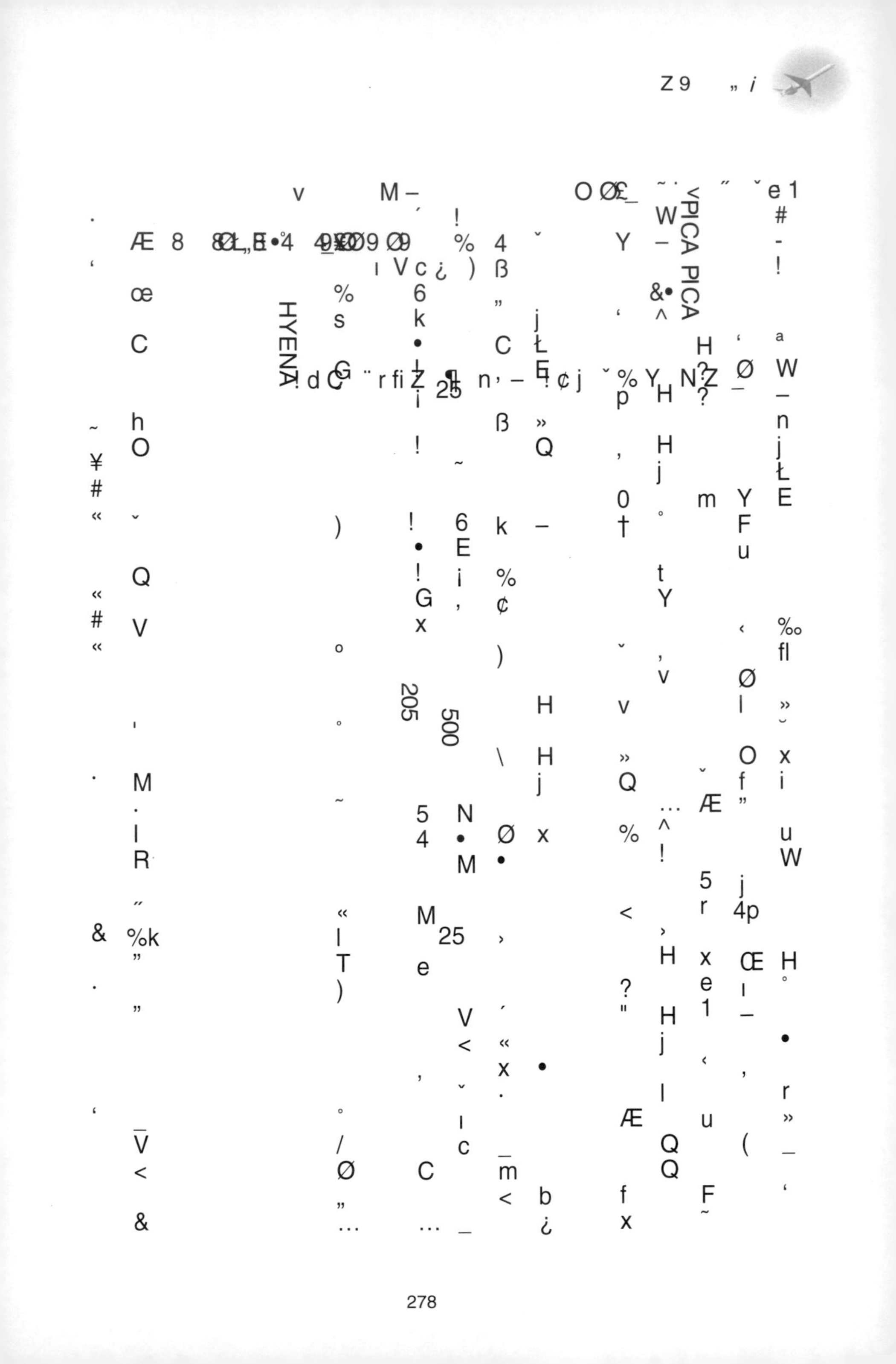

HYENA

PICA PICA

205

500

碗天價艾司巴格麵。改捉沒肉的海膽下酒，每粒要罰四元。改捉魚苗、鰻苗下白酒，每條也四元。看官來此地觀光，得先讀這最新的警急警報。上山順路採雨後勁冒的野菇，超過三公斤的20元起罰。小心山下路口，今天便真有員警在等待。我是近山住了廿年，見菇不敢摸，攤賣折扣不問津，因此能達古稀壽，全憑膽小如鼠，怕一粒下肚見閻王。也記得古羅馬暴君之死是吃了母后的一頓毒菇。

客人下地中海游水就罰500元。員警說：「你潛水了！沒有居留證，萬一出事，麻煩。又沒有救生員陪伴，像英國詩人雪萊就是卅幾歲在這兒淹死的。」剛巧導遊老鄉舉手說：「俺是職業級海濱救生員。」員警開罰單說：「好樣的，不穿救生員制服，罰1,000元。」來路導遊張嘴吃大黃蓮。

海濱不好玩，准許去河溝捉青蛙或蛤蟆，裹麵粉油炸下酒，限捉一公斤，超出每只罰50歐元，是人民幣五百元錢。我幼時在故鄉抗日戰爭時代，全年不見魚腥肉味，捉小青蛙一斤要兩百多隻，一家十口要抓多兩百隻才夠吃，如今要罰五千歐元，是人民幣五萬，貴過一幢兩廣鄉下的農民房。蛤蟆要二三十隻一公斤，超宰一公斤罰千多歐元，好比宰條耕牛，真是賊貴。

據醫生說能增眼力，通血管，防癌，減胖的「野藍莓」提煉出來的藥片，要我家百歲媽媽在服用。貴呀！天剛亮，上阿平甯山去摘野藍莓（MIRDILLI），車到海拔兩千多英尺的山頭，持拐杖，穿登山靴踏尋老地方，陡坡上一大片藍莓高五，六十公分，紫果大小如川豆剛好熟了，因藍莓汁上身不好洗，脫衣服打赤膊，順便曬我的禿頭和排骨，用特製的梳齒盒梳取，邊取邊吸清新空氣，用丹田功吹去盒內混入藍莓的小綠葉，回家用水再洗，純莓限採三公斤，違警超半公斤罰100歐元，宜帶秤上山到兩公斤半，停！回來用一公斤糖熬果醬；剛好廚窗上來了甚麼都吃的喜鵲子叫得好，餵牠一片藍莓麵包，她也像我，除了毒藥，啥都吃，叫謝！謝的賊鵲子，閃下來叼起就飛，騰空餵誰去了？

亂扔垃圾罰50歐元，凡是接罰單忘了去郵局付現，遲一天加40元。再不交，扣車，扣十五歲老爺車分文不值。來封住家，按三千元才1%價格充公，自殺無罪。亂扔廢家俱206元。上週末，我神鬼不知的半夜才扔出一個用了卅五年的殘破冰櫃到垃圾堆，因為請車來運走跟買新的價格差不多。等吧！到了賤體的高血壓又昇到205/110的第八天，已準備用降壓丸當花生米下酒。瞧！市政府的六爪怪手車才來抓走，沒事。今天早上，半植物媽媽手指原本放冰櫃的老空位？無言的追問，是少了她的東西。次日我走近新買來的冰櫃，她用手指我！妻說：「她說你在開冰櫃偷東西。」

沒有批文，私割製酒瓶塞的軟木樹皮，罰100元。任何人在樹身釘大小廣告，罰103-1,030元。員警身懷計算機埋單，且從來不像賊鵲說半句：謝謝。車輛不用環保油罰68元、忘繫安全帶32元、騎單車闖紅燈，看情節也要罰33-68元。喜鵲兒不按規定路線亂飛帶叫！員警不管，因為不像火雞！

上列各條為2004年9月21日星期二，政府在IL TIRRENO報紙上公佈的新規定，從兩千年前開始新舊羅馬法開始，至今已立有萬法、萬稅。稅多就罷工，罷工就停產，產停則國近亡，家破便不生小孩，自由生小孩的剩有溪中魚、飛的鳥，喜鵲兒祗求吃飽，便不按規定又飛帶叫，因為鳥毛不是歐元現鈔。

冬天七點天亮，溫度常在零下，鵲！鵲小叫兩聲，饑寒得喑啞了？啊！MIO BAMBINO 我的孩子！妻放下咖啡杯，起身取乳酪；黑白羽鬆散的雙鵲立在茂密的橄欖樹梢，早早飛來窗臺的母鳥個頭小，叫著飄到窗臺急咽一口是瘦小的鵲媽媽，再叼一塊轉身飛到樹梢給把風的老公也吃，左張右望唱兩聲回來！再飛給他吃。那樹上的公鵲從喙尖到尾尖可有一呎多長，我拾得的一片黑色的尾羽就長廿多公分，大胸脯有半斤重的肉排曾經煎來嵌野栗子粉烙餅。飛禽走獸的爺爺奶奶多半捱過槍矛，下油鍋，湯在煲、禾花雀牽大網來串燒，給人類的祖先從遠古，又到最近兩次世界大戰餓瘋了的獵人生存。

凡鳥還敢飛近克勞迪亞冒油煙的廚房，她是銀杯射手馬利奧親生女，生鏽的雙筒快槍還在地下室，鳥兒們是真餓極了，告貸無門，才敢到院子井板上啄幾粒啣進小腮就跑。剩下的穀粒是不夠大胃王的大喜鵲子充饑，要荔枝大的肉丸三大粒，姆指般粗乳酪幾條才對勁！我近在咫尺驚奇旁觀，真難信以為真，這愛大塊的油亮黑身和白羽顫動著雙翅的野禽兒！會天剛亮就飛上窗臺，鵲！鵲！叫人起床，就跳進到廚臺上來，停在支撐窗簾的橫杆上叫！CHA魚，CHA肉，像巢中餓雛作狀的張大嘴，搧翅趴低叫CHA！CHA！CHA！搶先啣一粒不咽下，卻轉身飛向籬杆上交給她的伴，急忙又飛回低姿搧翅來啣，羽翼髒亂！像欠梳洗的女人低叫：「謝謝！」一人啣一粒是去餵小鵲兒了。妻說：「你不常在家，全靠牠們來讓我愛。」看見嗎？天旱了幾個月，害得餓鵲的雙翅在顫抖！她抱窩孵蛋把胸毛都磨光了，尾毛也亂了，銜肉疾飛，是害怕晨寒，雛鳥嗷嗷在餓巢，小聲趴叫；是怕招惹附近也在教雛鳩兒練飛，實則體型小一半的鳩群就近棲在我西窗外，兩株大葉洋木蘭樹上正在咕咕、嚕咕的叫著呢。

午後我掃落葉，見到地上有白色的小蛋殼，抬頭看見樹頂有咕咕鳥的小巢，肯定住不進大喜鵲。可能是人見過鳩鵲爭巢，鳩海戰勝，蹲在寬敞的柴窩裡下蛋、養娃兒，才有「鵲巢鳩佔」的傳說，難道是真的歐鳩兒「Tortora」才是賊？剛才就見到後院最小型的小紅襟魯賓兒，獨霸在井板上，膽敢追啄比牠大得多的麻雀，匆匆搶啄幾口不到滿腮就走。難道也是豁出來趕回去餵小的？

今天早上，廚房桌上有幾粒荔枝大的肉丸在等待。孩子呢？我問妻。

妻說喜鵲一窩要生五到九個蛋，昨天我看見她們才帶兩隻雛兒，四個人在天上練飛。牠們一定在擔心兒女的安危，因為有老鷹在上空盤旋。

唉呀呀！我這把年紀，也見過大喜鵲和奪雛的老鷹在空中拚命的鏡頭。又昨夜天氣預告今天氣溫要高升到卅七度，像去年從六月到九月，這三個月正是北歐人潮來地中海濱擾嚷的炎夏；今天這麼悶熱，真希望喜鵲兒都躲到山上栗子林的濃蔭裡去了。我說：「這樣才好，是天熱了。妳每天要洗、曬、燙衣物，給媽媽弄三餐、抹身、洗澡、換尿片，怕忙壞了妳。」

妻用膠膜包好荔枝型肉丸進冰櫃。接著凝望了窗外像要下雨的陰天。就像十多年前，我倆在比薩機場吻別好吃愛笑的小兒子起飛，去美國上大學。

愛！是她今生的一切。她又向窗外盼望，眼角有我怕見到的淚。

冒險是我的好癖

逆子淚

媽媽　您是滿族姓愛新覺羅
生在鑲紅旗的敬謹親王府
是光緒兇年三月十三日
八國聯軍離北京的時候
府內的男丁都陣亡了
好在將軍外公陪皇上出逃

媽媽　您家道中落到了民國
王府被賣掉成教育街一號
搬家住胡同多年的晚上
送妹妹到平民夜校學漢文
看中一個廣東布鞋老師（註一）
就托她爹
將軍爸爸來提親（註二）

布鞋老師說
我是客族農民
養不起奇裝異服的令嬡
將軍說
旗裝明天就改
你廣東人在北平也活著在
我女兒她願意嫁豬隨豬
嫁狗隨狗
嫁個狐狸滿山跑（註三）

定一對金戒
浩懷和蔚萱成了我的父母
十四年生下五男二女
逃日機瘋狂追炸
從長沙、廣州、平遠
才卅五歲枉死縣衙門

一坯黃土再被盜挖

祇得一指婚戒
一塊殘碑扔柯樹山下

記得我的媽媽
剛生雙胞胎弟弟
出湘雅醫院

午飯後想要片刻休息
我出門去湘江看漁
因為冒險是我的好癖（註四）
穿姐姐周南幼稚園圍裙

長沙有人拐孩子賣
你是誰？員警看圍兜
我的爸爸是朱浩懷
哎呀！省黨部書記長
爽坐警車波波波
去和姐盪鞦韆到放學

聾子老易拉車來接姐
見到我在
驚吼倒了嗓音
回家爸跑來抱住我
媽在一旁微笑

吃飽晚飯媽送我上床
關上門
掀開我的被子
嗡嗡響的雞毛撣子
抽
屁股腫幾十條血痕
說 兒子是昏君
就該殺

故鄉河畔的塔高七層
登頂低頭看人
像一隻蝗蟲

我手抓磚縫踏簷邊
探鷹巢
冒險是我的好癖

為保臺灣空戰
加越戰捱八般武器
飛奶粉錢
亞馬遜當空中的哥
出租釣獵
開飯店十年又改行
買賣歐美石材到如今

冒險是我的好癖
世界村裡到處居留
她們卻都把我休了
三個雛兒隨我飛行
舟車勞頓成了落葉
歸根我荒蕪了家園

靠近我的媽媽
您的手還來摸我
驚夢的額頭，
再見棉紗籠螢火蟲
掛蚊帳裡陪我
在我衣領添紐扣
親自扶我學騎單車
下廚變出好吃的東西

這些年爸和繼母都走了
長得像爸的三弟也走了
都葬臺灣無恙

我們姐弟妹安居天下
有兒孫也結了東洋親家
日本人也不全部可恨

媽媽　您獨守空碑七十年
媽媽　我從來沒夢見您哭

媽媽 您必不會孤單更久
兒的骨灰將上山伴您到永遠

清明返鄉掃墓，見母親的斑駁墓碑，先站，被盜挖後躺下當橋板踐踏，再抬起站立前後滄桑七十年，不禁痛哭！陪伴我的人訝然。誰知道？我為什麼傷心！

註一：八、九十年前，父親上北京的皮頭布鞋是我們廣東平遠縣灞頭鄉東片籍，不識字的祖母劉四妹（沒有名字）親手縫製。還記得滿州外婆提起這款土牛皮頭布鞋太引人眼球了，北京人真沒見過。

註二：外公的先祖是文武雙全的瞻庵煥明，他也是金階持戟客，也是滿州大詩人，著有詩詞一千七百首的遂初堂詩集，由 先父浩懷公在臺北刊行。原稿由我的外公愛新覺羅（冠改漢姓何）名仰庵提供，但未聞外公會寫詩。只知道他廿歲通過步騎射一等功，也封將軍御前服務，能開射一等弓，連中三燈。他曾來長沙探天心馬路我們家，晚飯後左臂伸平，任我六歲，別號大胖子，拉單槓舉腿上。也多虧他讓我南京出生後百日到北平，由他抱我登萬壽山。據他說，能活到百歲，看來也真差不遠了，外公！謝謝您。

再有外公度歲到年三十夜，開始熬夜喝白乾，吃松梨烤牛羊肉，通宵打牌。晚輩們學戲，我的媽媽能唱我不懂得崑曲，要歡聚到正月十五，吃了元宵才正式上床。從抗日戰爭到大陸解放，外公和舅姨與我們臺灣音訊斷絕。他降級在西單幫人民看守單車。住處距「正紅旗下」老舍先生的胡同不遠，一九八六年我到北京，母舅家宗芬表姐如是傳說。

註三：外公的話出現在《晚慶集》先父的回憶錄。

註四：「好癖」是HABIT的譯音。

國家圖書館出版品預行編目

涉獵世界村 / 朱偉明著. -- 一版. -- 臺北市
：秀威資訊科技, 2008.10
面； 公分. . -- （語言文學類; PG0142）

ISBN 978-986-221-045-1（平裝）

1.朱偉明 2.傳記

782.886 97013027

BOD Books on Demand 語言文學類 PG0142

涉獵世界村

作　　者 / 朱偉明
發 行 人 / 宋政坤
執行編輯 / 賴敬暉
圖文排版 / 郭雅雯
封面設計 / 莊芯媚
數位轉譯 / 徐真玉　沈裕閔
圖書銷售 / 林怡君
法律顧問 / 毛國樑　律師
出版印製 / 秀威資訊科技股份有限公司
台北市內湖區瑞光路583巷25號1樓
電話：02-2657-9211　傳真：02-2657-9106
E-mail：service@showwe.com.tw
經 銷 商 / 紅螞蟻圖書有限公司
台北市內湖區舊宗路二段121巷28、32號4樓
電話：02-2795-3656　傳真：02-2795-4100
http://www.e-redant.com

2008年 10月 BOD一版
定價：340元

讀者回函卡

感謝您購買本書，為提升服務品質，請填妥以下資料，將讀者回函卡直接寄回或傳真本公司，收到您的寶貴意見後，我們會收藏記錄及檢討，謝謝！如您需要了解本公司最新出版書目、購書優惠或企劃活動，歡迎您上網查詢或下載相關資料：http:// www.showwe.com.tw

您購買的書名：________________________________

出生日期：________年________月________日

學歷：□高中（含）以下　□大專　□研究所（含）以上

職業：□製造業　□金融業　□資訊業　□軍警　□傳播業　□自由業

　□服務業　□公務員　□教職　□學生　□家管　□其它_____

購書地點：□網路書店　□實體書店　□書展　□郵購　□贈閱　□其他

您從何得知本書的消息？

□網路書店　□實體書店　□網路搜尋　□電子報　□書訊　□雜誌

□傳播媒體　□親友推薦　□網站推薦　□部落格　□其他__________

您對本書的評價：（請填代號　1.非常滿意　2.滿意　3.尚可　4.再改進）

封面設計____　版面編排____　內容____　文／譯筆____　價格____

讀完書後您覺得：

□很有收穫　□有收穫　□收穫不多　□沒收穫

對我們的建議：________________________________

____

____

____

請貼
郵票

11466
台北市內湖區瑞光路 76 巷 65 號 1 樓
秀威資訊科技股份有限公司 收
BOD 數位出版事業部

（請沿線對折寄回，謝謝！）

姓　　名：＿＿＿＿＿＿＿＿ 年齡：＿＿＿＿ 性別：□女　□男

郵遞區號：□□□□□

地　　址：＿＿＿＿＿＿＿＿＿＿＿＿＿＿＿＿

聯絡電話：（日）＿＿＿＿＿＿＿＿（夜）＿＿＿＿＿＿＿＿

E-mail：＿＿＿＿＿＿＿＿＿＿＿＿＿＿＿＿